U0835443

日本体育管理与创新发展研究

——国家体育总局2017年“优秀中青年专业技术人才百人计划”培养对象赴日本培训成果汇编

国家体育总局干部培训中心　编

北京体育大学出版社

策划编辑：吴　珂
责任编辑：吴　珂
责任校对：田　露　刘艺璇
版式设计：杨　俊

图书在版编目（CIP）数据

日本体育管理与创新发展研究：国家体育总局2017年“优秀中青年专业技术人才百人计划”培养对象赴日本培训成果汇编 / 国家体育总局干部培训中心编. -- 北京: 北京体育大学出版社, 2021.4

ISBN 978-7-5644-3429-8

Ⅰ. ①日… Ⅱ. ①国… Ⅲ. ①体育事业—发展—研究—日本 Ⅳ. ①G813.13

中国版本图书馆CIP数据核字(2020)第256377号

日本体育管理与创新发展研究
RIBEN TIYU GUANLI YU CHUANGXIN FAZHAN YANJIU
国家体育总局干部培训中心　编

出版发行：北京体育大学出版社
地　　址：北京市海淀区农大南路1号院2号楼2层办公B-212
邮　　编：100084
网　　址：http：//cbs.bsu.edu.cn
发 行 部：010-62989320
邮 购 部：北京体育大学出版社读者服务部 010-62989432
印　　刷：唐山玺诚印务有限公司
开　　本：710 mm × 1000 mm　1/16
成品尺寸：170 mm × 228 mm
印　　张：19.75
字　　数：309 千字
版　　次：2021年4月第1版
印　　次：2021年4月第1次印刷
定　　价：98.00元

前　言

为了学习日本体育人文社会学研究的最新成果和科研体系，深入了解日本体育人文社会科学相应研究机构，提升“百人计划”培养对象人文社科人员的科研能力和整体素质，国家体育总局于2017年10月15日至11月4日举办“优秀中青年专业技术人才百人计划”培养对象赴日本培训班。

本期赴日本培训班学员共24人，来自国家体育总局机关、事业单位和全国各地的18个科研院所、高校等单位，由国家体育总局人事司任免调配处袁永清处长担任团长。

本次主要活动以大阪府和东京都地区为主， 学员们以日本体育场馆为重点，听取场馆管理机构及管理人员介绍日本体育的发展及活动开展情况，以及政府有关部门、体育协会等机构介绍经验。 另外，培训班开展了十九大报告的学习活动，就体育发展战略和十九大精神的结合进行了专题研讨。

为了对此次培训成果进行交流和宣传，并向有关职能部门提供咨询参考，我们将学员培训总结、课堂记录、经验交流编辑成集。在本书的编辑过程中，得到了国家体育总局人事司、北京体育大学领导的关心、重视和北京体育大学出版社的大力支持，在此一并致以衷心感谢。

由于水平有限，书中不当之处在所难免，敬请读者批评、指正。

编委会

目　录

学习成果与培训总结

专家授课记录

科研成果交流

国家体育总局2017年“优秀中青年专业技术人才百人计划”培养对象人文社科研究人员赴日本培训总结

一、培训的组织与目的

国家体育总局2017年“优秀中青年专业技术人才百人计划”培养对象人文社科研究人员赴日本培训班是由国家体育总局人事司主办，国家体育总局干部培训中心承办。本次培训的培训计划、课程设置及学员的学籍管理，均由国家体育总局干部培训中心负责。

本次培训旨在通过学习日本体育人文社会学研究的最新成果和科研体系，实地观摩考察日本体育人文社会科学研究机构，以提升“百人计划”培养对象的科研能力和整体素质。

二、培训方式

本次培训自2017年10月12日开始，到11月14日结束，分国内培训（10月12日—14日）、国外培训（10月15日—11月4日）两个阶段。国内培训为期3天，主要采用授课与研讨方式进行；国外培训历时3周，采用授课、考察、研讨和撰写培训总结等方式进行。

三、培训过程

（一）国内培训阶段（10月12日—14日）

10月12日，国家体育总局人事司、国家体育总局干部培训中心和北京体育大学的领导对本次培训的目的和意义进行了介绍，北京体育大学校领导对学员进行了出国前教育。10月13日，国家体育总局体育科学研究所李祥臣研究员和北京体育大学张力为教授分别做了“大数据，大健康”和“体育科学实证研究的逻辑流与证据链”的专题授课。在培训之初，每位学员提交了一份约3000字的个人研究论文。10月14日，教研组组织全体学员进行了科研成果和实践经验的总结，学员们对其所从事工作领域的科研现状、成果、存在的主要问题以及赴日本培训学习时关注的热点问题进行了研讨交流。

（二）国外（日本）培训阶段（10月15日—11月4日）

赴日本培训班共24位学员，来自国家体育总局机关、全国各地的科研院所等18个单位，由国家体育总局人事司任免调配处袁永清处长任团长，内设教研和后勤两个小组，实行团长负责制。

在日本培训期间，学员们以日本体育场馆为重点，听取场馆管理机构及管理人员介绍日本体育的发展历史及活动开展情况。3周时间，学员们分别到兵库县立武道馆（姬路市）、尼崎市纪念公园、大阪市中央体育馆、大阪市舞州体育馆、东大阪市立综合体育馆、和歌山县大鲸鱼体育馆、千叶县综合体育中心、日本体育大学训练中心、奥林匹克纪念青少年综合中心、东京都江东区有明网球公园、日本高水平竞技体育中心（JHPSC）训练馆、筑波大学体育场馆、秩父体育森林公园共13个场馆及训练中心考察参观。学员们还实地考察了东京文化体育用品一条街，并参观了箱根马拉松博物馆。

聆听政府有关部门、体育协会等机构介绍经验，是本次学习的一个重点内容。在日本培训期间，日本体育振兴中心（独立行政法人）、日本国立青少年教育振兴机构（独立行政法人）、尼崎市教育委员会体育振兴科、大阪体育绿化财团（一般财团法人）、和歌山县体育振兴财团（公益财团法人）、千叶县教育厅教育振兴部、日本学校体育研究联合会、日本高水平竞技体育中心等机构的负责人为学员们介绍了日本行政部门、体育协会等组织在发展体育运动、促进体育参与方面的基本做法。

来自城西国际大学学院的大岛卓，早稻田大学体育学术院的松岗宏高、友添秀泽、吉永武史、木村和彦、朝仓雅史，筑波大学的中川昭、真田久、会田宏、河合季信，日本体育大学国际交流中心的荒木达雄共11位专家，就日本体育发展的历史、学校体育的开展、东京奥运会和残奥会的筹备、教练员和运动员的培养、体育学科的发展、体育赛事的发展、体育产业的促进等主题进行了专题讲座。日本体育电视台的石原孝志还为学员们介绍了日本体育赛事的转播与节目的制作情况。

培训过程中，每个学员都深度参与课程的学习，既要进行授课记录的整理与汇总工作，还要积极参与提问，通过研讨活动促进交流，提高认识。在学习之余，团长还组织教研组开展党的十九大报告的学习活动，并与全体学员就体育发展战略和党的十九大精神的结合进行了专题研讨。在国外培训结束前，学员都提交了不少于3000字的总结论文。2017年11月3日，在完成全部授课任务后，NPO法人（公益财团法人）大分人才培养地域文化交流协会会长后藤佐代子女士为全体学员颁发了研修证书，并转达了前首相村山富市对学员们的问候。

四、日本体育考察的主要结论

（一）政府重视体育的经济社会功能，实施体育立国战略

体育在日本具有特殊的地位，日本体育大学甚至将“体育乃富强之基”明确为自己的建校精神。体育对日本经济社会的发展具有十分特殊的功能。日本体育的发展始于近代向欧美的学习。第二次世界大战后，日本急需摆脱战败国的阴影，在经济发展取得巨大成绩的前提下，日本选择申办奥运会，并成功获得1964年奥运会的主办权。1964年的东京奥运会不仅让日本赢得了世界的瞩目，也极大地带动了日本城市基础设施的改善和经济的发展，环东京的高速公路网和新干线的建成，让日本国民感受到了体育的魅力。日本1961年颁布的《体育振兴法》明

确了政府在促进体育运动和体育教育中的作用，政府要为体育的普及提供各种支持。此后，政府不断强化对体育的政策指导，1964年12月内阁发表《关于增进国民健康和体力对策》，1972年12月文部科学省发表《关于普及振兴体育的基本策略》，1989年11月出台《关于面向21世纪的体育振兴策略》，2000年颁布《体育振兴基本计划》，逐步形成了在日本进行终身体育的目标。《体育振兴基本计划》是日本体育发展的第一个十年规划，提出了体育振兴的三大策略：一是为实现终身体育社会，改善区域体育环境的策略；二是为提高日本国际竞技水平的综合策略；三是为终身体育以及竞技体育和学校体育之间的携手合作的策略。该计划实施5年后，又增加了抑制儿童体力下降的策略。

2010年，日本文部科学省又制定了新的战略规划，即《体育立国战略》，强调要基于“新的公共”理念，确定新的体育文化，其目标是让所有人都能参与体育，感受体育带来的快乐，建立分享感动、相互支撑的美好社会。为此，既要重视每一个人，又要各方协同推进。《体育立国战略》还列举了5个重点领域，并将提高国际竞技水平作为一个重点内容。

2011年5月，日本国会正式通过《体育基本法》。该法规明确指出，通过体育营造幸福的生活是一切人的权利，国民需自主且自律地推进与其健康状况相适应的体育活动。基本法明确规定了国家和地方公共团体的责任。国家确保体育基本理念的实现，综合制定各项体育政策，地方公共团体要依照基本理念，配合国家政策的执行。国家、独立行政法人、地方公共团体、学校、体育团体和民间事业者都是体育事业的关系人，必须相互联系、努力协作。基本法还对体育基本计划的制定和实施做出了规定。

2012年3月，日本制定了《体育基本计划》，作为《体育基本法》的具体实施方案。计划以建设不论性别与年龄、不论健全与否的公民都能根据自身的兴趣、适宜性等全面参与规划体育的环境为基本目标，为实现《体育基本法》所提出的社会功能与目标，建设人人都能追求幸福、富足生活的社会，提出了今后10年日本体育政策的7个基本方针。

2017年3月24日，为适应东京奥运会的发展需要，文部科学省又制定了第二期《体育基本计划》，副标题是“创造未来、改变前途的体育”。计划提出了4个方针：全体国民参加体育改变人生，改变社会，改变世界，创造未来。计划明确了数值目标和具体的实施对策，提出通过5年的努力创造一个崭新的日本社会，1亿人参与体育的社会，实现“享受体育、幸福人生（Enjoy sports， Enjoy life）”的目标。

（二）重视基础，全人群覆盖，群众体育发展良好

1. 日本的群众体育参与状况良好

根据日本总务省统计局的数据（2015年10月20日至2016年10月19日），在体育参与方面，10岁以上参与体育的日本民众达到了7797万，占总人口的68.8%；从具体的体育项目看，日本民众参与的排在前三位的体育运动项目依次是体操、散步、健身房开展的器械类活动。自20世纪90代中期起，日本进入老龄社会，65岁以上人口占总人口的14%以上。许多研究显示，日本全民性体育运动的开展是促进民众健康、带来人口长寿的重要推手。在大阪，巧遇一个体育馆承办一年一度的当地金婚（婚龄50年）、钻石婚（婚龄75年）庆祝准备活动。一个人口50万左右的城市里参加金婚、钻石婚的夫妇就有400多对。

2. 体育场馆运营过程中针对不同人群开展有针对性的体育活动

在日本，很多体育场馆、体育设施都坐落在公园里，公园是开放的，给人们进行业余锻炼、从事体育活动带来极大的便利。一些体育场馆公益性特点十分突出，开放各种健身设施、开发体育学习教室开展体育培训等，附近群众花很少的钱就可以享受运动带来的快乐。

以兵库县尼崎市为例，尼崎市根据日本《体育基本法》制定了群众体育运动推进方针，即《尼崎市生涯体育振兴计划》。该计划针对青少年、职工、老年人、残疾人、女性五类人群展开。为青少年强身健体，使其体力、运动能力达到兵库县的平均值，采取的具体措施有：确保每天持续30分钟以上的体育运动或体育游戏时间，推进健康生活节奏的形成；灵活运用空余的教室和空间，确保运动空间宽敞；创设不同年龄人群相互交流的运动场所；开展人数少的或家庭型的运动活动。对于企业职工，提出20～50岁的人群一周运动一次以上的要超过10%的目标，为创造运动空间多交朋友的具体措施是：创造工作场所附近的运动场地和运动环境；创设不同年龄段的人锻炼交流的场所；提供家庭和亲友能够共同参与

的体育活动。为促进老年人健康和增加福利同时进行，采取的具体措施是：促进没有运动习惯的老年人、体弱高龄者参加体育运动；让更多的老年人健康地参加体育运动。为普及与振兴残疾人体育运动，采取的具体措施是：进行设备的装备和改善，使残疾人能轻松地利用锻炼设施； 增加残疾人参与体育运动的机会；培养针对残疾人的指导者和志愿者等。为创造女性的体育运动环境，采取的具体措施是：提供亲子、家庭能够轻松愉快地参加的、快乐共享的体育运动项目。

3. 以体育节为契机，营造体育运动氛围、扩大体育人口

日本为了纪念1964年10月10日在日本东京举办的奥运会，1966年正式将每年的10月10日确立为日本的体育节。2000年之后，日本政府为国民健康生活的方便，把体育节改定为每年10月第二周的星期一，作为日本14个国家法定节假日之一，学校、企业、机关单位等都会休息一天，连证券市场也停止交易。日本全国各地都会开展形式多样的体育活动，国民纷纷走到户外运动健身。

4. 上下同心，共推体育振兴事业

1961年，日本政府为促进体育运动和体育教育、促进民众身心健康发展，颁布了《体育振兴法》。随即全国47个都道府县开始着手制定本地区的体育振兴计划，每年举行一届全国运动会以促进体育运动事业在全国范围内的发展，并且完成了必要体育设施的建设。千叶县根据国家的规划，在本县的体育发展规划中提出 “体育立县”的口号，通过各种举措支持县民参与体育活动，满足县民的体育需求，让生活充满活力。而日本各地的马拉松跑更是吸引了众多民众的参与，如指宿油菜花马拉松、石垣岛马拉松、冲绳马拉松、东京马拉松、箱根马拉松接力赛等，群众的热爱、国家的推进，使得日本的马拉松比赛长盛不衰。代表国家出征的马拉松运动员很多都是来自群众性、地区性的马拉松组织。

5. 重视社会体育指导员队伍建设

社会体育指导员是群众体育发展的重要支撑。1951年，日本颁布了《社会体育指导员要领》。1961年出台的《体育振兴法》对社会体育指导员的培养目的、任务都做了明确规定。在日本，除了文部科学省外，厚生省和劳动省也有社会体育指导员培训和资格认定制度。政府高度重视社会体育指导员的队伍建设，加之大多数社会体育指导员乐于为群众提供无偿体育服务，因而，日本社会体育指导

员具有很高的社会地位。目前，日本社会体育指导员队伍数量与总人口的比例为1：2000。

（三）创新场馆管理，推行指定管理者制度，提高场馆利用效率

日本公共体育设施普遍实行“指定管理者制度”的管理模式，即公共体育机构通过招标的方式，将公共体育设施的管理与运营权委托给非营利性组织或营利性企业。该制度是随着2003年日本地方自治法的修订，为降低包括公共图书馆、体育场馆等在内的公共服务设施的运营成本与负担，提高服务质量而逐步采用并推行的。

“指定管理者制度”是由代表政府的公共机构，通过严格而细致的公开招标方式，将公共体育设施的经营管理权授予中标单位。参与竞标的单位，既可以是公共非营利性组织，也可以是私营企业，从而改变了以往日本公共体育设施只能委托给公共团体、私营企业无法参与公共体育设施运营的局面。中标单位在与政府签订契约后，将享有较高的经营管理自主权与收益权。例如，政府只在合同中制定原则性的规定和设施使用的指标，而具体运营则完全交给中标单位。同时，还能通过对场馆设施经营使用的收入约定比例或将较往年增加部分作为委托费获得收益，从而增加了中标单位通过提高服务质量等方式提高场馆设施利用率的积极性。委托期限一般为5年，期满后需要重新招标。另外，在定价方面，管理单位仍然需要控制在地方管理条例规定的范围之内，并得到政府的认可；同时，管理单位还需要按约定数量承担免费提供场地设施举办当地政府或公共团体的公益性体育文化活动的义务。这些都在一定程度上保障了公共设施的公益性质。

日本非常注重场馆的多功能设计与使用。日本大部分的公共体育场馆，尤其是大型体育场馆都采用多功能设计。同一块场地，往往可以用于如羽毛球、网球、乒乓球、篮球等多种体育项目的比赛活动，而且许多大型场馆都可以通过活动隔墙等形式按需要分割成多个更小型的场馆，座席也往往通过固定座位加移动座位与临时席位等方式灵活增减，从而大大提高体育场馆的可利用率。

坚持多元化经营和灵活的用工制度以增加收益、降低成本。在运营内容方面，除了举办体育活动之外，大部分大型场馆还通过举办音乐会、演唱会等不同形式的大型活动提高场地的利用率，同时也通过人气的聚集提升品牌效应，一些品牌影响

力大的场馆在此基础上又可以通过场馆冠名与赞助等形式进一步获得无形资产开发的收入。在人力资源方面，大部分场馆都采用了固定员工和临时员工的灵活用工制度，而且往往是少数关键管理岗位使用固定员工，而后勤保障，甚至技术人员都大量使用临时员工或采用服务外包的形式，从而大大降低了场馆运营的人力成本。

以东大阪市立综合体育馆为例，该馆由该市政府投资，总建筑面积达9183平方米，于1995年建成并投入使用，主要目的是为市民参与体育活动提供场地设施，促进大众健康。综合馆拥有的主要体育设施包括：主体育馆1个，副体育馆1个，武道场1个，健身房1个，室内温水游泳池1个，会议室1个。其中主体育馆面积2160平方米，观众席1400个，可开展羽毛球、篮球、排球、网球等多个运动项目的活动与比赛。目前的运营方东大阪运动场株式会社的性质为民营企业，其母公司为大阪市领先的体育场馆管理企业，于2012年通过“指定管理者制度”的招标获得场馆的经营权，期限5年。综合馆正式员工只有3人，日常管理还需要聘用临时雇员20余人，大型活动时最多可能需要60余人。

综合馆的体育设施主要还是用于个人参与或单位组织的大众健身性质的各项体育活动，很少用于专业比赛。场地设施的出租是综合馆最主要的业务与收入来源，大部分场地设施都是从上午9点营业到晚上9点，一般全年营业。综合馆的场地设施收费标准必须遵循《东大阪市体育馆条例》，周末或节假日的使用费为平日费用的1.2倍，而非本市在住、工作或学习的人士使用，则需要额外加收50%的费用，而本市注册的体育协会与俱乐部会员则可以享受一定的优惠。综合馆还按时间段及场地使用面积的不同进行了差异化定价，以提高场馆的使用率。

（四）科学设计，持续推进，学校体育蓬勃发展

日本的学校体育由文部科学省（相当于我国的教育部）全面负责，各都道府县教育委员会、市町村教育委员会层层推动。增加全国的体育人口、提高青少年的体育运动参与率是其主要任务之一。

在日本，由文部科学省制定专门针对小学、初中、高中、特殊教育学校等的《学习指导纲要》。《学习指导纲要》是日本针对学校教育课程编写的全国性标准，具有法律约束力。《学习指导纲要》每10年修改一次，2017年进行最新修改。

为了培养学生对运动的兴趣，提高学生体质体力，《学习指导纲要》将教学内容系统化、明确化，从小学到中学再到高中，体育课内容设置及目标要求各不相同。按发育阶段，将小学到高中12年间的课程，以4年为一个阶段，从“想让学生习得什么”的观点出发，采取“4—4—4”（小学一至四年级，小学五、六年级和初中一、二年级，初中三年级和高中一至三年级）的基本原则构成，同时重视这三个阶段的连贯衔接。

第一个“4”为培养基础时期，主要是基础性动作和游乐方法的掌握，目的是让小学生们学会玩，喜欢上运动；第二个“4”为准备时期，学生通过学习各种各样的运动项目发现适合自己和自己喜欢的运动；第三个“4”为深入时期，让学生选择适合自己的运动进行更多的练习，提升水平。强调让学生至少喜爱上一项体育运动。

按照《学习指导纲要》的要求，学校的体育课程比以前有所增加。日本将原教学规划规定的中小学体育课年教学90学时，增加至105学时（小学五、六年级仍为90学时），将初中的武道课和舞蹈课改为必修课，高中要修满7~8学分。日本体育课的课堂形式主要有：一起学习、班别学习、分组学习、个别学习等。

日本学校还强调体育理论课学习的重要性，体现对认知性内容的重视。初中每学年要上3课时以上，共完成9课时以上； 高中每学年要上6课时以上，共完成18课时。体育理论课内容广泛，包含体育历史、体育文化、体育思想、奥林匹克运动、兴奋剂等内容。

日本的体育课考试大概分为四项内容：出席率、课上发言、技术动作规范、态度行动。态度行动是体育课考核最重要的一项。态度行动具体是指什么呢？以足球为例：对于裁判员判罚后的态度；对对方选手的尊重；练习时，是否最优先考虑自己和同伴们的安全；布置运动场地时是否分担劳动；是否与同伴们积极商讨战术等。

另外，日本小学的体育课，除了体操、跑步、跳远、跳高、倒立及保护地垫上的跳跃和翻滚等身体活动之外，还有跳绳、足球、篮球、棒球、排球、跳山羊、单双杠、呼啦圈、独轮车、自行车等器械或球类运动。体育课主要要求小学生们通过适当的运动经验来理解健康与安全，培养能贯穿一生的运动习惯，同时促进健康，提高体力，培养健康快乐的生活态度。

在日本的中小学中，完成体育课是对学生参加体育活动的最低要求，种类繁多的学生体育社团、运动部（体育俱乐部）则作为学校体育活动蓬勃开展的主要载体。

在日本，从小学至大学均设立运动部，基本上每个学校都有足球、棒球、游泳等日本最流行的体育项目俱乐部。此外，不同的学校还会开设不同的特色体育项目俱乐部，如柔道、相扑、体操、排球等。每个孩子从进入小学开始，就能根据自己的兴趣选择加入运动俱乐部。日本的各级学校之间还建立了完善的体育运动俱乐部的上升衔接体系，可以保证任何一个有运动爱好的孩子从小学直至大学都能参加这个项目的学校运动俱乐部。在这样的学校体育体系中，基本上每个孩子都能培养至少一个终身体育项目技能。

根据日本文部科学省每两年发布一次的《国民体质运动能力调查报告》显示，自1998年至2014年的17年间，日本6~19岁青少年的体质和运动能力整体呈平缓上升的趋势。

（五）政府引导，协会主导，政府与社会组织紧密合作

日本体育厅是最高的体育主管部门，隶属日本文部科学省。体育厅下设5个科，包括加强选手实力的提高竞技力科、支援教练员海外派遣的体育国际科，还包括组织专家讨论方针政策的体育审议会等。作为日本体育的主管部门，除强化选手实力、筹备设施以外，体育厅也承担着推进健康项目、振兴残疾人运动以及开展体育国际交流等工作。日本的厚生劳动省，是日本分管残疾人奥运会的主要政府管理部门。

日本全国47个都道府县均在教育委员会下设有体育振兴科。不同层面的体育振兴科，根据所辖范围的实际情况，在日本《体育运动基本法》的指导下，针对本地区的大众体育、学校体育、竞技体育等领域，制定本地区的体育运动推进方案，提出具体的体育发展目标，完成顶层设计。

日本体育协会前身是“大日本体育协会”，现由全国47个都道府县的地区性体育组织和所辖的54个竞技体育项目团体构成。该社团以“振兴体育”和“提高

竞技运动水平”为目标，主要职责包括：有计划、有组织地积极派遣运动员参加各种国际比赛，举行国民体育大会；负责教练员和青少年运动员的培养，负责培养体育科研队伍；负责培养体育医生；负责国际体育赛事交流；负责组织体育科学委员会，推广健康体育等。

日本各都道府县均设有公益财团法人性质的体育协会，这些协会是体育振兴科提出方案的具体实施者，同时也可独立开展其他体育促进活动。体育协会一般实行理事会的组织方式，包括评议员会、理事会、事务局等内部机构以及一些外设的加盟团体。这些加盟团体包括各竞技团体，如陆上竞技协会、柔道联盟、剑道联盟等，还包括学校体育团体，如高等学校（高中）体育联盟、初中学校体育联盟等，同时包括一些下一级的体育协会，如兵库县体育协会就包括其下属的市町体育协会，如尼崎市体育协会、三田市体育协会等。这些体育协会，根据其性质组织所属辖区的各项体育活动，如对体育大会（运动会）、体育交流、国民体育活动等开展支持、促进运动员竞技力提升等。此外，一些大型体育场馆也由体育协会管理，一般采取指定管理者的方式对体育场馆的经营进行招标，中标的企业可以在一定的期限内行使体育场馆的经营权，可以通过开办体育比赛、体育教室（体育培训班）等方式来赚取利润并根据合同向体育协会上交一定的利润。与此同时，体育协会也会每年给予指定管理者一定的拨款，作为其对当地居民提供体育活动场所的支持。

日本的各级体育协会均属于社会团体的性质，不具备政府功能，但承担着促进体育发展的任务。因此，一般情况下，政府每年会给予不同的体育协会一定额度的拨款，以促使各级体育协会能够更好地推动不同领域体育事业的发展，但这些政府拨款并不充足，因此对于体育协会来说，更多的协会经费来自协会自身的经营运作。

日本体育振兴协会（JSC）是隶属日本体育厅的具有独立行政法人性质的重要政府行政部门，其下属机构包括日本国立体育科研中心、日本体育信息情报部、日本体育彩票发行中心等，是日本备战东京奥运会、推动政府体育政策的重要执行机构。

日本比较重要的体育社团还有“促进健康、增强体力”事业财团，该财团是遵循国家方针政策、全民一体推进“促进健康、增强体力”运动事业的实施机构。其作用为：根据文部科学省等13个省厅的计划，推广健康体育活动、开展健康体育项目和培养健康体育指导员等。具体工作包括：在全国推广、普及“促进健康、增强体力”运动；表彰地区、行业的先进组织；编写、制作、分发各种指导材料等；推广、普及、辅导增强体力的活动；开展系列指导工作和培养指导员；开展相关调研工作和协助基层做好“促进健康、增强体力”工作。

日本休养娱乐协会是作为“日本厚生协会”的外围组织发展起来的，1972年正式成为独立财团法人。由47个都道府县的团体会员协会、各个项目的全国性组织和青少年团体构成。该社团的主要服务对象为一线劳动者，重点针对员工福利，紧紧围绕推广“休养娱乐”运动和振兴“终身体育”开展各种活动，具体包括：每年一次的全国休养娱乐大会，如全国步行运动会、东京国际步行运动会等；开展休养娱乐运动、开展体育知识讲座等；开发休养娱乐运动的新计划、新项目、新方法等；培养、培训休养娱乐运动指导者，研发新设备、新设施；印发各种宣传、科普资料等。

日本体育社团代表群体参与日本的政治活动，协助政府体育部门完成政府职能，促进成员身心健康发展和维护成员的个人利益与集体利益。

（六）重视青训体系建设，青少年体育人才培养效果显著

日本在游泳、田径、足球、棒球、篮球、排球、网球、艺术体操、滑雪、花样滑冰、花样游泳等全球主流项目上都表现出了不俗的竞争力，且长期保持相当高的水准，这一局面的形成与日本政府对项目的高度重视密不可分。实际上，日本财政支持了日本竞技体育的发展，以及青训体系的完善。例如，日本兵库县一年用于体育比赛方面的支出在2亿日元左右，每年的支出大致相同，这笔资金实际上主要用于竞技体育的发展。而针对职业化项目，日本则采取了按市场规律运作的方式，政府一般不会对其进行资助。

日本重视法规政策，通过相关法规政策为竞技体育人才的培养保驾护航。日本有两个重要的法规政策对日本竞技体育的发展产生了重要的影响：一是1963年颁布的《体育振兴法》；二是2011年出台的《体育基本法》。《体育基本法》与

《体育振兴法》相比，最大特点是将日本体育的核心由注重国民健康转向提高竞技体育能力和培养尖端人才。日本议员联盟通过向日本国会提交议案，并与地方政府、企业和各单项体育协会联手推动设立体育厅（2015年，日本体育厅正式成立）。在《体育基本法》中，体育政策被置于国家战略的高度，规定提高竞技体育能力是“国家和地方政府应尽的义务和责任”。《体育基本法》还具体提出要付诸努力的11项基本措施，包括重视运动员的比赛能力、对运动员提供有效的支持以及扩展体育商业等。日本各都道府县也都会参照《体育基本法》，制定各自区域内的竞技体育发展规划。

政府设立专门机构管理竞技体育。日本文部科学省是管理竞技体育的最高的行政机关，日本奥林匹克委员会（以下简称日本奥委会）、日本体育协会、各竞技团体构成的体育行政团体，实现着各自的功能，互相配合、共同发展。在日本政府机构中，文部科学省体育局（在地方为教育委员会体育科）主管体育事业。作为文部科学省的下级组织外设局，体育厅与各省厅相关部门进行整合。体育厅统一管理“选手强化费”，帮助选手在奥运会上夺牌。除了培养顶级选手外，体育厅也争取在各地从儿童到成人扩大体育爱好者规模。文部科学省体育厅专门发布了体育振兴发展规划，其中竞技体育占了大量篇幅。

日本各都道府县也根据政府专门机构设置相应的组织架构——大都设置了体育振兴科。各级体育政府部门积极制定发展规划，推进竞技体育的发展。例如，日本千叶县体育发展规划提出的口号是“体育立县”，通过各种举措支持县民参与体育活动，满足县民的体育需求，让生活充满活力；在竞技能力提升方面，千叶县提出以下要求：一是培育幼儿时期的运动习惯，二是改善提高场地设施环境，三是利用体育医疗，四是充实完善体育组织调研，五是充实完善体育比赛，六是营造良好的竞技环境；针对东京奥运会、残奥会备战，千叶县提出三方面内容：强化训练奥运选手，不断提升参赛运动员的数量，改进与提升奥运参赛环境。

为大力推进日本竞技体育的发展，在日本奥委会的龙头作用下，各体育协会、振兴团体等相关单位均在各自范畴内积极组织开展竞技体育活动，并大力进行后备人才培养。日本奥委会是日本体育协会的一个部门，作为国家奥委会组织，具有很大的独立性。它在政府资助下，负责派运动员参加奥运会、亚运会等，并在国内推动奥林匹克运动。日本于1911年加入国际奥委会，第二次世界大战期间被取消资格，后于1952年被重新接纳。日本先后在东京和札幌举办了第18届奥运会（1964年）和第11届冬奥会（1972年）。

日本政府一般不会直接领导体育运动，而主要采取民办官助方式，资助和依靠民间体育组织、学校、公司企业等社会力量开展国内和国际体育活动。日本体育协会为日本业余体育界的中心组织，是全国性综合体育团体，在县和市级行政区均设有地方协会。国民体育大会是日本自1946年以来每年轮流在县级行政区举行的全国性综合运动会，是日本国内的一项重要体育活动，以县级行政区对抗赛方式进行。日本体育协会所属单项运动协会有权直接同国际单项体育联合会联系，决定各自的国内和国际来往活动（包括参加或举办世锦赛等大型国际比赛）。各单项体育协会下设县、市级地方协会、职工单项联盟和大学生单项联盟，分别举行全国成人、职工和大学生锦标赛。在财政方面，各单项协会通过日本体育协会得到政府补贴，以作为部分活动经费。

（七）注重产业融合，以奥运会为契机，促进体育产业发展

日本体育产业发展与日本整体经济发展密切相关。日本在第二次世界大战后经济快速发展，促成了1964年东京奥运会的举办，而奥运会的举办又促进了日本经济的进一步快速发展，包括奥运场馆及交通等配套基础设施建设，彩色电视机因观看赛事而快速普及，体育相关用品的大量生产和消费等，给东京乃至全日本带来了巨大的经济效益以及多领域的深刻变化。随着经济的持续快速发展，日本迎来了1982年至1992年被称为日本体育产业快速发展的“黄金十年”。1992年，日本体育产业总规模达到6万亿日元。此后，由于经济泡沫破裂，日本体育产业经历了持续20年的不断下降，至2012年低谷时仅为3.9万亿日元。2012年以后至今，日本体育产业维持着略有发展的态势，根据日本总务省统计，日本体育产业总规模现为5.5万亿日元（2017年），占国内生产总值（以下简称GDP）比例超过1%。

作为世界经济强国，日本经济以20世纪90年代初期的“泡沫经济”为转折，经历了20多年的经济低迷期。2012年安倍内阁上台后，面临着国内外政治、经济方面的多重压力，而根据1964年东京奥运会的经验，申办奥运无疑是政府最为

合适的选择，奥运会作为"安倍经济学"中的"第四支箭"，有助于配合安倍实施的多项刺激经济的政策，帮助日本摆脱当前所处的困境。在公众方面，日本的民意调查显示，日本普通民众对奥运会的支持率达到了70%。据日本学者介绍，从2013年到2020年，东京奥运会将有效提升日本3%的GDP增长率，这将是自20世纪90年代以来的最大的经济增长水平。东京以奥运会为契机，已经做出了明确的城市转型规划，2012年，日本国土交通省（MLIT）专门成立了负责旅游事务的日本观光厅，以整合日本各地区的旅游资源。根据该厅的统计，从2011年开始，入境游人数有了大幅度的提升，已经从2010年的861.1万人增加到2017年的2394.1万人，据估计，由东京奥运会引致的相关游客数量在2020年将达到4000万人。

日本体育产业市场主要包括球类体育用品、户外体育用品、其他体育用品、体育服装、体育设施及俱乐部、体育竞赛市场等。近年来，日本国民体育参与率不断增加、体育健身俱乐部数量持续增长、体育联赛市场不断扩大、体育旅游产业发展远超预期等现象，表明日本体育产业正面临较好的复苏态势和发展前景。面对即将来临的东京奥运会，政府和社会均希望借此机会发展体育产业。经济产业省制定的产业发展规划明确将体育产业作为支柱性产业，由各都道府县制定相应的发展对策。日本文部科学省体育厅根据《体育基本法》制定的《第二期体育基本计划》（2017—2022），提出用体育来振兴经济，通过改善体育设施来增加收益、培养体育经营人才、把体育作为国民经济新的增长点等措施，实现体育产业总规模在2020年达到10.9万亿日元、2025年达到15.2万亿日元的发展目标。

日本将提高国民体育参与度作为根本目标。日本政府针对体育发展提出的各项政策的落脚点都是让更多人参与体育，政府认为体育人口增加会促进体育市场的扩大，体育市场的扩大会吸引更多投资进入体育产业，从而促进国民参与体育的环境改善和机会增加，又进一步吸引更多人参与体育，如此可形成市场规模不断扩大和再投资的良性循环。日本政府和社会同时认为，体育活动的参与使得大家的身体能力不断提高，而健康的身体有利于提高劳动生产率，从而对经济的发展起到促进作用。日本文部科学省和厚生劳动省等政府部门出台大量有关提高体育参与机会、改善体育参与环境的政策，地方政府也采取各种措施吸引居民参与体育并创造条件，如多个地方政府均提及邀请奥运选手等优秀运动员亲临学校、体育场馆、俱乐部等地和青少年进行交流，培养青少年参与体育的兴趣，推动运动项目的普及。日本国民体育参与率呈现不断增长的趋势，日本的学校体育俱乐部参与率高，综合社区俱乐部数量不断增长，私人健身俱乐部数量不断攀升，企业职工体育活动普遍开展，日本国民体育参与的深厚根基和文化理念成了日本体育产业发展的最大优势。

日本将体育文化旅游作为基本国策。日本政府高度重视发展体育文化旅游，特别是对利用奥运会、世界杯等世界级比赛结合日本的旅游品牌促进经济发展寄予厚望。日本为此于2012年成立了日本体育旅游联盟（JSTA），各地方也设立被称为体育交流窗口的组织机构，以加强体育活动交流，促进地方经济发展。日本相关研究指出，以体育为主题的旅游往往能够获得更多的参与者，可以通过体育招揽外国游客以及吸引本国人流动至地方定居。人口增加使地方更有活力，有活力会促进产业发展，产业发展进一步提高就业，因此，通过体育可以促进各方面的发展，这一点在一些地方已经取得了成效。为进一步促进体育文化旅游观光业的发展，日本每年评选表彰十大体育文化旅游优秀单位，评选事宜由日本体育文化旅游所涉及的文部科学省的体育厅、文化厅以及国土交通省的观光厅等政府部门共同完成。

日本采用民办官助的形式积极开展体育活动。日本政府通过积极吸引社会力量的参与，充分发挥市场的作用，达到多方共赢。日本体育振兴中心利用日本体育彩票赞助金，对大型体育场馆设施的维修、综合性地区俱乐部开展的活动、地方团体举办的体育活动、国内开展的国际规模赛事等进行资助。日本于2003年开始实施公共体育设施指定管理者制度改革，其基本出发点是由民间力量参与运营管理，政府给予必要的补贴和政策支持，以提高设施利用率、降低运营成本、增加运营收益。实施指定管理者制度的体育场馆，在保证满足公益性体育活动需求的基础上会经常举办各种各样的体育培训等活动，由民众自费参加，这种培训活动往往十分受欢迎。再如，在日本全国范围内具有很大影响力的东京箱根马拉松接力赛由箱根地区某民营大型连锁酒店主办，政府及有关公益团体为赛事举办提供便利，该项赛事吸引媒体广泛报道，赛事赞助相当可观，是日本体育竞赛表演业内成功运作的典范。

（八）重视体育文化建设，体育成为日本软实力的重要内容

日本从唐宋时期大规模地模仿中国，到明治维新时学习欧洲，再到第二次世界大战后学习美国，经历过多次宏阔而深刻的体育文化涤荡。在此过程中，日本一方面积极吸收外来优秀体育文化，另一方面努力保留本民族体育文化，在交汇、碰撞和融合中，逐渐形成了独具特色的日本体育文化。

日本体育文化包含两部分内容：西方竞技体育文化和日本民族体育文化。日本接触西方竞技体育文化，始于19世纪六七十年代西方的入侵。第二次世界大战后，作为战败国的日本在吸收西方竞技体育文化方面不遗余力，从指导思想到教育内容全面“美化”，并制定了《学校教育法》《教育基本法》，为西方竞技体育在日本的顺利发展奠定了基础。如今，日本在足球、体操、游泳、篮球、排球、乒乓球等竞技运动项目上有一定优势。日本也非常重视本国体育文化的传播，空手道、柔道、相扑等传统体育项目，不仅完整地留存至今，还走出国门，显露出一定的国际影响力。其中，继柔道1964年成为奥运会正式比赛项目后，空手道也将成为东京奥运会的正式比赛项目。

在日本，体育已经成为文化的重要组成部分，成为人们生活的必备内容。日本几乎所有学校都有体育馆（尤其是游泳馆），并在课余向社会开放；日本的体育馆非常注重开展大众性体育赛事和活动，并为青少年、成年人、老年人、教练员等各类人群提供体育方面的指导、培训；日本注重将运动场地与园林绿化结合在一起，目的是为民众创造轻松的、安全的、愉快的运动、休闲空间，以促进民众的身心健康、社会的和谐发展；日本设有很多武道馆，为柔道、相扑、铳剑道、空手道、日本拳法、合气道、日本弓道、日本剑道等传统体育项目提供训练和比赛场地。

日本早在20世纪初就确立了“体育是富强之基”的理念。《体育基本法》指出，通过体育获得幸福、丰富的生活是所有人的权利，为此要确保全体国民拥有在安全、公正的环境下参与体育、享受体育、支持体育的机会。《体育基本法》之所以将“体育立国”确定为国家战略，在于体育运动不但能增进国民的身心健康，促进人与人、地区与地区的交流，还能在国际赛场上为国民带来自豪感、喜悦、梦想和感动，并通过促进国际交流和理解为世界和平做贡献。2017年，

日本文部科学省根据《体育基本法》制定了《第二期体育基本计划》（2017—2022），提出了通过体育“改变人生”“改变社会”“连接世界”“创造未来”四个指南。

日本的体育组织比较重视体育信息的收集和传播。一些大的体育组织设有宣传部门，如日本体育振兴中心总务部设有宣传室，负责相关信息的收集整理、媒体联络、信息推广等。都道府县一级的体育部门人数较少，一般没有专门负责宣传的科室或人员，但会定期出版专辑或宣传小册子，发放给下属体育团体或民众。近些年来，随着传播技术的发展，各体育组织也非常注重通过网络和社交媒体进行自我宣传，以此加强和民众及相关团体的联系。此外，日本的报刊、广播、电视等媒体普遍设有体育方面的专栏、专版或推出赛事特辑等，体育组织和它们大都保持较为密切的联系。

学员赴日本学习第一天的合影

学员在听大阪市体育绿化财团介绍

学员与日本体育振兴中心领导座谈

袁永清团长与日本体育振兴中心审议官员森岗互赠礼品

学员到兵库县立武道馆参观

学员与和歌山县体育振兴财团交流

早稻田大学友添秀泽教授为学员授课

筑波大学体育系主任中川昭教授为学员授课

日本体育大学荒木达雄教授与学员合影

学员在有明网球场观看全日本网球锦标赛

学员在日本国家训练中心合影

后藤佐代子会长为团长颁发研修证书

研修总结会合影

学习成果

与培训总结

重责任　勤学习　深耕细作方得始终

——赴日本培训学习有感

国家体育总局人事司　袁永清

草色遥看近却无。在日本21天的学习培训只是引导性和阶段性的，其成效需要学员们在今后的工作中去丰富拓展。下面为此次学习培训做个简要的总结。

一、培训的基本情况

（一）内容合理，注重实效

这次培训的内容涉及日本的体育组织架构介绍、体育协会、竞技体育、群众体育、体育产业、体育新闻、学校体育、奥运经济和人才培养及经费保障渠道等，调研了不同性质的体育场馆管理模式和运营方式，以及箱根驿传博物馆。较全面和深入地了解了日本体育管理体制和运行机制，以及体育在日本人的民族性格塑造方面的积极作用。总体上看，培训内容丰富，信息量大，涉及体育工作的方方面面。在大家共同努力下，培训任务顺利完成，达到了开阔视野、提供借鉴、培养世界眼光的预期效果。

培训期间正逢党的十九大召开，我们及时组织了学习研讨，加深了对增强“四个意识”必要性、必然性的认识，坚定了“四个自信”，明确了发展方向和承担的使命，振奋了精神，主动融入社会主义现代化强国建设，努力奋进，发挥作用，不辜负伟大时代，不辜负我们的宝贵年华。

（二）学习投入，重点突出

在日本期间，我们严格按照培训日程开展学习培训。全体学员都很珍惜这次培训机会，学习态度认真，精神饱满，提前查阅培训相关内容背景，做好学前准备；课堂秩序良好，认真准备问题。提问紧紧围绕培训主题，有深度，有侧重，视野开阔，视角独到，充分展示了我们各位专家学者的见识见解、学问思想和科研水平；课后及时整理学习内容，消化提炼，去伪存真，形成系统，按时提交报备。各位学员也按要求完成了论文和个人总结。学习组和后勤组分工明确，尽职尽责，在全体学员的大力配合和支持下圆满地完成了本职任务，撰写了总结报告，为我们此次培训画上了一个圆满的句号。

（三）从严要求，学风良好

好的学风和组织是顺利完成培训的重要保证。3周的学习时间，大家严格要求自己，服从安排，把精力放在学习上，白天走看问，晚上读写想，加班加点，相互交流，启发思考，共学共进。同时，尊重当地习俗文化，言行得体自信，展示了良好的形象。

这次培训的圆满完成还得益于国家体育总局干部培训中心与日本大分培训机构在精心设计课程、组织师资、联系场所等前期准备工作上做得充分，以及在日本培训期间李聚会先生丰富的带团经验、精彩的翻译、高效的组织，尤其是其旺盛的精力、认真细致的工作态度给我们留下了深刻印象，在此代表全体学员一并表示衷心的感谢。

二、交流几点体会

学习国外先进的科学技术、管理经验和理论前沿知识是对外开放的重要内容，也是国家的重要战略。国家体育总局“百人计划”是全国体育专业技术人才培养的“国家队”，承担着体育强国建设理论创新的重要使命，可谓责任重大，使命光荣。借这个小结，交流以下几点体会。

（一）厘清责任，不辱使命

我国体育事业经过几十年的发展，成绩显著，但短板明显，党的十九大报告指出的发展不平衡不充分的问题在体育领域表现明显和突出。究其原因是多方面的，其中体育哲学思想缺乏、体育理论创新不够、体育科研能力局限可能是其中重要和关键的几方面。从这个角度讲，我们体育理论工作者责任重大，责无旁贷。我想，新时代要与时俱进地把体育讲清楚不是一件容易的事，在对体育功能的再认识、作用的发挥、意义的发现上，还有很多工作要做。中国梦、体育强国梦的实现，在物质生活层面比较容易追求和量化，但占领精神的高地，从思想层面给出指导，还需要我们共同为之做出不懈的努力和奋斗。

学员们多数来自省市教育科研单位，在本单位搞出个名堂是本职，从国家利益层面，立足于国家需要发挥作用、做出贡献是天职。大家专业不同，研究方向各异，在改革深化时，容易觉得很多事与自己无关，会认为这不是自己研究和考虑的事。记得鲁迅先生曾讲过："无尽的远方，无数的人们，都和我有关。"作为科研国家队的一员，我们应该有这样一种责任，这样一种担当——"无尽的远方，无数的人们，都和我有关"，这是你我的使命。

（二）加强跨界学习

能够入选此次培训，应该说每位学员在各单位、在所研究领域都是优秀的，但这只是学术万里长征的第一步，新任务、新起点，"新"在要求不同，目标不同，使命不同。"成长靠组织，成才靠自己""师父引进门，修行靠个人"。我理解，做人文社科研究需要跨学科学习，只有广博，才有精深。不仅要注重单线作战，更要多路进发，多点突破，因为事物都是相互联系、发展变化的，尤其是人文社科领域。伟大的时代、伟大的事业给予我们最好的就是无限的可能性，我们唯有珍惜、努力、奋进。

我一直想做一名教师，尤其是做一名高校的人民教师。韩愈讲："师者，所以传道授业解惑也。"我理解授业、解惑容易做到，也就是教给学生技能和知识，唯其传道最难，这个道我理解就是培养学生正确的三观：世界观、人生观、价值观。这对老师的能力素质提出了很高的要求，只有自己把这些问题搞清楚了，心有所向，心有定力，才能更好地授业解惑。自古以来，唯其艰难才见精神。

（三）久久为功

搞学问、做研究需要久久为功，只有深耕细作，才有硕果累累。知名专家的学术地位靠的是实力和水平。作家张爱玲有个观点：出名要趁早。影响了很多人，现在还在影响很多人。但我希望我们不是这很多人。我喜欢书法，书法大家林散之先生讲，做学问要踏实，写书法不为虚名，不要出名太早，不要忙于应酬，要学点真东西。世间事成者有二，一是形势所迫，二是利益所使。对自己有要求就有希望。我比较喜欢“大器晚成”和“功不唐捐”这两个词。

培训学习虽然结束了，但同学的情谊才刚刚开始。这21天中，我从各位专家教授身上学习到了很多新知识，他们严谨治学的态度、敬业钻研的精神深深地影响了我。最后，以一则小故事作为结束。东晋顾恺之每次吃甘蔗都倒着吃，有人怪之，答曰：渐入佳境也。我想借此祝大家工作、学术研究、生活犹如“倒吃甘蔗”，越来越甜，渐入佳境！

学其所长　学以致用

——赴日本培训学习有感

国家体育总局宣传司　岳红燕

受国家体育总局宣传司委派，我于2017年10月12日至11月4日参加了国家体育总局2017年“优秀中青年专业技术人才百人计划”培养对象人文社科研究人员赴日本培训班。此段时间也是宣传司体育文化工作特别忙碌的时期，能脱产学习3周，充分说明国家体育总局对干部培训工作的高度重视，也充分表明学习调研对于一名干部成长的重要性。正所谓工作是热运行，学习是冷思考。能够参加培训，我深知机会难得，所以倍加珍惜。在21天的培训中，我端正学习态度，尽全力完成学习任务，积极参与讨论交流，争取最高学习效率，取得最大学习成效。

现就参加培训学习的相关情况，从以下几个方面进行总结。

一、开阔了视野，增长了见识

根据培训班的课程安排，我们了解了日本大众体育和竞技体育的基本情况，日本体育组织的机构设置和管理机制，日本学校体育的理念及组织化、系统化程度，日本体育场馆的专业化、商业化运营模式，日本体育文化和体育新闻的基本情况等。经国家体育总局人事司和干部培训中心的精心安排，培训学习内容多元、紧凑、充实，使我们对不同国家制度下体育的社会功能和核心社会价值有了更深入的理解。日本是一个民众体育意识特别强烈的国家，体育真正成为其国民的一种生活方式和生活态度，日本在通过体育培养健全人格、育成社会人才方面有很多值得我们借鉴的经验。

从日本学校体育课程设置和公园绿地与体育设施完美结合到日本申办1964年和2020年奥运会的社会背景和民众诉求，充分说明日本将体育作为一种构建健全人格和健康社会，并与世界进行广泛、深入连接的手段和桥梁，特别是即将举办的东京奥运会更是日本谋求体育大国地位的一次积极作为。

体育与社会经济发展有着密切的关系，体育在不同时期所彰显的社会功能会有所不同，日本民众的体育意识也有一个培养和深化的过程。从明治维新开始，体育从“强身健体”到“培养社会人格”，再到满足“社会人才育成”，体育意识逐步形成并深入人心。目前，我国主要矛盾是人民日益增长的美好生活需要和发展不平衡不充分之间的矛盾。社会主要矛盾的变化显示出体育发展的条件、背景也发生了很大变化，时代已将体育融入社会治理的版图，成为其不可或缺的一个重要部分。增强国民体育意识、建设体育强国、发展以人民为中心的体育事业、满足人民对美好生活的需要，是目前我国体育工作的重要内容之一。

二、引发了思考，提高了认识

本次培训班的成员多数来自国内的体育类高校和科研单位，是体育人文社科领域的领航者。同学们学习思考的方式、探研问题的方法启迪了我，让我从不同的角度去审视体育文化工作，跳出体育看体育，跳出体育文化工作去理解体育文化工作。一是体育文化渗透体育工作的方方面面，弘扬体育精神是体育文化工作的核心内容之一。目前，体育文化工作的任务之一就是寻找更为具体和可操作性强的工作手段，以可听、可视、可触摸、可互动的方式将中华体育精神进一步传播出去，扩大影响，从而使其内化于心、外化于行。二是学员们对体育文化重要性的认识趋于一致，认为体育文化是引领体育事业发展的内在主线和灵魂，但体育文化在个人、社会、国家不同的层面有着不同的内容和特点。推进一项事业，制定相关政策，进行顶层设计的前提基础应是确立一个基本框架相对稳定的语境，在此语境下进行相关理论研究，为具体工作提供理论支持。目前体育文化理论研究较为薄弱，体育界对体育文化的概念和具体工作抓手还有不同认识，在体育类高校的课程设置中还缺乏体育文化相关内容，部分研究结论也较为松散，存在趋同和大而空的问题，具体指导性不强。三是有关体育类高校就体育文化已有一定成果和积累，有必要加强与高校、体育人文社科组织和人员的交流合作，使有借鉴意义的成果能向更具实操性的工作转化。

在学习期间，体育改革成为大家普遍关注的热点问题。改革是我们各项事业不断发展的源动力，“惟希望也，故进取，惟进取也，故日新”。建设体育强国，发展以人民为中心的体育事业，必须坚定不移地推进体育改革，按照党中央关于深化改革的总体要求，体育改革的步伐目前稳中加快。改革是大势所趋，我们应进一步统一思想，顺势而为，注重改革的系统性、整体性、协调性，将体育改革和个人认识融入时代洪流。唯改革者进，唯创新者强，唯改革创新者胜。

三、增强了使命感，提高了责任意识

在日本学习期间，党的十九大胜利召开，在学习团领导的部署和带领下，所有学员认真学习了习近平总书记的报告，并就学习感受第一时间进行交流。同时，我也关注日本媒体对于我国党的十九大进行报道的情况，日本各主要报纸几乎都在头版或重要的位置刊载我国党的十九大召开的消息和相关评论。

过去的5年，体育在国家政治、经济、社会、文化、生态文明建设成就中做出了卓越的贡献，以大国外交和人民幸福感、获得感的提升为例，体育的力量更为凸显。中国进入了一个新时代，中国体育也进入了一个新的发展时期，我们赶上了一个伟大的时代，作为体育工作者的使命感和责任感油然而生，我们要厘清责任，不辱使命。“百人计划”是全国体育专业技术人才培养的“国家队”，承担着体育强国建设理论创新的重要使命，为了学习国外先进的体育科学技术、管理经验和理论前沿知识，国家构建平台，提供机会，花费巨大，能够参与其中进行学习，可谓责任重大、使命光荣。正如本次培训学习团团长所言，党的十九大报告指出的发展不平衡不充分的问题在体育领域也有明显表现，体育哲学思想缺乏、体育理论创新不够、体育科研能力有限是关键原因。从这个角度来说，体育理论工作者责无旁贷、使命必达。团长在总结中引用了鲁迅先生在《这也是生活》一文中的一句话“无尽的远方，无数的人们，都和我有关”，我们也应该有这样的一种责任，这样的一种担当。

四、关于日本体育文化的思考

在学习期间，我重点关注了日本体育文化方面的培训内容，试图了解日本体育文化概念的内涵和外延。在考察日本箱根马拉松博物馆和兵库县武道馆的文化展示区域时，我深入思考体育文物、文化遗产对于体育事业的发展起到的积极作用，其所承载的研究、传承和教育的功能不容忽视；在日本体育大学学习时，该校的建校精神理念——“体育乃富国之基”，给我留下了深刻的印象，并给我启迪。结合本职工作，查阅文献资料，总结和梳理日本体育文化脉络和基本特征，并与我国体育文化进行对比分析，相信这必将是一个“学学相长、师夷长技”的有益的过程。

（一）日本体育文化的特征

1. 重视艺道形式，融入禅宗智慧

对于体育项目和技艺，日本一旦认定其有潜在的文化价值，便会很快进行钻研、吸纳和改造，融入日本大和民族的价值观，添加本民族的文化元素，发展成侧重精神修炼的艺道。以艺道为特征的日本体育文化已走出国门，被越来越多的民族所接纳。而禅宗的影响自公元12世纪后半叶开始，深刻影响着日本体育文化，成为日本体育的精神支柱，它所主张的“静思、物我两忘、修定”等理念渐为日本习道者所接纳，并成为他们磨炼意志、净化心灵的修身之道。

2. 注重道德教化，强调礼仪程式

日本重视体育的道德教化功能，认为心性的磨炼更胜于技艺的锤炼。他们将道德观念注入体育技艺之中，以强化体育的教化功能。比如，在比赛中，虽然要分出胜负，但对于运动员来讲，胜负之外更看重比赛过程中表现出的心性涵养，对参赛者来讲，无论胜负都必须尊重对手。日本传统体育讲究运动礼仪，要求始于礼而终于礼，一方面投射出日本人对于传统的执着，另一方面也使得传统体育拥有了浓郁的文化氛围，但不失引人入胜的竞技性质。

（二）日本现代体育文化的代表作——箱根马拉松接力赛

著名的日本箱根马拉松比赛即箱根驿传，是一场仅限关东地区大学男生参加的马拉松接力比赛，却拥有着超乎寻常的人气，这样一项家喻户晓的赛事，其创意来自一位同样家喻户晓的人物——日本马拉松之父金栗四三。金栗四三在参加1912年斯德哥尔摩奥运会马拉松比赛时，因为长途旅程疲惫，再加上酷暑高温与坚硬的路面，不得已而中途退赛。回国后，面对日本长跑运动员无法走向世界的现状，金栗四三疾呼“还需要粉身碎骨般的磨炼”。1920年2月14日，带着对日本长跑界未来的憧憬，第1届箱根驿传成功举办。第二次世界大战期间的1941年、1942年、1944年、1945年、1946年，由于财力、人力等原因大赛未能举办，1947年再度恢复举办，从第32届大赛（1956年）开始改为每年1月2日、3日举行。至2017年，箱根驿传已经成功举办了93届。

箱根驿传中不仅是选手，连观众也到达了狂热的地步。自1987年日本放送协会（NHK）进行实况转播以来，每到新年，一家人围坐在一起，一边吃着年饭，一边其乐融融地收看箱根驿传已成了日本家庭不可或缺的活动之一。箱根驿传现场直播节目的收视率也一直保持在25%上下。日本国内不仅掀起了全民跑步的热潮，就连观看比赛也变成了一件很有意义的事情。正如箱根驿传忠诚的观众们所言，观看箱根驿传对他们来说已不再是一种单纯的欣赏行为，更像是一种一年一度的仪式，用这种方式守护着赛道上意气风发的选手们，也守护着近百年传承下来的驿传精神。

在箱根马拉松博物馆中，陈列着自赛事诞生以来几乎所有冠军的照片和介绍，展品中也包括了运动员的服装、现场观众加油时所用道具，很多关于箱根驿传的文创产品，如书签、衣服、帽子等都制作精良，深受参观者喜爱。不足200平方米的博物馆每年都会成为众多游客的必到之处，而每年也会有很多日本中小学组织学生前来观展，感受体育的文化和魅力。另外，很多日本人把参与箱根驿传活动作为一段值得骄傲的经历。

五、关于培训的几点建议

一是关于课程设置。建议在课程内容确定之前，先征求参与单位和科研人员的意见和建议，以便培训内容更具贴合性。二是关于学前功课。建议在培训内容确定之后，请参与培训的人员就相关内容先行了解学习，以便在学习中更具深度和方向性。三是关于学习形式。建议除了听课和参观之外，在课程安排上增加研讨交流的环节，以便大家对所学内容及时消化吸收。四是关于工作细节。作为出访培训，建议做好小礼品的准备等工作。

以上是我对本次赴日本参加培训学习的几点粗浅感受，“学其所长、学以致用”，这会是我工作的一个新的起点。

浅谈举办奥运会对日本经济发展的影响

国家体育总局体育科学研究所　邱雪

根据国家体育总局“优秀中青年专业技术人才百人计划”的精心安排，我于2017年10月15日至11月4日在日本进行了为期3周的研修。作为一名长期从事体育人文社会学的科研人员，此次赴日，我以东京奥运会对日本社会经济发展的总体影响为研究方向。通过3周的研修，特别是通过与早稻田大学、日本体育大学、日本体育振兴中心等权威学术机构的专家学者进行交流，我对东京奥运会的备战情况以及此次奥运会对日本社会经济的影响有了一个大致的了解，在此基础上，对日本体育人文社会学的研究现状也有了进一步的认知。因此，此行可谓收获颇多、感触颇深，现做一总结。

一、东京的申奥历程

2013年9月8日，日本东京获得了2020年奥运会的举办权，意味着这项国际体育盛会将首次在亚洲的同一个城市再度举办。众所周知，东京在1964年曾经举办过第18届奥运会，在1972年和1998年，日本的札幌和长野还分别举办过冬奥会，因此，此次申奥成功可以说是奥运会与日本的第4次结缘。尽管此次成功的一大原因在于日本政府吸取了之前申办2016年奥运会失败的教训，但更为重要的是东京在申奥过程中向世人提出了“放心、安全、可靠”的奥运会办赛理念。相信这次日本与奥运会的结缘将会续写现代奥运史上又一个新的篇章。

尽管日本政府积极备战，但在本次访问中可以感受到，日本的政界、学界以及公众对东京即将举办的奥运会所抱的态度是迥异的。在政界方面，2015年日本文部科学省专门成立了日本体育厅，该厅成立的主要目的就是整合日本现有的体育资源，配合东京奥组委为奥运会的顺利运行服务；在学界方面，日本学界普遍对奥运会报以谨慎、冷静的态度，专家更倾向于用中立的态度分析赛事对日本发展的得失；而在公众方面，根据日本的民意调查显示，日本普通民众对奥运会的支持率已经达到了70%，这是一个相当高的数字。尽管这样，仍有一部分普通民众对奥运会知之甚少，这体现了日本社会多元的价值理念。

二、东京的奥运景气

作为亚洲第一个举办现代奥运会的国家，1964年的东京奥运会造就了第二次世界大战后日本社会经济的辉煌。在奥运会的带动下，日本的国内生产总值（以下简称GDP）在1967年就超过了英国和法国，1968年更是一举超过了德国，一跃成为当时继美国之后的世界第二大经济强国。与此同时，日本政府通过在奥运会期间展示现代科技方面的成就，一扫战败国的负面形象。因此，1964年的东京奥运会被认为是日本社会经济发展的一个重要里程碑，日本也由此步入了世界经济强国的行列，而以这届奥运会为核心所创造出的奇迹更是被经济学家以“东京的奥林匹克景气”来形容。

而即将举办的东京奥运会能否再现1964年的神话呢？作为世界的经济强国，日本经济以20世纪90年代初期的“泡沫经济”为转折，已经经历了20多年的经济低迷期。2012年安倍内阁执政后，面临着国内外政治、经济方面的多重压力，可以说，日本正面临着与申办1964年东京奥运会时极为相似的社会环境，而根据日本以往的经验，申办奥运会无疑是政府最为合适的选择。奥运会作为“安倍经济学”中的“第四支箭”，有助于配合安倍实施的多项刺激经济的政策，帮助日本摆脱当前所处的困境。据日本专家介绍，自2013年至2020年，东京奥运会将有效提升日本3%的GDP增长率，这将是自20世纪90年代以来的最大的经济增长率。但奥运会到底能够带给东京怎样的经济影响，不同专家学者的测算结果存在着较大的差异。

三、东京的城市转型

根据莱芳咨询公司2013年的全球城市排名，日本东京和美国纽约、英国伦敦、法国巴黎并称“全球四大国际化都市”。在这四大国际化都市中，东京在金融方面的优势与影响已经处在一个十分突出的位置。现在，东京所关注的是如何在激烈的全球竞争中进一步保持、提升自己的国际化水准，特别是面对人口老龄化、内需不足这样一个情况，重新选择城市发展的坐标与战略对城市实现转型与可持续性发展都具有极其重要的现实意义。最终，东京选择了以奥运会带动城市由金融型向旅游型转型的方案，并由此带动整个日本社会经济的发展。

目前，以东京奥运会为契机，东京已经做出了明确的城市转型规划，包括72小时转机免签、放宽签证种类等政策。2012年，日本国土交通省（MLIT）还专门成立了负责旅游事务的日本观光厅，以整合日本各地区的旅游资源。根据该厅的统计，从2011年开始，赴日入境游人数有了大幅的提升，入境游客已经从2010年的861.1万人增加到2017年的2394.1万人（表1）。可以说，以奥运会带动城市的转型，已经出现了一个良好的趋势。目前，东京正处于金融型城市或旅游型城市发展的交叉路口，不管是金融型城市还是旅游型城市，奥运会无疑为东京提供了一个重新审视、选择自身发展的机遇。

表1　日本入境游客数量统计

年份	入境游客数量 / 万人
2010	861.1
2011	621.9
2012	835.8
2013	1036.4
2014	1341.4
2015	1973.7
2016	2236.7
2017	2394.1

资料来源：日本观光厅

四、赴日研修的收获体会

此次3周的赴日研修给我留下了非常美好的印象。特别是围绕东京奥运会的举办，日方的专家、学者向中方的同行们展示了日本作为下一届奥运会举办国所拥有的高度热忱及所做的精心准备，这对正在筹办2022年冬奥会的北京来说，无疑具有重大的参考价值及借鉴意义。

1. 深厚的奥运情结

日本作为亚洲第一个举办现代奥运会的国家，对奥林匹克运动有着深厚的情感。在此次研修中，日本学者多次强调了日本著名教育家、日本及亚洲的首位国际奥委会委员嘉纳治五郎先生为日本体育所做的贡献。在嘉纳治五郎的带动下，1912年，日本政府就派运动员参加了在瑞典斯德哥尔摩举办的第5届奥运会；在1928年的奥运会上，日本选手人见绢枝、织田干雄成为亚洲首批在现代奥运会上摘金夺银的运动员；1936年，日本更是获得了第11届奥运会的举办权，虽因第二次世界大战没能举办，但从此之后，日本与现代奥林匹克运动结下了不解情缘。

2. 朴素的奥运理念

从1964年东京奥运会开始，频繁的申奥节奏，已使得奥林匹克运动成为日本社会特有的文化现象，特别是奥林匹克精神所倡导的公平、团结、拼搏与日本文化所秉承的协作、顽强、奋进有诸多共同之处，这使得奥运理念早已融入日本普通民众的生活方式之中，而日本民众对奥运会的理解也显得更为朴素与平和。在这种理念的影响下，日本的大众体育以及体育产业也有了长足的发展。在大众体育方面，近几年，日本政府相继颁布了《体育振兴计划》（2006年）、《体育立国战略》（2010年）、《体育基本法》（2011年）等法规与规划，这些法规与规划进一步促进了日本大众体育的发展。据早稻田大学的统计，2015年日本每年参加一次以上体育活动的人口已经达到了总人口的77.2%；而在体育产业方面，日本生产的体育产品已经占据了世界体育产品的巨大份额，如尤尼克斯（YONEX）、美津浓（MIZUNO）、亚瑟士（ASICS）等早已成为世界知名的体育产品品牌。

3. 务实的奥运模式

日本政府对2020年奥运会部署了详尽的务实的方案。日本政府预计将新建11

个体育场馆，改建17个体育场馆。值得注意的是，这些新建、改建的体育场馆将分布在日本各地，而不是全部集中在东京地区，这保证了这些场馆在赛后能够得到有效合理的利用。目前，位于代代木体育中心的主体育场已经初具规模，在此基础上，东京奥组委的场馆运行负责人仍在积极协调国际奥委会的有关部门，意在进一步压缩整个奥运会在场馆修建方面的开销，实现节俭办赛的承诺。

五、小结

综上所述，此次赴日研修虽已告一段落，但日本之行给了我许多新的研究启示，开拓了许多新的研究视角：如明治维新和洋务运动背景下中日两国体育发展的比较研究、日本奥运之父嘉纳治五郎与我国奥运创始人张伯苓的奥林匹克教育模式的比较研究、东京与北京作为奥运会主办城市的总体影响等。当然，最为重要的还是我所关注的东京奥运会对日本社会经济发展的总体影响，此次赴日研修已经给了我一个十分满意的答案。

日本体育设施建设和运营管理的经验及启示

国家体育总局体育科学研究所　黄希发

在为期21天的国家体育总局2017年“优秀中青年专业技术人才百人计划”培训对象人文社科研究人员赴日本培训中，我们听取了由日本政府部门、体育协会、大学教授和体育场馆管理者等各方面人士介绍的有关日本体育设施的情况，并实地考察了兵库县立武道馆、大阪中央体育馆、和歌山县大鲸鱼体育馆、东大阪市立综合体育馆、东京有明网球场、筑波大学、日本体育大学、国家体育训练中心、秩父体育森林公园等具有代表性的体育场馆和设施。日本在体育设施建设和运营管理方面的经验给我留下了很深的印象，现将个人认识和体会进行总结，以期有所借鉴。

一、多元化的体育设施投资建设为大众体育发展奠定了基础

讨论日本体育设施建设，不得不提及日本于1964年举办的东京奥运会，这项体育盛事在日本的现代化发展中具有十分重要的意义，其深远的影响持续至今。1964年正处于日本经济腾飞时期，为筹办奥运会，政府加大了基础设施的投资建设，如首都高速公路、东海道新干线、东京地铁等都是当时建设和开通的。在奥运会体育场馆建设方面的政府投资高达317亿日元。这些体育场馆在今天的竞技体育训练以及支持大众体育开展方面继续发挥着重要的作用。对2020年即将举办的东京奥运会

和残奥会而言，过去的体育场馆及相关交通设施为赛事的举办提供了极大的便利，大部分是对旧场馆的维护整修和利用，只需要新建少量的场馆即可。

举办奥运会的影响不仅限于直接推动奥运会体育场馆设施的投资建设，更重要的是形成了日本政府和社会对体育的高度重视。日本各都道府县的地方政府也直接投资建设了大量的公共体育设施以满足大众体育健身和活动需求，例如大阪市有24个区，每个区都有体育中心。日本对体育的高度认同通过学校体育教育进一步强化。由于十分重视学校体育，日本学校的体育设施普遍较为完善。据了解，几乎所有的学校都有体育馆和游泳馆，这些体育设施为学校体育运动的开展奠定了扎实的基础。日本企业认为，体育锻炼可以培养员工健康和积极的工作态度，对提高工作效率有帮助，因此也积极建设职工体育设施，开展公共健身活动，满足职工体育健身需求，拥有体育活动场地的企业在日本十分常见。

日本国民对体育的重视同样带动了商业性健身产业和健身设施的发展。20世纪60年代，各种各样的体育教室得到发展，这类体育教室用于体育运动项目的教学，即主要针对学生和孩子的运动技能培养。目前体育教室逐渐发展为俱乐部形式，体育健身房等各种体育锻炼的专门场所得到持续快速发展。

二、高标准的体育设施设计和建造保证了体育设施的先进性和以人为本

由于日本国土面积狭小，因此在体育设施建设上十分重视空间资源的节约利用，可以说将空间利用发挥到了极致，具体表现在对体育设施进行合理的功能布局和多功能设计，充分利用每一寸空间。例如，许多场馆设置活动看台，既满足比赛时观赛的需要，又满足非比赛时期对较大场地活动面积的需要；通过灵活的隔断措施，使某一较大的场馆空间可以根据需要临时分隔为多个场地分别开展活动；大量使用空中走道连接不同的场馆，有些场馆周边的空中连接走道甚至设计为跑道等。

政府在城市规划、街区建设、公共休闲空间设计上，也充分考虑人们开展体育活动和进行体育交流的需求。例如在道路设计上考虑自行车赛事的需要；在城市公共休闲公园中将体育元素融入其中，满足大众在闲暇时可以随时随地健身的

需求。值得注意的是，日本有些公益性财团法人（如大阪市体育绿化财团、和歌山体育财团等）的管理职能本身就同时包含了体育设施和公园绿化，因此可以很好地将体育和绿化事业结合在一起考虑，通过公园里的体育设施促进居民体育活动，通过园林绿地里的休闲度假为体育发展做出贡献。

日本体育设施在设计和建设上体现出以人为本、关注安全、注重细节、质量过硬的特点。日本的体育场馆十分重视对残障人士参与体育活动的权利保障，往往设置残障通道、残障人士专用的观赛座椅、残障人士专用洗手间，甚至有的公共游泳池还设有供残障人士坐轮椅下水的缓坡。针对不同的体育项目，运动场馆地面材料的选择也十分讲究。考虑到运动风险问题，体育场馆普遍在醒目位置设置自动体外除颤器（AED）并予以提示。时至今日，日本许多20世纪60年代建成的体育场馆仍可体现出设计理念上的先进性和设计细节上的精益求精。

三、通过指定管理者制度实现公共体育设施的公益性运营

日本在公共体育场馆的公益性定位上是明确的，在履行公共体育设施的义务上是彻底的。日本体育设施建设和运营的最终目的都是让更多人参与体育，包括许多为举办国际性大赛建设的大型体育场馆，赛后都用于大众体育。对于学校体育设施，原则上已经实现了向社会开放，由于要满足教学任务，开放时间主要是晚上和周末，其利用率高达80%。考虑到体育运动的安全问题，在学校体育设施向社会开放时，日本体育振兴中心推动体育保险投保工作。

2003年日本制定法律，要求对隶属政府的公共体育设施在管理制度方面进行改革，通过实施指定管理者制度，将公共体育场馆设施交由民间运营。此后各都道府县根据自己的情况逐步开始实施。目前，日本90%左右的地方实行的是指定管理者制度，即由都道府县政府或与政府关系密切的体育协会负责履行所有者监管职责，具体运营则通过公开招标，由符合招标条件并中标的民营机构进行运营管理，一般运营管理的合约期限为5年。政府免征公共体育设施运营的税收，并对体育设施维护等费用给予一定的补贴。指定管理者在运营管理中，需要遵守公益性原则，包括满足开放时间、实现低收费、免费供政府举办相关活动等要求，

其中对外开放时的定价须经政府部门核准。指定管理者运营过程中还应接受政府体育部门或体育协会的监督和考核。

公共体育设施指定管理者制度已成为日本公众体育设施管理制度的主流和发展方向。可以通过一个较为特殊的案例说明这种趋势：大阪足球队专用的吹田球场原为民间募资建设运营的足球场，由于税负较高，企业负担较重，企业主动将体育设施所有权转移至吹田市政府，使之成为公共体育设施，吹田市政府体育部门再通过指定管理者制度委托大阪足球队直接运营管理，达到了双赢的目的，即企业减少了税负并提高了球场使用的便利性，政府则增加了公共体育设施资源，可以用于开展大众体育及政府相关活动。

公共体育设施在运营中的收入来源主要包括赛事承办、体育活动场地出租、体育讲座和体育技能培训，少量其他收入来自居民进行锻炼的收费、举办文化节和演唱会等体育之外的其他活动。绝大部分公共体育场馆只能维持收支平衡或勉强盈利，单纯从经济角度看同样面临经营的困难。然而需要注意的是，我们在考察期间对指定管理者制度的实际感受是，指定管理者能够实施精细化管理，并且达到了人力资源的优化配置，也可以说是极简配置，即少量的全职工作人员与临时工作人员的结合。如大阪市体育馆正式职工仅3人，而有活动时可以调动的临时工作人员可达70人，这样的现象在实施指定管理者制度的体育场馆中是较为普遍的。指定管理者运营管理的实际效果是保证了体育设施的公益性，使体育设施成为周边居民体育活动开展的中心据点，充分满足了大众参与体育活动的需求。

四、对我国体育设施建设和运营管理的启示

（一）丰富群众身边的体育设施，满足群众健身需求

我国人均拥有体育场地面积目前还不能满足群众的健身需求，应多措并举加大体育设施投资建设，包括借助大型赛事加快体育设施及相关配套基础设施建设；科学规划和建设区域体育设施，特别是多种多样符合当地实际的中小型体育设施建设；在城市公共休闲空间规划设计、园林绿地建设中增加体育元素；建设体育与文化、旅游、健康管理和养老等功能结合的多功能设施；引导社会力量投资建设商业性体育健身设施等，增大体育设施供给量，带动全民健身。

（二）加强体育设施标准化工作，提高体育设施建设质量

学习总结体育设施建设的先进理念、技术和经验，以满足群众健身需求、让大众参与体育为根本出发点，包括大型体育场馆也要充分做好赛后向大众开放使用的设计，并充分考虑对老年人、妇女、残障人士等弱势人群参与体育活动权利的保障，从体育设施规划选址、体育场馆布局设计、体育运动功能要求、经营服务设施、器材用品配置等方面，制定体育设施相关标准，引导和规范体育设施建设，达到功能完备、环境优良、使用方便、以人为本，让体育设施真正为民所建，为民所用。

（三）推动多种运营管理模式，确保公共体育设施的公益性

为解决公共体育场馆运营存在的普遍性困难，我国现阶段处于多种运营管理模式并存的状态，如事业单位管理、国有企业管理、对外经营承包、对外租赁、签约外包以及PPP（Public-Private-Partnership，公共私营合作制）模式等。日本十多年改革的基本经验是体育场馆由民间来运营，以降低成本，提高运营效率和服务质量，同时在保证公共体育设施公益性上并不降低要求。我国许多地方探索采用的PPP模式以及签约外包模式等实践均符合由民间运营的方向，也取得了一些好的成效。政府应在这方面对民间运营条件进行细化，对向社会公益开放进行监督，对体育设施必要的维护成本进行补贴，对运营收入落实有关税收减免政策等，既要增强体育设施的活力，又要确保公共体育设施的公益性。

日本的奥运会电视转播格局及日本放送协会的奥运会报道概况

北京体育大学　薛文婷

日本放送协会（以下简称NHK）与英国广播公司（以下简称BBC）齐名，是日本唯一的公共广播电视机构，也是日本唯一提供全国性电视频道的机构，其宗旨是“为全国提供丰富且优质的广播节目，在承担国内基本电视广播任务的同时，负有提供国际广播及国际卫星电视广播的职责”。根据日本《放送法》规定，NHK不能通过商业广告盈利，而是依靠观众支付的收视费来维持运营。NHK下辖两个全国性的无线电视频道：NHK综合频道（GTV，General TeleVision）和NHK教育频道（ETV，Educational TeleVision）；两个卫星电视频道：NHK卫星第1频道（BS1）和NHK BS Premium；三个广播频道：广播第1频率、广播第2频率、超短波广播频率（FM）。

作为日本国内最重要的广播电视媒体，NHK是日本奥运会报道和转播的主战场。不过，NHK并不是奥运会转播权的独家拥有者。通常，NHK都是与日本民间放送联盟（以下简称JBA，以在东京的日本电视台、朝日电视台、TBS电视台、富士电视台为基台）共同获得奥运会转播权。2008年北京奥运会时，NHK与JBA组成的日本广播联合体（以下简称JC），通过国际奥委会取得了奥运转播权，并就转播时间分配达成协议，其中，NHK总计转播198小时，JBA总计转播约173小时。为JC提供奥运电视信号国际传送服务的是KDDI（电信服务提供商）和中国网通。此后，NHK和JBA于2012年买断了2014年索契冬奥会和2016年里约奥运会的转播权。2014年6月19日，国际奥委会与参与联合竞标的NHK和JBA达成协议，以

1100亿日元（约合10亿美元）的“打包价”授予其2018—2024年期间4届奥运会的转播权。NHK和JBA共同竞得2018年平昌冬奥会、2020年东京奥运会、2022年北京冬奥会和2024年巴黎奥运会转播权。转播权涵盖全媒体平台，其中包括公共电视信号、付费频道、网络以及移动媒体等。和上一个“八年协定”相比，国际奥委会在这笔10亿美元的转播权交易中获得了高达61%的利益增长。

2008年北京奥运会时，因为东京和北京只有一个小时的时差，日本各大电视台都第一时间竞相报道以日本选手表现为中心的体育新闻，并在实况转播方面下足功夫。各电视台播出的数字电视节目无论是地面传输还是卫星转播都采用高清信号。NHK的卫星第1频道则在奥运会期间进行24小时无间断转播。当精彩比赛被安排在同一时间段时，观众只能通过频繁切换频道来观看直播。转播期间能够彰显各电视台强大的主播阵容，NHK派出了三宅民夫、青山佑子、丰原谦二郎等众多知名主播赴北京任赛地记者。JBA也不甘示弱，纷纷派出看家主播，如日本电视台的明石家、樱井翔、掘尾正明（原NHK播音员），TBS电视台的中居正广，朝日电视台的松冈修造，富士电视台的古田敦也、相武纱季等。在广播方面，NHK广播第1频率进行了100多个小时的播送，JBA下属的101个电台同时对女子马拉松进行了实况广播。

在2012年伦敦奥运会上，日本获得了38枚奖牌（金牌7枚、银牌14枚、铜牌17枚），超过了雅典奥运会时的37枚，奖牌总数创历史最多。因为有8小时时差，主要项目的决赛都在日本的深夜至凌晨举行。NHK在“全力支持”的口号下，经过灵活编排，在综合频道、教育频道、卫星第1频道、广播第1频率报道重要赛事，同时通过数据广播、网络全面传播奥运会信息。据统计，电视、广播播放伦敦奥运会节目的时间（包含新闻信息节目）共计729小时25分，其中，无线电视（综合频道，部分教育频道在内）计274小时8分，超过雅典奥运会时的230小时41分，成为NHK历史上播放时间最长的一次。通常，综合频道现场直播日本人普遍关注的日本选手的表现。重要比赛同时进行时，教育频道也会进行直播。考虑到一些观众无法在深夜收看赛事直播，综合频道会在上午安排重播。在伦敦奥运会上，NHK在其奥运会报道历史上首次派直播节目的主持人到现场，在综合频道转播比赛的前后，播报赛场周边的情况和最新信息，充分体现了现场感。奥运会期间，足球比赛的直播都有很高的收视率。日本时间2012年7月28日（星期六）晚8点开始的女子足球预赛第2场日本队对瑞典队的比赛，下半场的平均收视率为30.8%，最高达40.1%。NHK和民间广播电视机构共同创造了伦敦奥运会家庭收视率第一。2012年8月10日（星期五）凌晨3时45分开始的女子足球决赛，日本队对美国队的下半场，尽管是在凌晨，依然取得了29.1%的收视率。伦敦残奥会时，NHK教育频道现场直播了开幕式和闭幕式。比赛期间，综合频道和教育频道每天都会播放精彩的残奥会节目。随着残奥会比赛的观赏性越来越高，NHK还录播了轮椅篮球、轮椅橄榄球、轮椅网球的比赛。最终，包含新闻和相关节目在内，合计播出45小时25分，超过了以往任何一届残奥会。值得关注的是，为营造奥运会气氛，NHK的宣传局、编辑局和体育节目部等一起，很早就开始积极参与节目的制作与宣传。比如，在以“奇迹身材”为代表的《NHK特别报道》等奥运会特辑节目中，展现了选手们以往的艰难历程和不为人知的形象。另外，针对自然灾害、政治、经济、国际问题等的广泛报道，建立了可以迅速应对的机制。为满足观众的期待，NHK竭尽全力地制作节目。

2016年里约奥运会时，拥有视频转播权的NHK从2016年8月1日开始在卫星第1频道试播超高精细度4K与8K的电视节目。4K指整体分辨率是全高清电视的4倍，8K指在分辨率上是全高清电视的16倍。相比全高清，4K和8K分辨率节目能让观众获得超高清影像与身临其境的音效体验。由于当时8K电视稀少，NHK在丸之内大楼、松下电器中心、综合性商业设施大阪Grand Fron等6处公共展示区域实况转播里约奥运会。除独家制作的节目，NHK还对里约奥运会开、闭幕式进行现场直播。NHK除在日本各地的NHK分局设置了相应设备使观众可以进行收看外，也在东京和大阪对里约奥运会进行实况转播。

2013年9月7日，日本东京获得了2020年奥运会举办权，这将是日本继1964年之后第二次举办夏季奥运会。随即，NHK便开始筹划东京奥运会报道。2015年，NHK制订了新的三年计划。此计划既面向东京奥运会、残奥会，也为了实现NHK的发展目标，即赢得更坚实的信赖，创造迎接未来的力量。NHK的战略重点在于面向奥运会进一步提高播放技术、制作更丰富的奥运节目，以及主办或协办有影响力的竞技赛事。NHK在2015年制订的三年计划中指出，到东京奥运会开幕之际，国际环境、广播电视及通信、信息终端、媒体等的变化都会日益加剧。对此，NHK要进一步提高采访、制作水平和技术能力，本届东京奥运会时将在全世界的关注下提供最高水平的广播电视服务。

在提高播放技术方面，据2015年7月发布的“4K和8K的推进政策”显示，日本计划于东京奥运会时借采用4K和8K技术转播奥运会之机大力推广4K和8K电视，为此于2018年开始进行4K和8K电视的实验播出。对此，NHK表示要参照国家制定的线路图，与民营电视台、企业单位共同合作，发挥技术层面的先导作用，以全日本体制推进超高清晰显示技术（SHV）及其应用，包括完善超高清晰显示技术的相应设备、管理体制，积累相应的技术经验，加大宣传力度等。

制作更丰富的奥运节目也是NHK在体育方面的传播战略之一。2015年，NHK于每周二晚间在综合频道新增固定档期的电视节目《加油！努力成为2020年的奥运健儿、残奥健儿！》。这是一档挖掘有潜力成为奥运健儿、残奥健儿的年轻运动员的纪实类节目，节目形式为训练赛场纪实与主持人在演播室内的对谈相结合，既有利于国民对未来奥运新星的关注，又切实参与了日本奥运健儿、残奥健儿新旧一代的交替传承。除固定档期节目，NHK还在一些特定节日制作有关东京奥运会和日本社会发展的专题节目，如：2014年1月1日制作并播放了元旦特别节目《日本走向何方——向2020年奥运会出发》，邀请日本各界的知名人士对奥运会召开之年的日本社会状况进行大胆预测，并提出相关的建议；2014年的国民体育日——10月14日，NHK综合频道推出了《加油！努力成为2020年的奥运健儿、残奥健儿！》特别节目，首次邀请了国外的奥运健儿来指导日本的年轻选手，NHK卫星台也于当天推出了《2020年东京奥运会，未来的主角是你！》节目，内容仍然聚焦为迎接东京奥运会而苦练的年轻运动健儿。除传统电视媒体之外，NHK的新闻网站还特设了东京奥运会、残奥会专题，公布奥运会召开之前重大事件的日程安排，并收集所有相关的新闻。

NHK还以冠名“NHK杯”的形式，主办或协办在日本有影响力或颇受大众欢迎的竞技赛事，包括“NHK杯国际花样滑冰竞技大会”“NHK杯体操锦标赛”“NHK杯跳高滑雪大会”“NHK杯冰壶锦标赛”，另外，“天皇杯全日本足球选手权大会”的优胜队在获得“天皇奖杯”的同时，也将获得“NHK奖杯”。

NHK以“冠名”的方式主办或协办赛事可以追溯到20世纪60年代，就连历史最短的“NHK杯冰壶锦标赛”也在2015年迎来了第36届赛事。

NHK还从文化和教育角度，加大对奥林匹克的传播。在文化方面，NHK有关奥运会的传播战略主要为与日本奥组委等组织合作，协办、转播奥林匹克音乐会、奥林匹克日长跑等宣传活动。奥林匹克音乐会是为了纪念6月23日奥林匹克日，于1997年开始举办的奥林匹克宣传活动之一，属于日本独创的宣传形式。作为公共广播电视机构，NHK在1964年东京奥运会时在国民的体育运动知识普及方面起到了很大作用。如玉木正之所指出的，第二次世界大战后日本体育运动在民众中的普及基本都是通过NHK教育台进行的。NHK教育台每周日固定档期的《电视体育运动教室》节目，每周邀请专业运动员或教练，讲解竞技运动的相关知识及动作要点，对体育运动、奥运会竞技项目的相关知识在民众中的普及起到了重要作用。NHK广播电台设有《高中讲座》这一栏目，其中负责向高中生普及体育保健、生理卫生知识的《保健体育》科目中，时常涉及奥运会内容。

NHK面向海外的奥运传播战略主要体现为节目传播，渠道主要是NHK环球电视频道（NHK World TV）。为迎接2020年东京奥运会，向海外介绍东京的《TOKYO EYE》节目已于2015年起更名为《TOKYO EYE 2020》。节目在开篇致辞中提道：“本节目区别于以往的东京导览类节目，目标是World's No.1 guide to Tokyo（世界最好的东京导览节目）。”

值得关注的是，随着传播技术的发展，在日本，通过移动端观看体育赛事的观众越来越多。据2014年的统计，24~34岁的日本男性每月用在观看线上视频的平均时间为70个小时，其中有20%的时间是体育类节目。由此，日本的体育转播公司在提供赛事转播服务时也尽可能地增加灵活性和多样性。在公交、地铁上利用手机或平板电脑进行较短时间的赛事点播，是日本人偏爱的体育观赛习惯。如何面对网络媒体的挑战，也是NHK奥运会报道不得不思考的问题。

日本群众体育发展现状浅析

北京体育大学　邹秀春

转眼之间，为期3周的赴日本培训学习已结束，收获颇丰，既有意料之中的收获，也有意料之外的惊喜。现对培训总结如下。

一、日本体育发展方面的问题

（一）日本关注中小学生体质

考察中，经常可以见到路边走着的、骑自行车的、绿茵场上奔跑着的中小学生，当时的气温并不高，10~16摄氏度，他们的校服都是女生短裙、男生短裤。他们的这种锻炼自小开始，抵御寒冷的能力可见一斑。青少年体育锻炼备受日本政府重视。一旦发现某年中小学生体质测试的某个方面指标下滑，那么政府、教育部门会非常紧张，要研究改变这一不良现状。目前，日本的中小学每天都要保证学生有30分钟的体育课，同时开展食育，提供身体所需的营养。

（二）马拉松比赛是日本体育的一大特色

日本大和民族是喜欢奔跑的民族，马拉松比赛经常举行，如指宿油菜花马拉松、石垣岛马拉松、冲绳马拉松、东京马拉松等，群众的热爱、国家的推进，使得日本的马拉松比赛长盛不衰。代表国家出征的马拉松运动员很多也是来自群众性、地区性的马拉松组织。1920年诞生的箱根马拉松接力赛是受关注度较高的一类赛事，每年吸引了大量的参赛者和观看者。

（三）关于运动员的文化教育问题

日本实行社会自治性培养体制，体育后备人才的培养主要通过学校运动部和综合型体育俱乐部，在“一贯制”思想指导下培养运动员，在教育系统中贯彻与实施。日本对竞技体育后备人才的选材有三种方式：选拔、识别、改变运动项目。这三种方式相结合充分挖掘后备人才，避免因选材方法过于简单而造成人才的浪费。

（四）关于运动员保障问题

日本根据训练和比赛计划的需要定期召集运动队进行集中训练。为保证集训顺利进行，采取四项策略：集中财力建立国家级体育集训中心；给集训运动员资金资助；体育振兴基金投入资金，为优秀运动队进行强化训练提供资助；有计划地对重点项目运动队的强化训练进行资助。此外，对运动员日常训练也给予一定的资助，《体育振兴基金扶持交付纲要》规定，对运动员和教练为提高竞技水平而进行的有计划的体育活动分四个等级给予固定额度的费用。

（五）体育伦理中的体罚问题

日本体育伦理中经常被提及、被曝光的问题就是体罚和性侵。2013年，日本女子柔道队曝出体罚、性侵事件。日本奥委会进行了一项对本国奥运会团队运动员的匿名调查。在2000余名运动员中，有219人（约占接受调查运动员总人数的11.5%）承认自己在训练中受到性骚扰、暴力体罚等身体侵害。2013年，日本大阪市立樱宫高中篮球部男学生自杀事件引发日本国内广泛关注，为吸取教训，日本文部科学省紧急召开专家小组会议，汇总了日本学校体育社团活动指导方针，否定胜利至上主义，要求“避免片面追求胜利而过度训练”，同时写明了不允许体罚和利用职权骚扰等具体指导方针。

中国和日本在价值观上及法律法规制定上虽然存在一定的差异，但在进行体育教学和训练时，教师的热情和干劲是相同的。遵守法律、尊重学生和受训人员的人格都应成为体育伦理中应遵循的首要原则。

二、日本群众体育活动的开展与管理

所谓群众体育，是属于体育社会学范畴的概念，它与竞技体育属同一层次，是体育的主要组成部分。一般而言，群众体育是除竞技体育之外的包括学校体育在内的整个体育运动，是以社会全体成员为对象，以增强体质、丰富余暇生活、调节社会情感为目的，形式多样的体育运动。赴日调研发现：日本群众体育发展总体效果较好；群众体育活动以场馆运营为依托有序开展，覆盖各类人群；以体育节为契机，营造体育运动氛围，扩大体育人口；配合与呼应国家整体的体育振兴事业，提高国民的身体素质和精神素质；重视社会体育指导员队伍建设。

（一）日本群众体育开展的总体效果较好

根据日本总务省统计局的数据（2015年10月20日至2016年10月19日）：在体育参与方面，10岁以上参与体育的日本民众达到了7797万人，占总人口的68.8%；从具体的体育项目看，日本民众参与体育运动排在前三位的项目依次是体操、散步、健身房开展的器械类活动。自20世纪90代中期起，日本进入老龄社会，65岁以上人口占总人口的14%以上。许多研究显示，日本全民性体育运动的开展是促进民众健康、带来人口长寿的重要推手。在大阪，巧遇一个体育馆承办一年一度的当地金婚（婚龄50年）、钻石婚（婚龄75年）庆祝准备活动。一个人口50万左右的城市里参加金婚、钻石婚的夫妇有400多对。日本的很多城市都有观光塔，经常会有民众以观光塔为载体，徒步登塔进行锻炼，其中不乏老年人。电视画面中，一位奶奶陪着几岁的孙子登上了90米高的展望台，正待感叹时，画面中又出现了一位80多岁高龄的老者，他也爬了上来，而且精神矍铄，神态自若。

（二）群众体育活动以场馆运营为依托有序开展，覆盖各类人群

在日本，很多体育场馆、体育设施都坐落在公园里，公园是开放的，给人们开展业余锻炼、从事体育活动带来极大的便利。一些场馆公益性特点十分突出，开放各种健身设施、开发体育学习教室、开展体育培训等，附近居民花很少的钱就可以享受健身运动带来的快乐。

在日本，体育场馆运营过程中会针对不同人群开展有针对性的体育活动。以

兵库县尼崎市为例，尼崎市根据日本《体育基本法》制定了群众体育运动推进方针，即《尼崎市生涯体育运动振兴计划》。该计划针对青少年、职工、老年人、残疾人、女性五类人群展开。为使青少年体力、运动能力达到兵库县的平均值，采取的具体措施有：确保每天持续锻炼30分钟以上的体育运动或游戏时间，推进健康生活节奏的形成；灵活运用空余的教室和空间，确保宽敞运动空间；创设不同年龄人群相互交流的运动场所；开展人数少的或家庭型的运动活动。对于企业职工，提出20~50岁的人一周运动一次以上的要超过10%的目标，为创造运动空间多交朋友的具体措施是：创造工作场所附近的运动场地和运动环境；创设不同年龄段的人锻炼交流的场所；提供家庭和亲友能够共同参与的体育活动。为促进老年人健康和增加福利同时进行，采取的具体措施是：促进没有运动习惯的老年人、体弱高龄者参加体育运动；让更多的老年人健康地参加体育运动。为普及与振兴残疾人体育运动，采取的具体措施是：进行设备的装备和改善，使残疾人能轻松地利用锻炼设施；增加残疾人参与体育运动的机会；培养针对残疾人的指导者和志愿者等。为创造女性的体育运动环境，采取的具体措施是：提供亲子、家庭能够轻松愉快地参加的、快乐共享的体育运动项目。

尼崎市的体育振兴事业由体育振兴科、体育协会、体育振兴团体等共同实施促进。尼崎市体育振兴科的任务是与各个团体进行横向合作，力图促进运动能力的提高，培养指导员和教练，使更多人能有参与高水平体育大赛的机会。同时让更多普通市民可以广泛且活跃地参与体育活动。

（三）以体育节为契机，营造体育运动氛围、扩大体育人口

日本为了纪念1964年10月10日在日本东京举办的奥运会，1966年正式将每年的10月10日确立为日本的体育节。2000年之后，日本政府考虑到国民健康生活的方便，把体育节改定为每年10月第二周的星期一，作为日本14个国家法定节假日之一，学校、企业、机关单位等都会休息一天，连证券市场也停止交易。日本全国各地都会开展形式多样的体育活动，国民纷纷走到户外运动健身。

日本电视新闻在报道体育节时，侧重讲的不是成绩，而是通过体育活动的开展反映出来的少年儿童的体质问题。譬如，一些学生进行50米短跑测试，发现比前一年慢了0.1～0.2秒，于是日本人认定这是一个非常严重的问题，就会访谈老

师、访谈专家，寻找出路。日本人就是在这样一种强烈甚至有些敏感的忧患中重视体育运动的。

（四）配合与呼应国家整体的体育振兴事业，提高国民的身体素质和精神素质

1961年，日本政府为促进体育运动和体育教育、促进民众身心健康发展，颁布了《体育运动振兴法》。随即全国47个都道府县开始着手制定本地区的体育振兴计划，通过每年举行一届全国运动会来促进体育运动事业在全国范围内的发展，并且完成了必要体育设施的建设。如千叶县在体育发展规划中提出“体育立县”的口号，通过各种举措支持县民参与体育活动，满足县民的体育需求，让生活充满活力。又如，日本大和民族是喜欢奔跑的民族，经常举行马拉松比赛，如指宿油菜花马拉松、石垣岛马拉松、冲绳马拉松、东京马拉松等，群众的热爱、国家的推进，使得日本的马拉松比赛长盛不衰。代表国家出征的马拉松运动员很多都是来自群众性、地区性的马拉松组织。

（五）重视社会体育指导员队伍建设

1951年，日本颁布了《社会体育指导员要领》。1961年出台的《体育振兴法》对社会体育指导员的培养目的、任务都做了明确规定。在日本，除了文部科学省外，厚生省和劳动省也有社会体育指导员培训和资格认定制度。政府高度重视社会体育指导员的队伍建设，加之大多数社会体育指导员乐于为群众提供无偿体育服务，因而日本社会体育指导员具有很高的社会地位。目前，日本社会体育指导员数量与总人口的比例为1：2000。可见，日本社会体育指导员在群众体育发展过程中具有十分重要的作用。

综上所述，本次赴日本培训收获很大，对我日后进一步开展相关研究和教学工作非常有帮助。

日本备战东京奥运会的举措及对我国的启示

国家体育总局体育信息中心　袁俊杰

2013年9月，日本申奥成功后，同年日本奥委会（JOC）制定了“力争金牌进入世界前3名”“所有28个大项全部获奖（8名以内）”的东京奥运会奖牌目标。2016年里约奥运会后，日本代表团团长桥本圣子曾公开表示，包括新增项目在内的“33个大项全部获奖牌是最低的目标”“奖牌数争取达到里约奥运会奖牌（41枚）的2倍”。

为了实现这个目标，作为东京奥运会的东道主，日本从里约奥运周期就已开始积极备战，并在里约奥运会上派出了由331名运动员组成的日本史上海外参赛第二大代表团，参加了28个大项中除手球外的27个大项的比赛，并以12枚金牌、8枚银牌、21枚铜牌共41枚奖牌的成绩创其奥运奖牌数历史新高。无论参赛项目数、参赛选手规模、获得的金牌和奖牌数量都大大超过伦敦奥运会，奖牌榜排名大幅提升五位，进入前六名，为在东京奥运会上取得更好成绩提前进行了演练，并奠定了良好基础。

一、日本备战东京奥运会的举措

里约奥运会的成功，极大地鼓舞了日本的斗志。新的奥运周期里，日本更是使出浑身解数，继续加大对奥运项目的投入力度，不断推出奥运备战强化新举措。

（一）加强政府管理和经费投入

以前，日本体育主导方是属于民间社团性质的日本奥委会和日本体育协会，由文部科学省对其履行监管职能。2015年10月1日，日本体育厅成立，作为日本文部科学省的一个特别外设机构，统领日本体育，设“政策处”“健康体育处”“竞技体育处”“国际处”“奥运会和残奥会处（东京奥运会后将撤销）”5个部门。从此，国家财政税收开始通过国会预算，以拨款的方式进入日本体育尤其是竞技体育领域。

日本的年度体育预算逐年增加。2013年度体育预算为243亿日元（约14.9亿元人民币）；2014年度和2015年度分别增加到255亿日元（约15.7亿元人民币）和290亿日元（约17.8亿元人民币）；2016年度达到324亿日元（约19.9亿元人民币），在历史上首次突破300亿日元；2017年度的预算再创历史新高，达到334亿日元（约20.5亿元人民币）。日本文部科学省2017年8月公示的一组数据显示，2018年度日本体育厅名下备战东京奥运会的相关预算高达401亿日元（约27亿元人民币），将不分项目，平均分配使用。而从2019年起，预算资金将倾斜用于培养“有夺牌希望”的重点项目和重点运动员。这也是自1964年东京奥运会之后，日本第一次在国家层面，动用国家资金，全面投入对奥运会参赛运动员的培养。

从2015年度开始，由文部科学省直接拨款给日本奥委会的财政补贴变更为由文部科学省（体育厅）直接拨款给其下属的独立行政法人日本体育振兴中心（JSC），由日本体育振兴中心对训练经费实行一元化管理。其中，用于集训、赴海外比赛、专职教练员配置等基础性训练经费，由日本体育振兴中心通过日本奥委会分配给各单项体育协会，而对有望在东京奥运会获奖牌的重点项目进行支持的战略性训练经费，由日本体育振兴中心直接交付给单项体育协会。

2017年3月31日，日本体育厅公布了“竞技体育支持计划”重点支持项目（夏季）。被选出的项目将享受重点支持，以确保日本在东京奥运会上的奖牌数量。为对重点项目运动员开展体育医学、体育科学以及信息方面的支持，在奥运会等大型国际体育比赛期间，日本在奥运村外建设多功能保障中心，协助运动员调节身体状况。

（二）多途径扩大奥运会备战队伍

申奥成功后，日本加大了对竞技体育后备人才培养的力度，2014年制定了“2020年东京奥运会适龄选手培养提高计划”。该计划以2013年时处于16~20岁年龄段的选手为培养对象，经过里约奥运会（19~23岁），最终成为东京奥运会主力军（23~27岁），为实现日本在东京奥运会的目标打基础。该计划包括青少年选手的培养和提高，青少年重点发展项目（游泳、女子足球、男子体操、摔跤、柔道等）的扶植与提高，苗子发掘与培养联合体建设等内容。

2017年4月18日，日本体育厅宣布启动“日本新星计划”，拟在全国范围内海选在7个奥运会项目和5个残奥会项目上有发展潜力的选手。这个计划以日本全国男女初中生和高中生为选拔对象，严格筛选出适合跳水、赛艇、举重、手球、女子7人制橄榄球、自行车、垒球等7个奥运项目的后备人才。同时从海外聘请教练开展世界高水平训练，通过集训开展强化训练， 1年内决定各项目下一阶段的培养对象（约25名）。

日本特别重视年轻归化运动员，项目也有所拓展，不少日本的混血运动员已成为日本体育新的增长点。他们广泛考察所有父母中一方是日本人的混血儿，说服有天赋的混血年轻运动员为日本效力。目前，日本体坛取得优秀成绩的混血运动员已有很多，例如：曾被誉为“日本博尔特”的100米选手萨尼布朗，东京奥运会时只有21岁，他的父亲是加纳人；主项400米的华莱士，他的父亲是牙买加人，东京奥运会时24岁，将成为日本田径的主将；日本男篮大前锋八村塁，他的父亲来自贝宁。日本足协更是明确提出将在东京奥运会上力争夺得男女足球项目2块金牌，不惜一切代价挖掘居住在国外的日本后裔以及拥有双重国籍的足球人才。

（三）各重点项目积极采取强化措施扎实推进

为加强备战，各项目协会纷纷强化备战组织领导体系，设立强化部长岗位，督导备战。部分项目也不再采用运动员在各自俱乐部训练的方法，而是开始组建长期性国家队，进行集中强化训练。

体操队更是增加了动作难度。2017年，白井健三的跳马动作、五岛誉博的自由体操动作、宫地秀享的单杠动作分别被命名，杉原爱子的平衡木难度为E的新技术动作也成功完成。

2017年世锦赛失利后，日本花游队认识到身高165厘米以下的选手很难成为世界优秀选手，决定尽快选拔身材高大的选手再度集训，并邀请原男子体操队领队立花泰则对选手进行托举动作指导。

针对新增奥运项目冲浪、滑板和攀岩，日本早在2017年年初就分别选定有潜力选手组建了国家队，并进行集中训练。

集体球类项目则聘请国外教练来提升水平。曲棍球、手球、垒球、篮球等先后聘请了德国、中国、美国、阿根廷等国的知名教练来担任各队主教练。2017年4月10日，日本篮球协会与德国篮球协会签署了战略合作协议，在国家队交流、裁判员和教练员培养以及组织运营等领域加强合作。

部分协会为调动运动员和教练员积极性，除奥运会奖金外，还设立了世锦赛奖励制度。例如，日本羽毛球协会规定，在世锦赛上获金牌、银牌和铜牌的选手可分别获得300万日元、200万日元和100万日元的奖金，指导运动员训练的日本国家队教练员奖金额度则为运动员所获奖金的30%。

一些企业也纷纷抛出“诱饵”，例如，大和乒乓球公司宣布，日本男子乒乓球队如果能在东京奥运会夺取团体金牌，公司将提供1亿日元（约624万元人民币）的奖金。

（四）继续加强科技服务保障

日本一贯高度重视科技服务保障。2001年10月，完全由政府投资的日本国立体育科学中心建成并投入使用，主要有体育科学研究、运动医学研究、体育情报研究三大块业务。2007年12月建成国家训练中心，涵盖17个奥运大项的训练场馆，以及可供400余人住宿、就餐的公寓和餐厅，将科研、训练融为一体。近几届奥运会期间，日本投资5.4亿日元建设的前线多功能服务保障厅就设在运动员村附近，有40多名各领域的专门人员从体育科学、医学、营养学、心理学、生理学、情报战略等方面，保障运动员临场发挥，确保运动员获得更多奖牌。未来一两年，还将增资67亿日元（约合4亿元人民币）改扩建日本国家训练中心。

2012年4月，日本体育振兴中心新设国际情报部，将下属的原科学中心的情报研究职能收回总部，进一步加强国际体育合作和各国体育政策及情报研究。

2016年4月，日本体育振兴中心设立了高水平竞技中心，将高水平竞技战略部、体育科学中心、国家训练中心、体育开发部、机能强化中心等纳入进来，进一步加强科训一体化。

东京奥运会期间，恰逢东京酷暑时节，日本国立体育科学中心从3年前就启动了“抗炎热对策”项目，并编制了《运动员抗炎热对策指导手册》。

为备战东京奥运会，一些体育项目协会还与高校、企业合作，研发各种辅助训练或比赛器材，助力日本选手在东京奥运会夺取奖牌。

2016年5月，日本富士通公司、富士通研究所与日本体操协会开始联合开展体操评分辅助技术的研究，2018年在正式比赛中验证技术指标，力争在东京奥运会上使用。

2016年里约奥运会，日本女排在赛前集训中首次使用机器人开展辅助训练，该机器人是由筑波大学成功研发的。未来还可能在其中加入运动传感器，以便使机器人做出让对方难以预料的防守。

日本欧姆龙公司研发的第三代乒乓球机器人“Forpheus”，具有“与人一同成长”的能力，随着与对手交手的次数增多，会像阿尔法狗那样超越人类能力，成为日本乒乓球队强有力的训练机器。

日本皮划艇协会与东洋大学以及相关企业合作研发适合日本选手操作的皮划艇。2017年8月初，一款名为“水走”的激流回旋专用艇已经开始试生产。

2017年10月，日本自行车竞技联盟宣布和世界最大的轮胎制造商普利司通共同开发比赛自行车，据推断，目前已进入样品制造阶段。

二、启示

近5届奥运会，中国队的成绩经历了上台阶、冲顶、基本保持、略有回落的走势。2000年悉尼奥运会，中国队首次历史性进入奖牌榜前三名；2004年雅典奥运会，中国队再创历史，进入前两名；2008年北京奥运会，作为东道主的中国队实现了金牌榜排名第一；2012年伦敦奥运会，中国队夺得海外参赛最好成绩，继续位居奖牌榜前两名；2016年里约奥运会，中国队基本完成任务，获得第三名，仍保持在第一集团。

在充分肯定成绩的同时，也应清醒地看到问题。

多年来的经验表明，东道主在赛事安排、抽签对阵、规则利用、场地设施提供等种种方面有机会做出有利于己方的安排。一直以来，无论是亚洲还是国际综合性赛事，抑或单项赛事，我国和日本在很多项目上的竞争都十分激烈。在东京奥运会上，中国将面临来自东道主日本的巨大挑战。对此我们应及时做好充分的应对准备和预案。

让体育成为国民的终身爱好

——浅析日本体育的普及

国家体育总局体育文化中心　禹晓静

2017年10月12日至11月4日，我参加了国家体育总局“优秀中青年专业技术人才百人计划”培养对象人文社科研究人员赴日本培训班。通过3周多的培训学习，我受益匪浅，感受颇深，在对日本体育管理体制和运营方式等有了较全面的了解的同时，让我感受最深的则是日本体育的普及。下面谈一些粗浅的认识。

如何让人们从小对体育感兴趣，培养参与体育锻炼的习惯；如何开展体育文化活动，促进全民健康，让广大民众参与体育运动，这是日本体育人苦思冥想的问题。

日本总务省统计局的数据（2015年10月20日至2016年10月19日）表明，日本10岁以上参与体育的人群达到7797万人以上，占日本总人口的68.8%。

为了促进体育的普及和振兴，日本体育厅第二次基本计划口号是“体育是属于大家的”。日本各县市体育振兴团、协会等政府机构开展各种体育文化活动，受众人群有儿童、学生、成年人、老年人、残疾人等广大民众，通过开展各种体育活动，努力让大家参与体育运动，促进市民的健康。如千叶县体育发展规划提出的口号是“体育立县”，通过各种举措支持县民参与体育活动，满足县民的体育需求，让生活充满活力。千叶县的五年体育发展规划是基于文部科学省体育发展规划而制定的县级体育发展规划，是构成日本体育发展规划体系的重要组成部分。又如《尼崎市生涯体育运动振兴计划》中提出，无论何时、何地，创造轻松的、安全的、愉快的运动空间。目标是提升市民的健康意识，使养成运动习惯的市民达到10%，进一步推进本市市民健康运动。

一、青少年体育普及和振兴

2011年，日本文部科学省颁布《体育基本法》，制定了青少年时期的体育方针，让青少年从小养成运动习惯，通过实施“全国体力、运动能力、运动习惯”等活动推进青少年体质的改善。

在日本，一、二年级的体育活动是游戏活动，即体育游戏；三、四年级开始开展很多体育活动；而到了中学，就有各种体育项目了。大体上是以四个年级为区分线，根据运动层次来划分的。日本的体育课叫保健体育，属于身体方面的保健与教育。小学、中学、高中构成科目情况分别为：体育（保健领域+运动领域）、保健体育（保健范围+体育范围）、保健体育（保健科目+体育科目）。不同学校的课程内容不完全一样，保健与体育的比例也不完全相同。

日本学校体育学习过程的特点大致分为“习得、活用、探求”三段式学习过程。初中阶段开始选课制，初中从初三开始，高中从高二开始。初中必修课增加舞蹈、武道课程。选课制的授课也在学习过程中强调“习得、活用”。如初中保健体育课的目标是：将身心作为一个整体对待，通过对运动健康、安全的理解以及合理的运动实践，在培养学生终身喜爱体育的同时，促进其保持与增进健康的实践能力以及提升体力，培养学生明朗的生活态度。

初中保健体育课的内容如下。

（1）技能。体会竞争求胜带来的快乐和喜悦，通过基本技能以及和同伴的配合开展游戏。

（2）态度。积极地参与球类运动。在运动中，要遵守公平竞争的原则，要完成自己的任务，要参与战术讨论，要注意健康、安全。

（3）知识，思考，判断。了解球类运动的特性、技术的名称和运用方法，提升与此相关联的体力等。结合自身问题在运动的参与方式上下功夫。

日本青少年参加有组织的体育活动的机会较多，无论是学校还是课余时间，青少年均会自主选择适合自己锻炼与提高的运动项目的团体。如各县设有体育少年团。1964年东京奥运会后，日本各县在为国家培养青少年的政策推进下开始组建少年团。这是12岁以下少年儿童的专业组织，以中小学为单位，活动时间主要是周六、周日。在兵库县内，有1万人参加了体育少年团，全国大约83万人参加了各地的体育少年团，想要参加的人都能参加。体育少年团中有排球、足球等多种运动项目。

各学校均设有学校体育俱乐部。日本初中男生有73%参加学校体育俱乐部，女生为54%；高中男生有49%参加学校体育俱乐部，女生为27%。这是因为日本高中阶段一周有3~4次体育课，所以参加体育俱乐部人数的百分比较初中低。

二、广大民众体育普及

为使广大市民养成运动习惯、增加健康意识，进一步推进健康运动，日本各县市都制定了体育运动的推进方针，指出了普及体育运动的方向。如《尼崎市生涯体育运动振兴计划》提出，主要针对青少年、职工、老年人、残疾人、女性5类人群展开，具体目标和举措如下。

（1）增强青少年的体力。具体目标是使小学生及中学生的体力、运动能力达到兵库县的平均值。具体措施：确保青少年一天有持续30分钟以上的体育运动或体育游戏时间；灵活运用空余的教室和空间，确保运动空间宽敞；创设不同年龄人群相互交流的运动场所；开展人数少的或家庭型的体育活动。

（2）为职工创造运动空间，多交朋友。具体目标是20~50岁的人群一周运动一次以上的要超过10%。具体措施：创造工作场所附近的运动场地和观赛环境；创设不同年龄人群相互交流的运动场所；提供家庭和亲友共同参与的体育活动。

（3）促进老年人健康和增加福利同时进行。具体措施：促进没有运动习惯的老年人、体弱高龄者参加体育运动；让更多的老年人健康地参加体育运动。

（4）普及与振兴残疾人的体育运动。具体措施：进行设备的安装和改善，使残疾人能轻松地利用锻炼设施；增加残疾人参与体育运动的机会；培养针对残疾人的指导者和志愿者。

（5）为女性创造体育运动环境。具体措施：提供适合家庭轻松愉快地参加的、快乐共享的体育运动项目。

在尼崎市，推进体育事业发展的不止一家单位，而是体育协会、体育振兴团体等组织共同实施促进。尼崎市体育振兴科的任务是与各个团体进行横向合作，力图促进运动能力的提高，培养指导员和教练员，使更多人能有参与高水平体育大赛的机会，同时让更多普通市民可以广泛且活跃地参与体育活动。

此外，其他体育锻炼的专门机构也吸引着广大民众的参与。如综合社区体育俱乐部，面向全体大众，不管年龄、兴趣、爱好、技术及技能水平，均可以参加。自2002年起，综合社区体育俱乐部数量不断增长。2016年，全日本1741个城市拥有3385个俱乐部。按照日本当前的市场规模，健身俱乐部的数量远未达到既定的标准。私人健身俱乐部的数量在不断攀升，2003年为1901家，2013年达到4163家。在健身俱乐部中消费最多的是60岁以上的女性群体，占总消费人群的36%。

三、竞技体育者的体育振兴

青少年体育人才选拔培训是日本普遍开展的项目，全国大约有13个都道府县均在开展，其中和歌山县是开展得比较好的县之一。为发现、选拔及培养具有发展潜力的体育苗子，和歌山县实施了一项旨在发掘与培养本县有体育潜力的青少年运动员的工程，被称为“体育界年轻选手的淘金工程”。该工程的目的是面向小学生，从中发现体育好苗子，组织他们参加各种体育项目，以便将来走向世界。此项活动从2006年开始。选拔之前要进行专业体能测定，一般在每年11月和第二年1月分两次进行。每年约600人报名，从小学三、四年级中选40人，第二年（五、六年级）4月开始各种培训，小学毕业后，进入初中、高中可以到俱乐部继续参加这样的活动。截至2017年年底，一共完成8期，有300多人完成训练。2017年开始的第9~11期共100人在接受培训。这种训练每月2次，基本利用周六晚上进行，一年24次，主要分6个方面：①体能训练，如反应、平衡训练；②专项体育训练，由各竞技团体进行项目体验和技术训练；③知识能力开发项目训练，如为人处世能力训练；④饮食教育，从过去的饮食习惯改变为增加体育运动能力的饮食和饮水习惯；⑤专业运动员项目，由专业运动员介绍经验，这些运动员主要是从和歌山县走出去的运动员，也包括前几期培训过的运动员；⑥针对运动员家长的有关活动，作为保护者如何为孩子的体能发展提供帮助和保障，这个项目由大学教授或研究人员来开展。此外，每年暑假，和歌山县还会组织学员到东京的国家训练中心或其他地区交流学习。迄今为止，参加过该工程的学员中，有不少人参加了全国体育大会和国际性比赛。

四、场馆的利用普及

日本各体育馆由各政府投资兴建，主要目的是通过为市民提供健身场地设施，促进大众体育参与，增强体质健康。场馆的运营机构一般是各地体育振兴团体，性质是公益性财团法人。

体育馆的各项体育设施主要用于该地区居民的大众体育健身、体育教室（体育培训）活动以及专业或非专业的体育活动与运动会，如许多中小学校的运动会、专业性的竞技比赛。除体育之外，综合馆也用于开展一些非体育的文化活动，如音乐会、文艺表演、成人礼仪式、纪念大会等。如大鲸鱼体育馆是和歌山县最大的体育场馆，用途广泛，利用率很高，经常举办比赛活动，2015—2017年共举办过14次规模较大的赛事。

在场馆运营方面，体育馆主要通过提供租赁场地来开展各种大众体育活动，以振兴体育事业，促进大众体育发展。具体活动如下。

（1）为推广普及已开展的群体活动，经常举办各种各样的体育教室（体育培训）活动，民众一般自愿缴费参加，例如游泳培训项目，3个月10次，参与者需缴纳1万日元。每年参加这类活动的有1万多人，这是体育馆主要收入来源之一。

（2）与优秀运动员进行互动交流活动，邀请优秀奥运会选手亲临现场，与小学生交流，以便培养小学生参加体育活动的兴趣，推动各种项目的普及。比如参加2016年里约奥运会体操、击剑等项目的多名运动员，先后前来参加交流或进行指导。

（3）利用体育馆举办全国剑道训练活动。一年一度的全国青少年剑道修身大会被称为“和歌山全国剑道培养大会”，以青少年选手为对象，目的是提高青少年的竞技水平，如2017年共有200多支队伍1000多人参加该届大会。

（4）举办残疾人交流大会，让他们接触平常不可能接触到的项目，如相扑、柔道等。

（5）面向周边居民的广播操活动，每天有300余人参加，全年共计8500余人参加。

五、体育产业的发展规划

日本2017年制定了新的《日本产业发展规划》，明确提出振兴体育产业，将体育产业作为五大支柱产业之一。根据官方提出的目标，未来体育市场规模将由目前的5.5万亿日元，到2020年提高至10.9万亿日元，到2025年提高至15.2万亿日元。日本政府提出了相应的政策措施，包括兴建体育设施、大力开展体育活动、努力发展体育观光旅游等。

其中，国家提出的体育观光旅游的核心内容是通过举办大型赛事活动以及医疗旅游吸引外国人入境，通过体育事业拉动地方经济。目前，马拉松赛、自行车赛、户外体育活动如北海道的滑雪比赛等，发展得非常快。为此，日本于2011年提出了推进体育发展的基本方针，2012年成立了日本体育旅游联盟（JSTA），各地方也设立被称为“体育交流窗口”的组织机构，以加强体育活动交流，促进地方经济发展。

2011年，日本《体育基本法》提出实现体育立国。2017年4月，《第二期体育基本计划》提出四个方针，即全体国民参加体育改变人生、改变社会、连接世界、创造未来。《体育基本计划》最大的使命是实现体育立国的设想。利用东京奥运会的契机，人们对体育的关注度大幅增长，提出的口号是通过5年的努力创造一个崭新的日本社会，一亿人参与体育的社会，实现享受体育、幸福人生的目标。

日本关于体育普及推广的政策、组织管理体系等情况，给了我们很多启示和借鉴。体育促进了健康，促进了青少年智力和体能等方面的综合素质的全面发展，促进了社会发展，促进了与文化、教育的结合，促进了人们的身心健康。体育是一种生活方式，体育具有多元功能和价值。体育的外延和内涵值得我们体育工作者在今后的工作中挖掘拓展和为之不懈地努力。

日本青少年体质促进的举措及启示

中国体育报业总社　张旭光

2017年6月27日，“学生体质健康评价与运动干预”高峰论坛在上海华东师范大学闭幕。论坛上，由华东师范大学“青少年健康评价与运动干预”教育部重点实验室与日本相关机构合作研究发布的《中日儿童青少年体质健康比较研究结果公报》（以下简称《公报》）受到广泛关注。

该项成果历时3年，分别在中国与日本的4个城市或地区，对近两万名7~18岁的儿童青少年，运用同样的方法和标准进行测试后完成。《公报》显示：2014年和2016年，中国儿童青少年体格指标（身高、体重和BMI）大部分年龄段显著高于日本同龄儿童青少年；但在体能指标的比较中，日本儿童青少年在心肺耐力、柔韧性和灵敏协调性方面均显著高于中国同龄儿童青少年。

虽然最新数据证明了中国孩子相较日本同龄人在身高上的“优势”，但身高更高不代表我国儿童青少年的体质健康好于日本儿童青少年。数据同样显示，我国儿童青少年的超重肥胖发生率较之日本高。更重要的是，体能指标的全面不足，反映了我国学校教育重智育轻体育的现象仍然存在 。

近年来，我国不断出台政策，使加强青少年体育锻炼、增强青少年体质的法律依据和政策保障更加有力。国家层面上，青少年体育相关内容被多次写入国家文件，《“健康中国2030”规划纲要》《全民健身条例》《全民健身计划（2016—2020年）》《中共中央国务院关于加强青少年体育增强青少年体质的意见》等法规、文件相继出台。尽管如此，我国青少年的身体素质依然不容乐观。究其原因，一是在“应试教育”的体制下，青少年把时间和精力大都花在了“啃书本、争分数”上，学校和家庭忽视体育锻炼；二是我国的体育课教学强度小、形式单一、技能教授不足，无法很好地使学生产生兴趣并养成运动习惯；三是家庭和学校都缺乏科学合理的体育教育理念和营养观念。

因此，我们有必要把提高青少年体质健康水平作为一项国家战略任务提出来。此次国家体育总局“优秀中青年专业技术人才百人计划”培养对象人文社科研究人员赴日本培训班，通过教师授课和实地考察交流，对日本促进学生体质健康的经验和特点有了一些新的了解和认识，希望可以为我国学生体质健康提供有益的参考。

一、日本促进青少年体质健康的举措

（一）完善的饮食教育

20世纪60年代，日本为提高民族素质和人口素质，提出“让一杯奶强壮一个民族”的口号。日本政府也曾发起国民“饮食运动”，其目的从“丰富营养”到“营养平衡”，再到“饮食教育”；日本还非常重视有关学校饮食的立法，有一套完善的制度。1954年，针对中小学生午饭专门出台《学校营养午餐法》；2005年6月，制定了《“饮食教育”基本法》，把“饮食教育”作为国民运动来开展；2006年，推出了《“饮食教育”推进基本计划》。

据日本兵库县体育协会专务理事滨田浩嗣介绍，在日本，由学校统一供餐被视为教育环节的一部分。而这些供给学生的食物都必须符合政府制定的营养标准，且由专门的营养师进行搭配。在该协会就有专门的学校给食、食育支持事业推进计划，为学校提供安全的食用物资及供给，并在卫生管理、原材料产地确认等方面严加把关。据日本文部科学省（相当于中国的教育部）的数据，2012年，日本中小学的给食实施率总计为94.1%，其中小学实施率为99.2%。

（二）健全的体育政策法规

日本早期的《体育振兴法》和《体育振兴计划》均把群众体育和学校体育放在重要的位置，在提高学生身体素质、提升学生运动技能等方面发挥了重要作用。2005年，日本政府对《体育振兴计划》的发展目标进行了修订，将全面提升学生体质健康水平作为该计划的第一目标，有效遏制了青少年身体素质下降的趋势。2011年，日本文部科学省颁布《体育基本法》，制定了青少年时期的体育方针，让青少年从小养成运动习惯，通过实施“全国体力、运动能力、运动习惯”等活动推进青少年体质的改善。根据《体育基本法》，2012年日本又正式颁布《体育基本计划》，其中对未来10年日本青少年体育的发展有着明确的规定和实施计划。这些政策法规的制定出台，足以表明日本政府对青少年体质健康的高度重视。

（三）备受重视的学校体育

据早稻田大学体育科学研究院教授友添秀泽介绍，日本的学校体育由文部科学省全面负责，增加全国的体育人口，尤其是提高青少年的体育运动参与率是其主要任务之一。

在日本中小学，体育课的被重视程度超乎人们的想象。根据日本《学习指导纲要》，体育课的内容和目标从小学到中学再到高中，各不相同。按发育阶段，从小学到高中12年间的课程，以4年为一个阶段，从“想让学生习得什么”的观点出发，采取“4—4—4（小学一至四年级，小学五、六年级和初中一、二年级，初中三年级和高中一至三年级）”的基本原则构成，同时重视3个阶段的连贯衔接。

第一个“4”为培养基础时期，主要是基础性动作和游戏方法的掌握；第二个“4”为准备阶段，通过学习各种各样的运动项目发现适合自己的运动；第三个“4”为深入时期，选择适合自己的运动进行更深入的学习。简单来说，在小学时，让小学生们学会玩，喜欢上运动；初中时，要让他们发现喜欢的运动项目；到了高中，他们就可以专注于喜欢的运动项目，进行更多的练习，提升水平。

另外，日本小学的体育课，除了体操、跑步、跳远、跳高、倒立及保护地垫上的跳跃、翻滚等身体活动之外，还有足球、篮球、棒球、排球、跳绳、跳山羊、单双杠、呼啦圈、独轮车、自行车等球类或器械运动，主要要求小学生通过适当的运动经验来理解健康与安全，培养能保持一生的运动习惯，同时促进身体健康，提高体力，培养健康快乐的生活态度。

在日本的中小学，完成体育课是学生参加体育活动的最低要求，种类繁多的学生体育社团、体育俱乐部则作为学校体育活动蓬勃开展的主要载体。基本上，日本所有的初中和高中都加入了全国性的初中体育联盟和高中体育联盟。联盟内设有田径、游泳、棒球、足球、排球和乒乓球等约20个体育单项小联盟，这些联盟在学校的组成单位就是学生体育社团。所有的学生均可根据自己的喜好加入学校的不同体育项目的社团中。依照2012年的统计，加入日本初中体育联盟的学生占到所有初中生的64.48%，其中男生的比例为75.47%，女生的比例为52.98%。

日本的各级学校之间还建立了完善的体育运动俱乐部的上升衔接体系，可以保证任何一个有运动爱好的孩子从小学直至大学都能参加这个项目的学校运动俱乐部。在这样的学校体育体系中，基本上每个孩子都能养成并获得至少一个终身体育项目技能。

（四）丰富多彩的课外体育活动

日本青少年课外体育活动丰富多彩。其中体育少年团对保障日本青少年体质健康发挥了重要作用。日本体育少年团于1962年由日本体育协会创立，主要对象是12岁以下的儿童青少年，通过活动、比赛、讲习等方式，提高青少年对体育运动的兴趣，从而促进健全心灵和身体的养成。目前，日本全国大约有70万名团员。

日本体育少年团是让孩子们利用课余时间，在社区场馆参加广泛的活动，包括体育知识的学习，体育技能的培训，体育活动和野外活动、社会活动、礼仪活动等的参与。体育少年团的新理念为“通过体育加强人与人之间的联系”。日本每年会举办全国少年体育运动大会、都道府县少年体育大会等，体育少年团的成员可以在这里展示自己的学习成果和个人风采。

日本体育少年团不仅培养了大量的体育运动爱好者、参与者和高水平青少年体育人才，也为家庭和社区的和谐做出了一定的贡献。

二、对我国青少年体育发展的启示

（一）提高立法效率

经历了“失去的十年”之后，日本重新重视体育在社会发展中的作用，制定了一系列体育法律法规，从制度层面切实保障了包括学生在内的全体国民的体质健康。1961年颁布的日本《体育振兴法》强调国家以及地方公共团体必须对振兴青少年体育给予特别的关注；从1967年开始的每年一次的全国国民体质调查已经实施了40多年，有力地推动了学生体育活动的开展；2000年又颁布了《体育振兴基本计划》，为增强学生体质，日本中央教育审议会还提出了一系列具体要求，把增强学生的体质、促进学生的身体健康放在了重要地位。

日本迅速地、连续地出台了许多体育政策法规，让我们看到了日本的立法具有很强的规划性、连续性，以及重视依法治体，这些都值得我们学习借鉴。

改革开放以来，我国颁布了《中华人民共和国体育法》《全民健身条例》《国家学生体质健康标准》《学校体育工作条例》等一系列法律法规，依法开展学校体育工作，推进学校体育改革和发展的法律基础已经具备。但是，作为“母法”的《中华人民共和国教育法》《中华人民共和国体育法》等基本法律中，提及学校体育的相关规定大多只有原则性的，没有涉及学校体育领域中的实质性内容。因此，在教育法律层面，学校体育专项立法应当提上议事日程，学校体育法应当成为教育法律体系构建的重要内容；在行政法规层面，修订《学校体育工作条例》是当务之急，因为1990年颁布的《学校体育工作条例》已日渐滞后于社会高速发展带来的学校体育快速发展的现实。

（二）膳食营养制度化

日本一直十分重视国民的健康问题，有计划、有步骤地把“饮食教育”作为一项重要的国民运动。从“补充营养”到“营养平衡”，再到“饮食教育”，始终把饮食营养作为提高学生体质健康的物质基础和重要一环。这种做法意义深远。

虽然我国营养餐事业从无到有，从少到多，得到了一定的发展，但起步晚、基础弱，还存在许多问题。如我国学校的饮食制度和法规相对薄弱、专业营养师配备不够、供餐企业素质良莠不齐、食品安全事故时有发生等。

2011年，教育部等15部门启动实施了农村义务教育学生营养改善计划。全国有29个省1590个县实施了营养改善计划，覆盖学校13.4万所，受益学生总数达3600多万人。5年来，营养改善计划试点地区农村学生上学饿肚子、吃凉饭现象基本消除，学生营养健康状况得到显著改善，身体素质得到明显提升，为他们的健康成长和全面发展奠定了基础。虽然我国在营养改善上取得了一定的成绩，但对于全国范围的学生营养餐工程来说，依然任重道远。

（三）养成终身体育的习惯

日本是最早提出“生涯体育（终身体育）”思想的国家之一，20世纪70年代就确立了学校体育为终身体育打基础的目标。日本还提出了以培养学生对体育的关心、意欲、态度为核心的新的体育教育观，把培养学生终身爱好运动和自主地运用知识技能进行运动的能力和态度作为核心内容，强调培养学生的思考力、表现力和解决问题的能力。

日本的体育教育是根据小学生不同时期的情况来实施的，低年级学生主要进行身体的简单运动，利用辅助器材锻炼，还有做游戏等方式；中高年级学生则在低年级运动的基础上增加保健的内容，更多地增加球类运动。

我国的体育教学思想中则明确体现了“三基”（基本知识、基本技术和基本技能），特别强调运动技术的掌握，体育课表现严肃有余而活泼不足，学生的主动性、创造性差，不注意发展学生的个性，教学不够灵活多样，还没有打破传统的以传授知识技能、增强体质为主的教学体系。体育教学过分强调竞技性，把诸如铅球、铁饼、标枪、跳高等项目放到了重要位置，教学时过分注重动作的技术性，经常一次次枯燥地练习技术，使大多数学生产生了厌学情绪。

很多人上了十几年的体育课也没有学会一项可以使他终身受益的体育技能，既影响了体质健康，更影响了健康的体育生活方式的形成。因此，将来体育课的考试可借鉴日本，既要进行体育技能测试，又要看运动技能等级，用这样的方式真正使学生喜欢和热爱体育。当运动技能不断提高的时候，就会真正爱上这个运动并花费时间进行锻炼。

（四）采取全面的措施

日本文部科学省中央教育审议会提出的提高学生体力的综合对策非常全面，包括开展全国性的提高体力的宣传活动，为学生在地域活动创造体育环境条件，培养和激发学生参加体育活动的动机，加强提高体质的研究和创新，积极与社会、家庭相结合。通过增强体质的宣传活动，让国民认识到学生体质下降的现实，深刻理解体育活动的重要性。

我国学生的体质健康状况令人担忧，引起了党中央国务院的高度重视。2007年5月出台的《中共中央国务院关于加强青少年体育增强青少年体质的意见》把提高青少年体质健康水平提到了前所未有的高度，从多方面提出了具体的措施，并要求各级政府加强领导，齐抓共管，形成全社会支持青少年体育工作的合力。目前实施的亿万青少年参加的“阳光体育锻炼”“每天锻炼一小时”“快乐大课间”等活动，正是我国提高学生体质健康水平的重要举措。

“少年强则国强。”百年前梁启超这句话声犹在耳。新时期，我国青少年体质健康水平的持续下滑又赋予了这句话新的含义。如何让青少年拥有更强健的体质，将关系到中国的未来，民族的复兴。

“他山之石，可以攻玉。”只要我们坚持“健康第一”的指导思想，借鉴相关国家的先进经验，坚持不断地实践和努力，就一定会在不远的将来提高我国青少年的体质。

日本公共体育场馆的开发利用实践与启示

上海体育学院　刘东锋

第二次世界大战结束以后，日本大力兴建体育设施，早期以学校场馆设施为主，以满足学校体育教学使用。而随着1964年东京奥运会的顺利举办以及日后陆续举办的国际大赛，日本学校以外的体育场馆，尤其是公共体育场馆设施的数量迅速增长。日本在大力兴建公共体育设施的同时，也在设施的运营管理方面积累了很多经验。本次国家体育总局2017年“优秀中青年专业技术人才百人计划”培养对象人文社科研究人员赴日本学习培训期间，对部分公共体育场馆进行了实地参观考察，重点关注公共体育场馆的运营管理。这些体育场馆均为当地政府投资兴建，既有都道府县一级的，也有市町村一级的。下面围绕日本在公共体育场馆的开发与利用实践进行简要归纳。

一、公共体育场馆的典型管理模式——指定管理者制度

目前，日本公共体育设施普遍实行“指定管理者制度”的管理模式，即公共体育机构通过招标的方式，将公共体育设施的管理与运营权委托给非营利性组织或营利性企业。该制度是随着2003年日本地方自治法的修订，为降低包括公共图书馆、体育场馆等在内的公共服务设施的运营成本与负担，提高服务质量而逐步采用并推行的。据介绍，经过十余年的实践，“指定管理者制度”已经成为目前日本公共体育场馆的主流模式。

公共体育设施“指定管理者制度”的主要内容与特征如下。

（1）代表政府的公共机构，通过严格而细致的公开招标方式，将公共体育

设施的经营管理权授予中标单位。

（2）参与竞标的单位，既可以是公共非营利性组织，也可以是私营企业，从而改变了以往日本公共体育设施只能委托给公共团体，私营企业无法参与公共体育设施运营的局面。

（3）中标单位在与政府签订契约后，将享有较高的经营管理自主权与收益权。例如，政府只在合同中制定原则性的规定、设施使用的指标，而具体运营则完全交给中标单位。同时，还能通过对场馆设施经营使用收入的约定比例或将较往年增加部分作为委托费获得收益，从而增加了中标单位通过提高服务质量等方式提高场馆设施的利用率。

（4）委托期限一般为5年，期满后需要重新招标。另外，在定价方面，仍然需要控制在地方管理条例规定的范围之内，并得到政府的认可；同时，管理单位还需要按约定数量承担免费提供场地设施举办当地政府或公共团体的公益性体育文化活动的义务。这些都在一定程度上保障了公共设施的公益性性质。

二、体育场馆运营管理

（一）场馆的多功能设计与使用

日本大部分的公共体育场馆，尤其是大型体育场馆都是多功能设计。同一块场地，往往可以用于如羽毛球、网球、乒乓球、篮球等多种体育项目的比赛活动，而且许多大型场馆都可以通过活动隔墙等形式按需要分割成多个小型的场馆，座席也往往通过固定座位加移动座位与临时席位等方式灵活增减，从而大大提高了体育场馆的可利用率。

（二）场馆的多元化经营

在运营内容方面，除了举办体育活动之外，大部分大型场馆还通过举办音乐会、演唱会等不同形式的大型活动提高场地的利用率，同时也通过人气的聚集提升品牌效应，一些品牌影响力大的场馆在此基础上又可以通过场馆冠名与赞助等形式进一步获得开发无形资产的收入。

（三）灵活的用工制度

在人力资源方面，大部分场馆都采用了固定员工与临时员工相结合的灵活用工制度，而且往往是少数关键管理岗位使用固定员工，而后勤保障甚至技术人员都大量使用临时员工或服务外包的形式，从而大大降低了场馆运营的人力成本。

三、个案研究：东大阪市立综合体育馆

（一）场馆简介

东大阪市位于大阪府东部，人口50.2万。东大阪市立综合体育馆（以下简称综合馆）由该市政府投资，总建筑面积9183平方米，于1995年建成并投入使用，主要目的是为市民参与体育运动提供场地设施，促进大众健康。

综合馆拥有的主要体育设施包括主体育馆、副体育馆、武道场、健身房、室内温水游泳池以及会议室各1个。其中主体育馆面积2160平方米，观众席1400个，可用于开展羽毛球、篮球、排球、网球等多个运动项目的活动与比赛；武道场面积324平方米，除用于柔道、剑道与空手道运动外，也可以开展乒乓球运动；温水游泳池为8道50米泳池，观众席456个，可用于大众健身游泳，也可以用于比赛活动。值得一提的是，大阪府共有3个50米温水游泳池，其余2个在冬季改为滑冰馆，而综合馆游泳池则一年四季均保持游泳项目不变。此外，综合馆的会议室可容纳150人，还可以通过移动隔墙变成3个可供50人使用的小型会议室。

（二）管理运营模式

综合馆目前的运营方为东大阪运动场株式会社，性质为民营企业，其母公司为大阪市领先的体育场馆管理企业，于2012年通过“指定管理者制度”的招标获得场馆的经营权，期限5年。2017年期满后，综合馆将开展新一轮的招标，确定管理运营方。目前，综合馆正式员工只有3人，日常管理还需要聘用临时雇员20余人，大型活动最多时则可能需要工作人员60余人。

（三）主要业务与收入来源

综合馆的体育设施主要还是用于个人参与或单位组织的大众健身性质的各项

体育活动，很少用于专业比赛，历史上仅举办过2次专业性的竞技比赛，包括一次篮球专业比赛和一次拳击比赛。

1. 场地设施的出租

场地设施的出租是综合馆最主要的业务与收入来源，大部分场地设施都是从9：00营业到21：00，基本上是全年营业。综合馆的场地设施收费标准必须遵循《东大阪市体育馆条例》，周末或节假日的使用费为平日费用的1.2倍，而非本市在住、工作或学习的人士使用，则需要额外加收50%的费用，本市注册的体育协会与俱乐部会员则可以享受一定的优惠。

综合馆还按时间段及场地使用面积的不同进行差异化定价，以提高场馆的使用率。主体育馆收费标准如下（表1）。

表1　主体育馆收费基本标准（金额单位：日元）

使用时间	全部面积	半场	1/3场地
9:00—12:00	13 000	6600	4400
13:00—17:00	19 500	9900	6600
18:00—21:00	32 500	16 500	11 000
9:00—21:00	65 000	33 000	22 000

注：以上为基本标准，周末或节假日上浮20%，非本市在住、工作或学习人士加收50%的费用，如果需要使用空调及附属设备，费用另计。

2. 游泳池开放时间及收费

游泳池全年开放，每周二休馆（7月、8月无休），周一至周六运营时间为9:00到21:00，周日与节假日运营时间为9:00到18:00（7月、8月运营到21:00）。定价分为淡季与旺季（7月、8月）以及成人票与儿童票（中学生及以下），同时还可以按当日计时收费、11张或100张套票及月票三种形式收费。

3. 健身房开放时间及收费

健身房全年开放，每周二休馆（7月、8月无休），周一至周六运营时间为9:00到21:00，周日与节假日运营时间为9:00到18:00（7月、8月运营到21:00）。健身房首次使用需要登记注册，并需要参加健身讲座，听完讲座即成为注册会员。首次使用健身房费用为500日元（含讲座费及2小时健身费），以后使用每2

小时则只需要300日元。

4. 组织体育培训活动

综合馆还定期开展多种运动项目的健身培训活动，称为“体育教室活动”，由综合馆聘请教练，一般周期为3个月，参加培训的成员付费接受教练的指导，参与有关运动项目的学习与提高。

5. 举办文化活动

除体育活动外，体育馆也可用于一些非体育的文化活动的开展，如音乐会、文艺表演等。

6. 停车场的使用及收费

综合馆还提供收费停车服务，营业时间为8:00到21:00，一般为普通车2小时300日元，每增加半小时加收50日元，大型车2小时900日元，每增加半小时加收150日元。

7. 为免费公益活动提供场地

除以上收费业务与活动之外，按照当前签订的管理合同，综合馆每年还需要承担为大约20场本市大型公益活动提供免费场地的义务，例如每年举办的东大阪市钻石婚姻纪念庆典。

（四）财务状况

目前，场馆运营基本能够达到收支平衡，政府除需要负担场馆大修费用外无须再提供额外的资金补助。

四、对我国公共体育场馆运营的启示

随着各地政府对体育公共服务的投入加大，目前我国公共体育场馆数量也日益庞大。但是总体上看，我国公共体育场地设施，尤其是大型公共体育设施普遍存在经营不善、经济效益有待提高的问题，往往给当地政府带来较大的财政负担，与此同时还伴随着冗员过多、服务质量不高的现象。从根本上讲，还是管理体制有待进一步完善。目前，我国公共体育场馆普遍采用的制度仍旧是事业单位的管理模式，具体又可以分为全额预算事业单位、差额预算事业单位及事业单位企业化运营三种具体的管理模式，但是不管哪种模式，都不同程度地存在着事企不分、管理方式行政色彩浓厚、政府主管部门干预过多等弊端。同时，事业单位的性质还往往导致场馆工作人员动力不足、工作积极性不高、场馆冗员过多的现象，使得场馆运营面临经济效益与社会效益均有待提高的双重挑战。从这个角度看，日本公共体育设施的“指定管理者制度”可以给我们提供很好的借鉴。

（1）所有权与经营权分离，避免了事企不分与过度行政干预场馆经营行为的弊端，同时有助于减少冗员，降低成本。

（2）管理运营权的取得依赖周期性、严格的竞标筛选制度，有助于选拔符合要求的高水平的管理运营单位，有助于提高场馆运营的服务质量与运营效率。

（3）严密的制度设计保障公益性。通过与管理单位签订详细而严密的契约以及通过相关制度的制约，例如政府对价格的规定与核定、一定数量的大型公益活动的场地免费或低价使用保障等机制，可以有效避免场馆运营的过度商业化，保障公共体育设施的公益性。

（4）在场馆的具体开发利用方面，日本的一些做法也值得借鉴。首先，在体育设施的功能设计方面，要充分考虑多功能、多体育项目使用的可能性，以及通过移动隔墙、移动座位、临时座位等方式使得设施尽可能满足不同场合的用户需求，从而大大提高场馆设施的利用程度。其次，通过多元化经营、差异化定价等措施，进一步提高场馆的经营效益。最后，在人力资源方面，应该充分考虑场馆运营季节性强、大型活动期间临时性事务多等特点，通过固定人员与临时聘用人员及外包服务相结合的方式，降低人力成本，提高服务的质量与工作效率。

日本体育产业发展启示及党的十九大感悟

西安体育学院　杨涛

2017年10月12日至11月4日，本人参加了国家体育总局2017年“优秀中青年专业技术人才百人计划”培养对象人文社科研究人员赴日本培训班。通过日方高校（城西大学、早稻田大学、筑波大学、日本体育大学等）专家、教授及学者授课；体育协会、体育场馆、体育振兴科、学校体育研究联合会、体育科、体育振兴中心、J-SPORTS、日本国立体育科学中心等机构工作人员的介绍，以及对兵库县、大阪府、和歌山县、千叶县、东京都、琦玉县等地的实地考察，本人从整体上对日本学校体育、体育协会、体育产业、体育公园及体育场馆设施运营管理等方面的基本情况有了一定的了解和把握。

根据个人的研究领域，本人对日本体育产业现状及启示进行了归纳和总结，具体如下。

一、日本体育产业的分类

根据日本总务省现行标准产业分类，包括大分类、中分类和小分类，可以发现体育涉及各个领域，分类越来越难。目前，日本尚未建立自己的体育产业统计、分类指标体系，日本体育厅将联合经济产业省召开未来体育开拓会议，会议将涉及体育产业统计及体育产业分类事宜。体育产业统计数据资料主要采用2001年早稻田大学关于体育产业统计的计算方法获取。

目前，日本有关专家和学者把体育产业分为基本的体育活动、体育观战与体育赞助、关联类体育产业（包括体育健身与培训业、体育竞赛表演业、体育用品制造及销售业、体育旅游观光产业、体育传媒业、体育保险业及体育相关联的产业等）。

二、日本体育产业发展历程

日本体育产业的发展初期，主要是体育用品业、体育设施及空间产业、体育传媒及情报业。20世纪60年代至80年代主要是体育教室型产业，是教育产业的一部分。20世纪80年代以来，主要是健身房、健身俱乐部快速发展，体育产业向着成熟化、多样化方向发展。

当前，体育健身领域研究人员关注服务质量、分类跟踪、消费者投诉、会员退会等方面的研究。体育观战领域研究人员侧重商品创造价值、观战者行为、区域观念和活力等方面的研究。

三、日本体育产业市场现状

考察日本体育产业发展具有重要的意义，日本体育产业传统与新兴并存。相扑和柔道运动是日本体育的象征，尤其是相扑运动。20世纪90年代，政府意识到，官方主导型的体育行政已经不能适应时代的需要，振兴体育产业需要充分发挥民间力量，因此把体育产业振兴政策的制定提上日程。1982—1992年是日本体育产业快速发展的“黄金十年”，其体育产业总规模达到6万亿日元。此后由于经济泡沫，日本体育产业规模不断下降，2012年仅为3.9万亿日元，随后至今体育产业持平或略有发展。目前日本体育产业总规模为5.5万亿日元，占日本国内生产总值的1%~1.5%。预计2025年达到15.2万亿日元，占日本国内生产总值的5%左右。

（一）体育观赛

以2013—2014赛季冬季体育比赛项目为例，职业棒球观赛排名第一位，一个赛季432场比赛，观众总人数为12 616 873人，平均每场观众约为29 206 人。以此类推，观赛排名靠前的项目为男子足球、女子足球、篮球、排球、相扑、高尔夫。

2010年，收看体育电视节目的不同年龄群体中，20岁以下观看职业篮球项目的占49.1%，60岁以上占74.6%；20岁以下观看花样滑冰项目的占54.6%，60

岁以上占62.8%。但是观看相扑项目的20岁以下人群仅占16.4%，70岁以上者为70.2%。因而如何调动青少年参与该项目、保持其传统，值得引起足够关注。

2010年，收看体育电视节目的不同性别群体中，观看职业棒球项目的男性占所有男性的76.2%，女性为54.4%；收看花样滑冰项目的女性为72.5%，男性为44.9%；收看相扑项目的男性为52.3%，女性为37.6%。

以女子足球为例，2011年日本女足夺得女子世界杯冠军，观众平均上座率为每场2796人；2012年日本女足获得奥运会银牌，观众平均上座率为每场2571人。观众上座率与大赛成绩息息相关。但平时上座率不高，2015年仅为每场1801人。为增加观众上座率，赛事组织者采取了一系列的措施和手段，如设置餐饮区、休闲放松区、青少年娱乐区等。

（二）职业体育

日本职业体育主要包括相扑、职业足球联赛（1993年）、篮球联赛（2016年）。以日本职业足球联赛（以下简称J联赛）为例，其市场在不断扩大。1993年J联赛仅有10家俱乐部，主要集中在东京、大阪等大城市。2016年J联赛俱乐部达到56家，分布在日本诸多地区。

（三）体育健身锻炼

日本参与体育的人数呈现不断增长的趋势。一年参与一次及以上的人数比例，在2000年为68.0%，2015年达到77.2%；一周参与一次及以上的人数比例，在2000年为37.2%，2015年为40.4%。比较流行的活动依次为走路、跑步、轻体操、力量锻炼、游泳、骑行、保龄球。这一切与日本文部科学省、厚生劳动省的政策息息相关。如文部科学省制定《体育基本计划》，以增加孩子参与体育的机会，改善社区体育环境等。例如，兵库县普及振兴计划包括县民体育普及振兴事业（县民体育大会、日本体育大会、日韩体育交流事业等），体育少年团、学校给养食育支援事业（为中小学生提供午餐、食育教育），体育设施管理运营等。

学校体育俱乐部：日本初中生男生参加体育俱乐部的占73%，女生为54%；高中生男生为49%，女生为27%。这是因为日本高中阶段比较放松，一周3~4次体育课，没有必要再参加体育俱乐部。

综合社区体育俱乐部：面向全体大众，不管年龄、兴趣、爱好、技术及技能水平。自2002年起，综合社区体育俱乐部数量不断增长，2016年全日本1741个城市拥有3385个俱乐部。

健身俱乐部：按照日本当前的市场规模来讲，健身俱乐部的数量远未达到既定的标准。私人健身俱乐部的数量在不断攀升，2003年为1901家，2013年达到4163家。在健身俱乐部中消费最多的是60岁以上的女性群体，占36%。

东京马拉松比赛：2007—2011年报名和参与人数总体是不断增加的，2013—2017年报名人数和参与人数趋于平稳，如2017年报名人数322 703人，参与人数为35 824人。东京市民参与比例逐年提升，2007年为39.2%，2014年达到60.5%。数据显示，报名参赛的人越来越多，但是入选的概率大大降低。如果提供10万日元的报名费，则可以直接参加比赛。

体育场馆运营：日本体育场馆首先是面向该区域的民众开放，满足大众健身需要。实行“指定管理者制度”，让指定管理者全面负责场馆的管理和运营。如大阪市中心体育馆，将体育与园林艺术结合，场馆活动中体育活动占90%，聚会和集会活动占10%，保持了体育场馆的公益性质。日本体育场馆能盈利的不多，这是一个全球性的问题。日本体育场馆大都以公益性为主，场馆运营收入主要来自场地租赁使用费、“体育教室”（培训）费用等，地方政府也会给予一定的财政扶持，但比重不大。

（四）体育传媒

日本体育放送市场包括地上基站放送、卫星放送、有线放送等类型。经过发展和改革，2012—2017年日本共有364个频道，其中J-SPORTS是付费有线电视公司，包括四个频道。日本全国有5500万个家庭，付费收看的家庭有1200万个，普及率为22%，而J-SPORTS就有650万个家庭收看，普及率为12%。其收入的主要来源为电视付费（2500日元/月）、广告收入等，观看群体为体育爱好者中的“特别爱好者”，同时受到网络媒体的影响，继续扩大消费群体的难度极大。J-SPORTS通过多频道、多视角、多摄影角度、灵活播放等方式吸引消费者，实况转播5000时/年，自始至终顾客满意度居于第一位。

（五）体育观光旅游

随着日本产业结构的调整，服务业比重越来越大，尤其是即将举办的东京奥运会和残奥会将成为重大契机，日本政府在2017年旅游人数2000万的基础上，提出“体育文化观光”口号，争取实现到2020年旅游人数达到4000万人的目标。日本体育厅、文化厅、观光厅等部门通力合作，将体育、文化、观光资源整合，大力发展国家及区域旅游品牌，如濑户内海自行车赛、世界遗产姬路城马拉松赛、箱根马拉松接力赛等。其中箱根马拉松接力赛自1920年创办至今，已经将马拉松运动与公园、湖泊、森林、山地、乡土文化、大学生归属感等有机融合，是团队精神的一种集中展示，影响巨大。

四、日本体育产业发展启示

（一）高度重视体育立法，层层推进

作为一个高度法制化的国家，日本在推动体育发展方面向来都是立法先行。早在1961年，日本就颁布了《体育振兴法》，该法律重点阐述的是学校体育和社会体育的振兴措施，而这一出发点也直接造就了日本体育产业的持续繁荣。

围绕《体育振兴法》，日本不断出台相关配套的法律和政策，如《关于增进国民健康和体力对策》（1964年）、《关于普及振兴体育的基本策略》（1972年）、《关于面向21世纪的体育振兴策略》（1989年）和《体育振兴基本计划》（2000年）等。这些法律政策无一例外都是在强调业余体育和全民健身的重要性，这也造就了日本体育产业的高度繁荣。

2010年，为进一步提高体育运动的普及程度，日本将国民的终身体育上升为国策，随后推出了《体育立国战略》。该战略明确提出了日本公民的体育权概念：通过体育实现幸福美满的生活，是所有人应被保障的权利之一。这是日本法律第一次明确提出公民体育权的概念，将公民的体育权和其他多项基本权利放在同一层次，这对日本乃至世界体育立法都形成了示范效应。同时，《体育立国战略》专门对体育产业做出了两大规定：第一，行政部门应该考虑从税收、财源、人力资源等角度给体育产业提供更多的优惠；第二，进一步让体育去行政化，全

力打造“综合型社区体育俱乐部”（这是一种自1995年开始创办的全国性社区体育俱乐部），由社区体育俱乐部来承担社会体育推广的主要职责。

2011年，面对老龄化、少子化、医疗开支扩大及体育纠纷增多等社会问题，日本出台了《体育基本法》。该法涵盖范围广，内容丰富，紧紧围绕“八大理念”展开，强调体育权利，明确责任义务，探索建立体育行政机构，弥补了部分法律空白，提高了体育的地位和作用，体现了当今日本对体育的理解与认识。《体育基本法》的颁布是日本体育史上的重要里程碑，具有划时代意义。2017年，针对《体育基本法》，体育厅出台《第二期体育基本计划》，以期全体国民参与体育，改变人生，改变社会，走向世界。

（二）进一步促进体育去行政化

2015年以前，日本没有专门的国家体育行政机关，体育行政管理职权都被分散到了教育、文化、外交、军事等多个部门。在日本，体育行政最高管理权属于文部科学省。文部科学省负责统筹日本国内的教育、科学技术、学术、文化和体育等事务。2015年，日本组建成立体育厅。作为文部科学省的厅级单位，体育厅负责制定和发布所有有关体育的国家政策法规，对体育工作计划和体育预算进行审批，组织全国性的大型体育活动和体育比赛等。在地方上，体育同样需要隶属于教育部门管辖。日本47个都道府县和大约3200个市区町村政府均设有教育委员会。在竞技体育方面，日本奥委会于1991年正式从日本体育协会中分离出来，是日本竞技体育的主管机构，而日本的体育协会则负责大众体育和为竞技体育培养后备人才。各单项体育协会在都道府县级和市区町村级也分别设有下一级的体育协会，与基层俱乐部和学校密切合作。

日本行政体制改革是“小政府，大社会”策略。日本体育厅成立后有两大使命：一是努力筹备东京奥运会和残奥会，加大奥运人才培养力度；二是推动各大业余体育协会的成立，进一步让体育协会成为体育行业的主力军。

（三）开放学校体育设施，强化体教结合成效

日本非常注重体教结合，尤其是青少年阶段。所以，日本在2015年单独成立体育厅之前，一直都是靠文部科学省的体育与青少年局来行使体育行政管理职权

的。故日本把全国80%的体育设施都建立在校园之中，另外的体育设施则绝大部分放在了全国各地社区中的综合型社区体育俱乐部。

在提高体育设施的利用率方面，日本明确推出了全面开放学校体育设施的指导性政策。无论是《体育振兴计划》，还是各地的行政政策中，都明文要求所有公立学校必须在每天放学后对社区居民开放体育设施。在日常运营中，日本体育协会与学校体育部门密切配合，将社区体育和学校体育紧密结合，如培养体育指导员、组织体育少年团、开展国际体育交流等。

五、学习党的十九大报告感悟

认真阅读学习党的十九大报告，其中明确提出，广泛开展全民健身活动，加快推进体育强国建设，筹办好北京冬奥会、冬残奥会。我主要从党的十八大提出的“五位一体”的战略视角来深刻感悟体育发展32字方针。

党的十九大是对党的十八大的肯定，也是对未来的谋划。党的十八大提出的“五位一体”的战略布局在党的十九大中得到了更好的定位和诠释，也充分说明在“健康中国”的战略背景下，体育的社会功能、文化功能、环境功能、经济功能和政治功能的进一步强化。社会文明之全民健身活动，让更多的民众参与健身，体验和感受体育的社会价值；文化文明之体育文化，体育的可持续发展要凸显体育的文化价值，传统、礼仪、公平竞争、团队协作；生态文明之体育产业，《国务院关于加快发展体育产业促进体育消费的若干意见》中指出，发挥体育产业作为绿色朝阳产业的重要职能，将体育与生态发展有机融合；经济文明之体育强国建设，使体育切实成为国家综合国力的体现，将体育与文化、旅游、生态、健康、养老等高度融合，协同发展；政治文明之竞技体育，办好2022年冬奥会和冬残奥会，提升民族的自信心、自豪感和凝聚力。当然，体育强国建设将“五位一体”高度整合，形成一个坚固的整体，全民健身活动是体育产业发展的基石，体育强国是全民健身、体育产业和竞技体育协同发展的重要体现。

广泛开展全民健身活动
将体育融入大众生活

沈阳体育学院　李军岩

党的十九大报告明确提出，广泛开展全民健身活动，加快推进体育强国建设，筹办好2022年北京冬奥会、冬残奥会。报告将发展体育提升到文化建设的高度，指明了体育未来的发展方向，进一步促进全民健身与全民健康的深度融合。可见，体育强国建设已成为中国特色社会主义建设的重要组成部分，其中全民健身活动能否取得实效是实现体育强国梦的关键环节。此次，本人作为国家体育总局2017年“优秀中青年专业技术人才百人计划”培养对象，在日本21天的学习中，实地感受到日本开展全民健身活动的一些先进做法，通过借鉴与参考，可以更好地推动我国全民健身活动的开展。

一、体育政策引导群众体育的开展

1964年，东京第一次举办奥运会，为了借助举办奥运会的时机，加快推动日本体育的发展，日本文部科学省于1961年颁布了《体育振兴法》。《体育振兴法》中设定了体育节、全国体育运动会、体育活动的实施和奖励等，强调振兴体育以求贡献于国民身心健全发展，形成明朗而充实的生活理念。《体育振兴法》的实施大大促进了日本体育的发展，作为基本人权的体育权利得到法律的保障，这种观念为日本国民广泛接受。

随着日本老龄化社会的到来，青少年的体力和运动能力也在这一时期出现下滑的趋势，《体育振兴法》已不能完全符合时代的趋势，日本政府在2011年颁布了《体育基本法》。该法不仅明确提出在保障自由前提下的公民体育权利，更为重要的是明确了体育的价值理念，强调了每个公民都平等地享有体育的权利，明确提出体育权利实现的途径、方法和手段，更加强调了大众健身在体育发展中的重要作用。各地区根据《体育基本法》，结合本地实际，制定了体育运动推进方针，例如，尼崎市制定了《尼崎市生涯体育运动振兴计划》（以下简称《计划》）。《计划》提出的口号是“一生学习，一生参加体育运动”，基本理念是“无论何时、何地，创造轻松的、安全的、愉快的运动空间”。

在2000年，日本文部科学省颁布了《体育振兴基本计划》，该文件促进了日本体育彩票的发行，体育彩票收益的一部分作为彩票公益金用到了体育场馆建设、维护和全面健身活动的开展中，促进了全国和地方全民健身活动的开展。2020年东京奥运会举办在即，按照《体育基本法》的规定和要求，借助竞技体育人才的选拔，广泛培养竞技体育后备人才，开展大众体育活动，进一步促进了全民健身的开展。

二、体育场馆全面向普通民众开放

日本的场馆主要包括由国家所有的场馆、各都道府县所有的体育场馆、学校所有的体育场馆及其他体育场馆。为了满足普通大众健身的需求，日本规定各种体育场馆都要向周围的市民开放。

各都道府县体育场馆都向普通民众开放，其中兵库县立武道馆作为日本规模最大的武道馆，给民众提供了最天然、最自然的训练与比赛场地。该武道馆以促进全体县民的身心健康为目的，首先要满足县民日常参与体育训练的需要。另外，武道馆为了更好地指导县民科学健身，还时常开展武道培训和武道文化的研讨，并于每年11月3日举办武道文化节。参加武道文化节的队伍都是业余的队伍，使更多的县民了解了武道文化和参与武道运动。

大阪市体育绿化财团作为大阪市中央体育馆的指定管理者，首要的业务内容就是开展体育振兴方面的活动。它们管理大阪市中央体育馆的宗旨就是提供更好的条件，让市民在轻松环境中生活，通过散步、跑步等具体活动来促进健康。大阪市体育绿化财团利用场馆，积极鼓励大阪市民参与体育活动，增加体育活动人口。另外，组织青少年、成年人、老年人开展各种体育培训活动，组织各种业余体育爱好者参加的体育赛事。

和歌山县体育振兴财团是和歌山县大鲸鱼体育馆的指定管理者，为了推广普及群体活动，经常举办各种各样的体育教室（体育培训）活动，民众一般自愿缴费参加，例如游泳培训项目，3个月10次，参加者需缴纳1万日元的费用，每年多达1万余人参加这类活动。

尼崎市的学校体育场馆为了满足周围市民的健身需要，原则上已实现对外开放，开放的主要时间是在晚上5:00—8:30和周六、周日。如此一来，学校体育场馆的利用率可以达到80%。可见，学校体育场馆向周边市民开放的程度较高。

三、体育组织鼓励学生参与运动

兵库县体育振兴协会组织了体育少年团，招收12岁以下少年儿童。以1964年东京奥运会为契机，在国家培养青少年政策推进下开始组建的体育少年团，目前在兵库县内有1万人参加。全国大约70万人参加了全国各地的体育少年团。

大阪市体育绿化财团向小学的乒乓球队、排球队开放，建议符合条件的人在体育上有所发展，培养优秀的运动员。另外，针对小学老师不擅长体育的情况，财团组织了针对小学教师的学习班和研讨班，提高他们的体育知识和体育技能。如果这样仍然不能满足小学对体育教师的需求，该财团还直接向本地小学派出体育教师，以弥补体育教师短缺的问题。

和歌山县大鲸鱼体育馆邀请优秀的奥运选手亲临现场，与小学生交流，以培养小学生参加体育活动的兴趣，推动各种运动项目的普及。比如邀请了参加2016年里约奥运会的体操、击剑等项目的多名运动员先后前来参加交流与指导。

箱根马拉松接力赛是日本关东学生田径联盟主办的一项竞技比赛，至2017年已举办了93届。箱根马拉松接力赛在每年的1月2日和3日举办，接力赛的收视率非常高，在日本每两个人中就会有一个人在新年假期观看比赛，这也成为日本民众新年的习俗之一。该赛事有20个学校参加，每个学校选派10名选手，线路共分为10个赛段，距离超过217千米。1920年举办了第一届箱根马拉松接力赛，培养出很多优秀的竞技体育选手，对学生参加竞技体育活动也给予了很大的鼓励，激励更多的学生参加体育运动，促进了体育运动的普及。

四、外层体育产业回归参与核心体育产业

东京早稻田大学教师朝仓雅史博士提出，随着体育产业的发展，对体育产业的分类越来越难，体育产业一般分为体育教练指导、体育观赛、体育用品生产和体育旅游等，也可分为核心体育产业、中间层体育产业和外延体育产业三层，核心体育产业是从事参与的体育产业，中间层是教练员培训、赛事观赏等体育产业，外层是体育旅游等相关体育产业。体育产业发展的目的，一方面是通过体育产业振兴国家和地区的经济，另一方面是通过体育产业的发展带动大众健身的发展。但是现在出现了一个奇怪的现象，日本体育产业规模扩大了，而体育人口却减少了，体育人口从之前的45%降低到40%。日本有关学者提出，日本体育产业的发展要由外延体育产业向核心体育产业回归，体育产业要促进大众体育的参与。

五、对我国体育的启示意义

为了广泛开展全面健身活动，2014年10月，我国国务院印发了《关于加快发展体育产业促进体育消费的若干意见》，将全民健身上升为国家战略；2016年6月，《全民健身计划（2016—2020年）》颁布，指出了全民健身计划开展的主要任务和重要举措；2016年10月，中共中央、国务院印发了《“健康中国2030”规划纲要》，提出将全民健身与全民健康深度融合。特别是党的十九大报告明确提出广泛开展全民健身活动的要求，将全民健身提到了一个新的高度，可见党和国家对人民身心健康的重视程度。此次日本体育之行，重点学习了日本开展全民健身活动的具体做法，给了我们一些有益的启示。

在日本学习期间，了解到日本发展体育的理念，就是希望体育能够为增进全民身体健康服务，为社会和谐做贡献，希望将体育人口从45%增加到65%，让人们对体育产生兴趣，让更多人参与体育运动。带着这种理念，日本实现竞技体育与大众体育的结合，实现体育产业与大众体育的结合，从国家地方政策、场馆服务、学生体育和体育产业等方面服务于大众体育的发展，从而使体育融入人们的

生活之中。另外，在城市建设改造的时候，都要将体育融入其中，使体育无处不在。我国在开展全民健身活动中，可以借鉴日本开展大众体育的一些做法，不断完善我国全民健身体系，进而提高我国人民的健康水平。

日本青少年体育发展现状浅析

天津体育学院　肖林鹏

日本是当今世界体育强国之一。自1964年东京奥运会成功举办后，日本体育逐渐进入转型阶段，举国上下高度重视大众体育，尤其是青少年体育的发展。迄今，日本包括青少年体育在内的各项体育事业均处于世界发达水平。

一、青少年体育相关政策稳定，贯彻落实到位

1961年，日本颁发《体育振兴法》，使政府干预青少年体育有了法律依据。依据这一体育基本法，日本政府出台了一系列政策法规，推出了一系列振兴计划。近年来，日本国家层面的政策法规均把群众体育和学校体育放在重要的位置，为日本青少年体育提供了政策保障。文部科学省在2010年的《体育立国战略》中提出了推进社区体育俱乐部等有关团体与学校运动部合作的政策措施。2012年，日本发布了《体育基本法》。日本各都道府县都根据国家有关政策法规精神，积极制定与促进青少年体育发展相关的政策法规。

日本千叶县于2017年开始实施的体育发展规划是基于日本《体育基本法》、千叶县体育振兴条例和文部科学省体育发展规划而制定的县级体育发展规划。作为一项全县共同推进的发展计划，千叶县体育发展规划主要由6个方面的内容构成，其中前两项直接指向青少年体育的发展。第一项就是青少年体力促进与提升，促进学校体育活动的不断充实完善，主要包括5个方面的内容：第一，培育幼儿时期运动习惯；第二，充实学校体育活动的内容；第三，提高儿童体力水平；第四，完善青少年体育俱乐部；第五，促进青少年身心健全，加强食育，尤

其是重视早餐的教育，达到100%的儿童能够食用早餐。第二项是学校时期青少年体育习惯养成，主要包括两方面内容：一是不断扩大经常参加体育活动的人群，促进民众健康，增强体质，保持活力。二是促进残疾人体育活动，要通过各种举措促使残疾人参与体育活动。

2010年8月26日，日本文部科学省推出的《体育立国战略》，其第一个分战略是“创设生活中的体育机会”。为确保青少年的体育参与机会，《体育立国战略》特别提出了“综合型地域体育俱乐部与体育少年团等团体应进行合作，在课后儿童教室、课后学童保育所等活动中，为青少年的校外体育活动机会提供支援”的政策方案。

二、青少年体育组织网络健全，开展活动普遍

日本的青少年体育是由文部科学省下属的日本体育协会全面负责。培养高水平的运动员是日本体育协会的工作内容之一，但并不是主要工作内容，增加全国的体育人口，尤其是提高青少年的体育运动参与率才是其主要任务。日本的青少年体育活动基本是以组织参与的形式进行的。日本的都道府县以及下属的市町村均有健全的青少年体育组织。日本青少年体育组织广泛分布于学校、社区、体育社团、体育协会以及体育振兴事业部组织中，这为开展青少年体育活动提供了必要的组织基础。

日本青少年参加组织内的体育活动机会较多，无论是学校还是课余时间，青少年均会自主选择适于自己锻炼与提高的运动项目。第二次世界大战后，日本青少年课外体育活动主要以学校运动部、体育少年团和综合型社区体育俱乐部为载体，这三个青少年课外体育活动组织对保障日本青少年体质健康发挥了重要作用。学校运动部活动是日本初高中学生主要的课外体育活动形式。日本体育少年团以社区为组团基础，具有鲜明的社区组织性质。在日本的中小学中，完成体育课是学生参加体育活动的最低要求，而种类繁多的学生体育社团则作为学校体育活动蓬勃开展的主要载体。基本上，日本所有的初中和高中都加入了全国性的初中体育联盟和高中体育联盟。体育联盟内设有田径、游泳、棒球、足球、排球和乒乓球等大约20个体育单项小联盟，这些联盟在学校的组成单位就是学生体育社

团。所有的学生均可根据自己的喜好加入学校不同体育项目的社团。

三、青少年体育活动场地设施分布广泛，利用合理

日本体育场地设施建设和国土狭小构成了一对矛盾，最大限度地利用空间、解决体育场地设施问题一直是日本政府非常关注的问题之一。自20世纪60年代大众体育兴起至今，日本政府较好地处理了这一矛盾。在创造环境主义原则下，“政府促进”有力，形成了富有日本特色的大众体育设施建设、开发、管理的体系。

日本虽然国土狭小，资源有限，空间紧张，但并未影响到青少年体育的开展。实际上，日本的体育场地设施广泛遍布于城乡街道社区、公共活动场地、公园绿地等场所。各行业、领域、单位、部门均充分开发利用自身场地设施资源，积极创建因地制宜、灵活多样的青少年体育场地设施，几乎所有的社区公共体育场地均设置了适合青少年体育活动的“儿童乐园”。在东京、大阪等人口高度密集的区域，甚至还设置了数量不菲的儿童主题运动公园、社区青少年体育活动场地等，青少年参与活动极为便捷，在学校可以利用学校场地设施广泛参与各种活动，在社区可以选择适合的器材、设施场地参与锻炼。

日本的公共体育场地几乎都实行对青少年开放的政策，即便有时需要缴纳一些费用，但也不会太高。如果青少年想参与更高水平的培训活动，还可以报名参加按市场规律运作的俱乐部，无论青少年体育活动是否需要缴费，家长均积极支持。早在1964年，东京就为举办奥运会在代代木公园建起运动员村，紧邻代代木国立体育场和体育馆，外有五环石桥。至今，代代木体育场还是丰田杯足球赛赛场，代代木体育馆则用来举办世界杯排球赛等国际大赛。半个多世纪过去，这座号称“国立”的体育场馆仍然保持着一定的利用率，是周边市民节假日健身锻炼的去处，更是青少年体育活动的乐园。

四、体育活动普及性高，青少年参与积极

日本很重视青少年体育活动。日本小学生的课比较少，一般公立学校每天就5节课，下午3点就可以回家，作业也不是很多，也没有期中、期末考试，孩子们的自由时间很多。对日本青少年而言，校内的体育课只是体育运动中很少的一个部

分，大量的运动是在课余进行的，主要是参加俱乐部的训练。这种俱乐部非常多，青少年可以很方便地在自己家附近找到自己喜欢的俱乐部。俱乐部的训练是专业性的，教练必须有相关的执照和证书。教练往往认真钻研教学方法，从激发青少年的学习兴趣出发，设定合理的教学方式及内容，这种“快乐学习”的方式，使日本青少年一般很喜欢运动，长大后也会有很多人继续爱好体育运动。

日本从小学、中学阶段，甚至有些地区从幼儿园阶段就设有跑步的相关知识讲座和课程，给孩子注入“长距离跑的成绩好坏不重要，最重要的是可以享受过程和坚持到终点”的理念。现今日本全国各地的马拉松比赛90%都设有“青少年儿童”级别，东京、横滨等大城市也会定期举行儿童青少年马拉松和半程马拉松比赛。很多日本家长自身就是“跑迷”，所以孩子们除了能在学校的体育课学到跑步的专业知识以外，在家庭中也能耳濡目染。在不少城市，尤其是在节假日，经常能见一家子外出进行跑步训练，其乐融融，也对健康有益。

日本国民体育大会是由日本体育协会、文部科学省和当地共同举办的、每年实施的针对47个都道府县的综合性体育大会。自1946年以来，每年举行一届，以都道府县为单位组成代表团参赛。项目种类很多，除了计入总分的40多项正式比赛外，还设有高中棒球、体育艺术等公开比赛项目和排球、拔河、高尔夫等表演项目。国民体育大会设天皇杯和皇后杯，由天皇和皇后亲自颁发给获男女团体总分第一的代表团。国民体育大会最大的特点是集竞技与娱乐为一体，目前是日本最大的综合体育运动会。日本国民体育大会的举办，为广大青少年体育活动开展提供了良好的普及与提升平台。

五、青少年体育开展氛围良好，全社会广泛支持

自1961年日本颁布《体育振兴法》以来，尤其是2012年《体育基本法》的颁布（实际是对前者的修订完善），对日本的体育环境营造、舆论引导产生了积极的影响。当前，日本全社会形成了重视体育的良好氛围，社会各界、家庭、学校和社区都大力支持青少年体育的开展。

日本学校体育锻炼是遵从日本普及性文部科学省大纲进行的，这是一个基本保障。在现实中，日本的学校从小学开始，就会根据各自的传统和特点对学生进

行体育教育，比如组织棒球部、足球部、柔道部、篮球部、排球部等，到了一定年龄后还有拳击甚至一些水上项目课程。除了学校教育外，日本的社区还会组织一些自己的体育活动，比如棒球、足球、保龄球、羽毛球和乒乓球，也都时常组织比赛，拉近社区居民距离、增进邻里了解。日本较为发达的体育设施建设给开展这些活动提供了良好的帮助。

日本举国上下均大力激发青少年参与体育活动的积极性，大力鼓励发展各类青少年体育组织，积极引导青少年参与体育活动。1988年4月，日本临时教育审议会第二次报告指出，一方面，要积极创建校外体育场所，发挥家庭与社区体育活动的影响力；另一方面，应从学生出发，重新认识家庭、社区与学校的作用，研究学校体育如何向每周五日制过渡。这为广大青少年接触体育、参加体育活动，提供了良好的社会支持。

日本还高度重视学生的饮食保健，这在一定程度上对青少年体育起到了积极的促进作用。日本政府曾引导发起国民“饮食运动”，其目的从“丰富营养”到“营养平衡”，再到“饮食教育”，要求不断提高。日本还非常重视有关学校饮食的立法，有一套完善的学生饮食制度。

当前我国群众体育迎来发展的良好契机，群众体育已经纳入国家发展战略，青少年体育成为国家体育的发展重点。但是我们也面临着一些不容忽视的问题，其中，社会认知落后是阻碍青少年体育发展的重要因素，这需要国家、社会、学校、家庭等主体做好宣传。同时，必须千方百计解决青少年身边的体育场地设施不足的问题，以利于广大青少年参与锻炼。

日本体育管理体制对我国体育社团改革的启发

天津体育学院　王旭光

一、日本体育管理体制概况

根据《日本国宪法》《地方自治法》《独立行政法人通则法》《日本民法》《特定非营利活动组织法》等规定，日本体育的组织机构有政府体育行政部门、独立行政法人日本体育振兴中心、非营利组织性质的体育社会团体。

日本建立了中央和地方两级体育行政管理系统，文部科学省掌管全国的教育行政权和体育行政权，下设体育厅青少年体育局负责体育行政工作。地方上的各都道府县和下一级的市区町村的教育委员会主管地方教育行政工作和体育行政工作。日本的体育行政部门属于“事业部制”结构，在纵向结构上是“分层制”，但不是纯粹的隶属关系。中央政府与地方政府通过事权划分、财政权划分实现地方自治。中央政府通过立法控制、行政指导、财政监督来实现中央集权。在横向结构上是“分职制”，《体育振兴基本计划》指出中央其他省厅和地方公共团体在体育事务上进行协作互助。

新世纪日本行政体制改革的重要内容之一是转变职能，并推动了体育各行各业的改革。体育领域中成立了独立行政法人日本体育振兴中心。在时间更早的20世纪80年代初到90年代初的改革中，日本奥委会脱离了日本体育协会，主要承担振兴日本竞技体育的重任。

（一）政府体育行政部门及职能

根据日本宪法所规定的“总揽国务”的精神，内阁（相当于我国的国务院）首先应该是综合战略的制定者和全面的协调者。日本的《地方自治法》也规定了地方公共团体承担制定战略和全面协调的职能。因此，政府体育行政部门的职能定位包括综合战略的制定者和全面的协调者。

“综合战略的制定者”体现在2000年根据日本当时的社会经济环境，以及体育事业的开展情况，文部科学省颁布了日本体育振兴的十年计划——《体育振兴基本计划》，对国民体质的增强、竞技水平的提升、终身体育社会的建设起到巨大的推动作用。经过10年的实践，2010年文部科学省颁布了新的体育振兴十年计划——《体育立国战略》，提出了五大重点战略，促进日本体育新的发展。《第二期体育基本计划》于2017年4月公布。

“全面的协调者”体现在文部科学省负责与地方体育行政组织、体育相关团体进行联系、协调，同时与日本体育协会、日本奥委会等体育社团紧密协作。例如1995年文部科学省提出建设综合型社区体育俱乐部，2000年发布了《体育振兴基本计划》，要求文部科学省联络各都道府县、市区町村、体育协会、休闲协会、独立行政法人日本体育振兴中心，确定实施目标、措施及扶持力度。

（二）独立行政法人日本体育振兴中心及其职能

20世纪末，日本创立了独立行政法人来改革政府外围组织机构。根据日本《独立行政法人通则法》第二条第一项的规定，独立行政法人是指在保障国民生活及社会经济的安定等公共立场来看，在确实需要实施的必要事务及事业中，国家没有必要作为主体直接参与，委托给民间的主体则未必能够实施，或者必须让一个主体独立实施才能进行卓有成效的营运管理，根据该法及个别法成立的组织。在日本，第一批独立行政法人成立于2001年4月，到2008年日本已拥有102家独立行政法人。

独立行政法人日本体育振兴中心的前身是日本体育・学校健康中心。日本体育・学校健康中心是根据《日本体育・学校健康中心法》的规定于1985年3月成立的，性质是特殊法人。1990年12月，为了提高日本的竞技水平和扩大体育的群众基础，日本设置了体育振兴基本部。1999年4月，伴随着《体育振兴彩票法》的实施，为了保证体育振兴彩票业务的顺利实施，日本设置了体育振兴彩票部。2001年4月，利用体育科学医学情报的研究成果，以实现提高竞技水平为目标，日本成立了国立体育科学中心。2002年开始，中央省厅以改革《体育基本法》为背景对特殊法人进行改革，2005年10月，根据《独立行政法人日本体育振兴中心法》，日本体育·学校健康中心改组成为日本体育振兴中心。

独立行政法人日本体育振兴中心在日本体育厅指导下开展各种体育活动。其成立的目的是振兴体育事业、增进儿童青少年的健康、体育设施的有效运营、对体育振兴事业必要的援助、儿童青少年在校期间的相关事故的必要赔付以及开展其他有关促进儿童青少年健康的调查和资料收集等工作，以期为国民的身心健康发展奠定良好的基础。

由于文部科学省下辖的与体育有关的机构只有独立行政法人日本体育振兴中心，其业务由体育行政部门委托实施，这体现了独立行政法人日本体育振兴中心的行政性，同时这些委托的工作具有较强的针对性和专业性，需要较强的执行力，需要专门机构统筹负责，这也体现了独立行政法人日本体育振兴中心的独立性。

日本体育振兴中心的基本理念是通过体育的力量和价值为人们的生活和社会发展做出贡献。日本体育振兴中心目前有400多名员工，有关预算和费用由体育厅拨款开支，主要职能包括国家级体育场馆的管理，协助国立体育科学研究中心、信息和国际部的活动，“味之素”国家高水平训练中心的管理运营事务，登山指导员的培养及调查研究事务，体育振兴的扶持业务，体育振兴彩票等事务，协助学校安全部的活动。

（三）非营利性质组织的体育社会团体及职能

《日本民法》规定，根据不同的发起主体或不同的活动目标，可以将法人分为不同类型（图1）。首先按是否由政府发起成立，并承担一定行政职责，分为公法人和私法人。在公法人中，按照雇员是否为公务员，可分为雇员为公务员的公共团体和雇员为非公务员的特殊法人、认可法人等基本类型。私法人可以分为营利法人和非营利法人，其中营利法人主要是以企业为主的市场主体，而非营利法人可以进一步分为公益法人和非公益法人。非公益法人指那些为特定群体服务的机构，如行业协会、工会等组织，在日本称为中间法人；公益法人则指提供社会公益服务、不以营利为目的的机构或组织，公益法人可分为根据民法条款成立的社会法人和财团法人，以及根据特别法成立的医疗法人、学校法人、宗教法人和特定非营利活动法人等。此外，日本社会中还存在大量未在相关部门注册的民间团体，他们与公益法人一起构成了日本非营利组织。

- 日本法人类型
  - 公法人
    - 公共团体
    - 特殊法人
    - 认可法人
  - 私法人
    - 非营利法人
      - 公益法人
        - 社会法人
        - 财团法人
        - 医疗法人
        - 学校法人
        - 宗教法人
        - 特定非营利活动法人
      - 非公益法人：行业协会、工会等
    - 营利法人

图1　日本法人类型

1998年，日本出台了《特定非营利活动促进法》，“以文化、艺术和体育振兴为目的”的民间团体中，获得非营利组织法人资格的团体不断增加。在与体育有关的非营利组织中，主要可以分为以项目团体、体育俱乐部、体育研讨会、体育论坛为实施内容的组织，支持体育非营利组织活动的组织，老年人看护、社会教育、创新生活等体育领域以外的综合活动组织。2001年，日本有148个民间体育非营利组织，截止到2006年1月，申请认证数量已经增加到了2060家。

目前，在日本体育振兴事业中发挥重要作用、最具影响性的体育社团有财团法人日本体育协会、财团法人日本奥委会。它们与文部科学省联系紧密，承担了体育事业的具体事务。各体育社团均以会员的形式加盟日本体育协会。日本体育协会现由56个中央竞技团体、47个都道府县体育协会、4个相关体育团体和4个准加盟团体组成。日本奥委会由53个中央竞技团体和1个准加盟团体构成。日本体育协会和日本奥委会精诚合作，与加盟团体同心协力，共同致力于培养体育精神、普及和振兴终身体育、提高竞技水平（图2）。

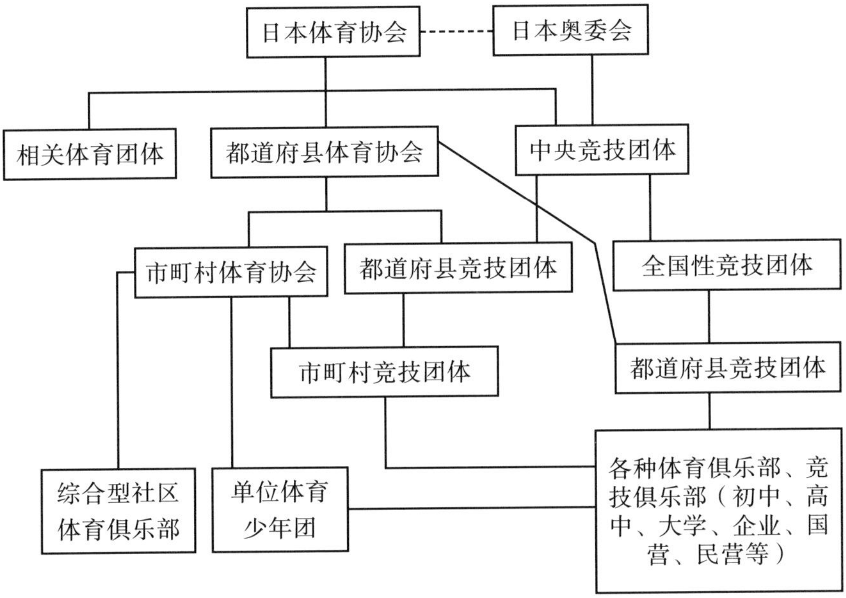

图2　日本体育协会、日本奥委会及加盟团体

体育俱乐部是日本体育事业的基层组织，包括综合型社区体育俱乐部、学校运动部、民间体育社团、企业运动部等。

综上，政府体育行政部门、独立行政法人日本体育振兴中心、非营利组织性质的体育社会团体构成了日本体育的组织体系（图3）。他们之间联系紧密，独立行政法人日本体育振兴中心作为体育行政部门的外围组织，独立地承担一定的行政事务。体育行政部门通过事业委托的方式把大量体育事务交给各种性质明确的体育社团，并给予相应的支持，各级体育社团通过加盟的方式加入日本体育协会，从而构成了清晰的日本体育振兴体制。

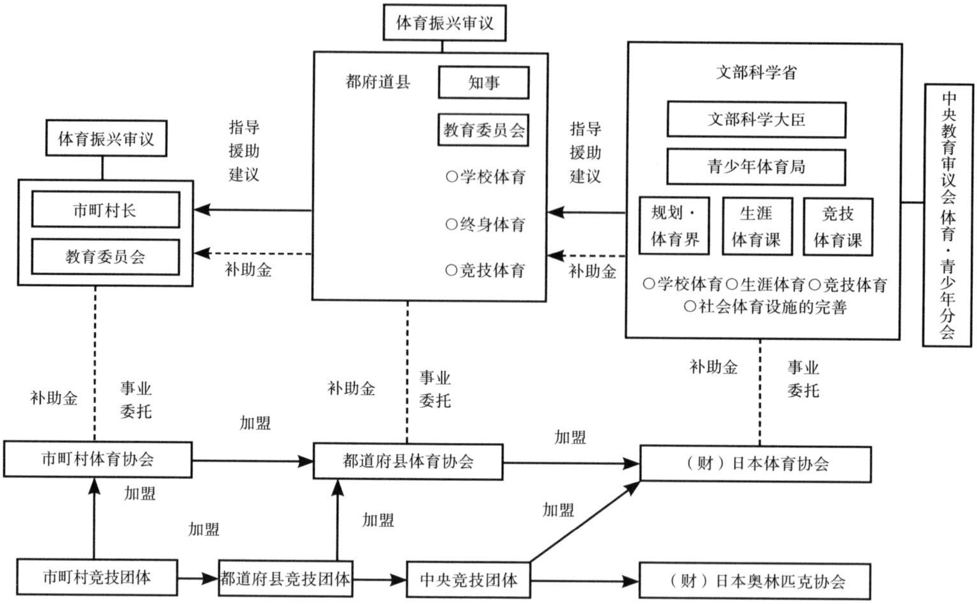

图3　日本体育的组织体系

二、对我国全国性体育社团改革的启示

（一）我国全国性体育社团基本情况和面临的问题

我国现行社会团体的管理主要依据1998年施行的《社会团体登记管理条例》。国家对社会团体实行“归口登记”“双重负责”“分级管理”的双重管理体制。双重管理即是对社团实行登记管理和业务管理双重管理体制。民政部门是登记管理机关，相关业务部门和组织是业务管理单位。业务主管单位的主要职责之一是负责社团筹备申请、成立登记、变更登记、注销登记前的审查。国家体育总局是全国性体育社团的业务主管单位。

1995年10月，国务院颁布了《中华人民共和国体育法》。其中规定，单项体育协会管理该项运动的普及与提高工作，代表中国参加相应的国际单项体育组织。这样就通过法律的形式确认了单项体育协会对该项目的管理职能。

1997年，原中华人民共和国体育运动委员会（以下简称原国家体委）颁布了

《国家体委运动项目管理中心工作规范暂行规定》。其中规定运动项目管理中心是承担运动项目管理职能的原国家体委直属事业单位，是所管项目全国性单项体育协会的常设办事机构，负责所管项目的各项工作。因此，实际上全国性单项体育协会是依托运动项目管理中心来运作的。

2001年9月，国家体育总局印发了《全国性体育社会团体管理暂行办法》（以下简称《办法》），进一步规范对全国性体育社团（以下简称社团）的业务指导和管理。

国家体育总局依法负责社团筹备申请、成立登记、变更登记、注销登记前的业务审查，对社团负责人进行任职审核，协助民政部门等进行社团年检、指导社团清算工作。依法对社团业务活动、组织建设等事项进行监督管理。

按照《办法》规定，国家体育总局是社团的业务主管单位，机关各厅、司、局、直属机关党委是社团相关业务管理的职能部门；社团所在单位是受国家体育总局委托负责对社团进行日常管理的挂靠单位；国家体育总局管理的社团与省、自治区、直辖市同类体育社团的关系是业务指导关系。

国家体育总局人事司负责对社团成立、机构的设置和变更的审查，以及社团负责人的资格审查；体育经济司负责社团的财务制度、经费使用、审计及经营监督等方面的管理；对外联络司负责社团的外事管理工作；机关党委负责社团的党务、党建工作；监察局负责协助民政部门、司法机关对社团的违纪违法行为进行查处。其他有关业务厅、司、局按其主管业务对社团分别实行相应的归口管理与监督。

截至2015年底，国家体育总局作为业务主管单位主管的体育社会组织有105个，其中，全国性体育社团有97个（含36个奥运项目协会、39个其他项目协会、22个非项目类体育协会），国际性体育社团有6个，基金会有2个。有6个挂靠在总局机关，88个挂靠在总局事业单位，1个挂靠在总局所属企业，1个挂靠在地方体育部门，9个挂靠在其他部委或单位。

目前，我国全国性体育社团运行模式面临的问题是，大部分全国性运动协会依托运动项目管理中心运行，协会定位以及自身的职能和职权不清晰，协会行业管理的权威性有待加强，引领项目发展的作用发挥不够；协会内部自治机制不完善，行业治理和规范运作需加强，人才队伍建设面临挑战，项目运营、战略规划等能力需提升；协会改革的配套政策和制度环境亟须建设。

（二）对我国全国性体育社团改革发展的思考

党的十六大以来，对社会组织的培育和建设得到国家重视，尤其是党的十八大以来，我国将社会组织的改革与发展作为政府职能转变和国家治理体系和治理能力现代化的重要组成部分，提出了社会组织改革和发展的系列方针和政策。国家体育总局也高度重视，提出了分类改革方案，积极推动项目协会的脱钩改革和奥运会项目协会的群众体育功能等多元化功能的实现。积极研制中华全国体育总会和中国奥委会的实体化方案。

全国性体育社团改革是一个整体的系统工程，一方面需要在国家相关政策的指导下，积极完善协会建设和发展的配套政策和措施，如政府购买服务、体育社团自身建设、协会的对外交流与合作、体育社团的行业自治体系。另一方面，亟须明确全国性体育项目协会职能，理顺体育管理部门与协会的关系；优化中心设置，理顺中心与协会关系更是核心关键。全国性体育社团与地方体育社团和群众自发的体育社团等社会组织不同，具有较强的公益性。建议借鉴日本独立行政法人模式，积极进行中华全国体育总会、中国奥委会的实体化改革。两者分别负责体育事业（全国性单项体育协会）和奥运项目协会的指导、支持工作，并积极支持地方体育组织建设、国家体育场馆管理运行、体育科学研究、高水平训练基地服务等工作，指导、服务体育事业，推进体育项目协会的社会化运行模式和运行机制的不断成熟。

日本基础教育发展对我国新时代基础教育体育课程改革的启示

河北体育学院　韩红雨

党的十九大明确提出的“新时代”发展阶段和基础教育体育发展现状，迫切需要其进行自我调适。从基础教育体育发展现状看，存在课程形式重快乐、轻质量，课程组织重兴趣、轻参与，教学方法重结果、轻过程，课程内容重项目、轻基础等弊病，导致了体育课形同虚设，学生体质下降。日本现行体育课程形成的身体塑成（体力）优先，内容与过程分野，生涯体育养成与成长历程见证，食育、保健等理念，能够有效促进学生体质健康稳步提升。日本的经验启示我国从以下方面进行课程重构：基础打通，提升塑造力；组织彰显兴趣，结果体验快乐；内容衔接，要求明确；由重教转为重学；等等。重构的实现包括教育政策务实；融合学科知识，培养基础师资；强化俱乐部机制，完善竞赛体系；协同体育生态环境，提倡大体育教育观等策略。

习近平总书记一再强调强国逻辑，“少年强中国强，体育强中国强”，充分肯定基础教育和体育教育的重要地位。作为两者交融的基础教育，体育无疑成为强国逻辑的重要组成部分。然而，从现实情况来看，基础教育体育在改善学生体质、促进学生交往、完善健全人格等方面所发挥的作用不容乐观，背离了基础教育的“基础性”，忽视了体育教育的“课程性”，导致学生后续生理身体、心理身体、社会身体发展的异化，影响到强国梦前进的步伐。党的十九大指出，我国社会主义建设进入“新时代”，提出教育事业优先发展，建设体育强国等工作部署，首次在党代会上把学校体育与建设健康中国紧密相连。在此背景下，如何解决“老问题”，如何回应“新时代”的社会特征和发展命题，就成为基础教育体育所面临的重大课题。鉴于此，本文以日本基础教育的发展经验为参照，对我国基础教育体育课程的发展构建进行了展望，以期为加快实现体育强国梦提供借鉴。

一、我国基础教育体育课程反思

中国基础教育阶段体育课程现状不容乐观，典型表现在学生体质的连年下滑、课程内容标准的逐渐降低等方面，不利于健康中国战略目标的推进。究其缘由，与体育课程的内容、形式、组织等存在弊端不无关系。

（一）课程形式重快乐、轻质量

20世纪80年代中期，我国借鉴第二次世界大战后德国、日本等国提出的“快乐体育”理念，以期强化学生主体性、激发学习自主性，养成终身参与意识。遗憾的是，我们在课堂实践中偏执“过程快乐”，忽略“结果快乐”，导致教学质量的削弱。毛泽东同志在《体育之研究》中提出：“兴味者运动之始，快乐者运动之终；兴味生于进行，快乐生于结果。”即认为“快乐体育”是结果而非具体过程的快乐。快乐的产生和体验是历经过程的“痛苦”“挫败”等而自然产生的。“过程快乐”是以规避运动风险、曲解教学规律为代价的。教学机构为规避运动风险，取消了长跑、跳山羊、单双杠等运动，从而曲解体育教学关于增强学生体质、锻炼学生意志、促进人格健全发展的教育命题。

（二）课程组织重兴趣、轻参与

课程组织是体育教育目标和教学质量的重要保障。为了激发学生兴趣，组织形式要求多样化。现实情况是以学生意愿为中心追求过度兴趣化组织教学，使得体育课演变成为无系统、无规范、无内容要求的“三无”课程，使得学生上课成为无运动量、无运动强度、无流汗的“三无”实践，使得教师成为无话语、无组织、无学生的“放羊式”“惰教”，培养的学生充其量为“知道分子”，即知道有体育课，但不知道体育是什么、为什么学、学到了什么。

（三）教学方法重结果、轻过程

我国基础教育体育课程基本上仍处于达标评价和结果考核的层面，在很大程度上归咎于中（高）考“指挥棒”的误导。重结果、轻过程，一方面使得学生对体育课产生了迫不得已参与的错误认知，甚至是厌恶逃避的心理；另一方面使得教师对学生的过程反馈一无所知，不能有效把握学生的真实感受和实际需求。教师和学生的认知错位，不仅影响了学生终身体育意识的构建，而且影响了教师后续体育教学的深化改革，长此以往养成的恶性循环，堆积成体育教育“雾霾”，影响了整个体育教育生态。

（四）课程内容重项目、轻基础

受考试“指挥棒”和师资学科知识结构的影响，教学内容以具体体育项目为主，如中（高）考设置有跑、跳、投项目，学校课程就针对性地予以安排，教师无条件地执行。教师受学科知识的局限，开展内容多以自己的专长为主，非专长的项目只能是蜻蜓点水般略过。加之有限的授课学时和运动参与机会，学生既没有学好具体的运动项目又没有掌握最基本的运动技能，既没有达到增强体质的初衷又没有促进德育的发展。此外，一个很大的认知误区就是误将体育与体育课等量齐观，二者的区别可浅显地概括为体育课是一种教育手段，体育是以项目为载体的身体运动。前者遵从教育规律，后者遵从运动训练规律。

2017年8月发布的《中国学生体质监测发展历程》显示，我国大学生体质呈下降趋势，肥胖率每5年提高2~3个百分点，这是对当前教育现状的最好诠释。对现状的反思是我们深化体育课程改革的前提基础，深化改革既需要我们具有摸着石头过河的勇气，同时也需要成功经验的借鉴。

二、日本基础教育体育课程发展经验

（一）日本体育课程的三次转型

现代意识上的学校体育，在日本起步较早。如1872年（明治五年），公布“体术”学制，1874年（明治七年），学校开展体操课程。日本体育课程的教学科目以第二次世界大战为节点，经历了三次转型：一是身体的教育阶段（1872—1945），开设“体术·体操·体炼”课程，提倡以体操为教材内容，养成强健的身体和精神。二是第二次世界大战后至20世纪70年代中期，通过身体活动的教育阶段，开设“保健体育·体育”课程，提倡以运动为教材，形成民主型人格。三是20世纪70年代中期至今的运动教育、游戏教育阶段，开设保健体育和体育，提出运动终身的体育教育理念。据日本文部科学省网站最新公布，近年来，日本学生体质呈平缓上升趋势。其取得的历史经验，值得我们学习和借鉴。

（二）日本现行体育课程理念及特征

1. 身体塑成（体力）优先

日本基础教育体育课程围绕身体塑成（体力）适当增加了体育课时，如小学一年级由90课时增加到102课时，初中由90课时增加到105课时等。优先性表现在从小学一年级（以前是小学五年级）开始引入，高中三年级结束。小学和中学并不是训练，而是以身体感觉塑造为目的的多种多样的运动经验，以动作塑造的运动和伸展身体的运动为中心。初、高中以提高体力的运动、伸展身体的运动为主。

2. 内容与过程分野

日本基础教育体育课程重视指导内容的明确化与技能的系统性。提出“4—4—4”制大单元授课的思路，重视不同学段与运动形式之间的衔接。

由表1可知，一方面，从指导内容的稳固习得、运动技能系统明确化的视点出发，将指导内容分解为各个不同的运动领域；另一方面，根据青少年的发育阶段将运动领域重组，从而使发育阶段与指导内容的关系明了化。

表1　发育阶段与运动重组表

	小学一至四年级	小学五年级至初中二年级	初中三年级至高中三年级
定位	基础学习期	探究期	尝试专项化期
内容	无组织的游乐，简单的运动、游戏	多运动项目工程	少数运动项目（选择），尝试专项化
性质	共通学习	共通学习	选择性学习

3. 生涯体育养成与成长历程见证

2017年，日本新修订的《初级中学学习指导要领》提出，保健体育课中的资质和能力目标，要求学生和终身喜爱运动的同时，追求保持与增进健康以及提升体力，培养学生经营明朗丰富的生活的态度。可见，日本基础教育体育课程远不止“运动”那么简单，而是在努力构建学生的生涯体育意识，并通过体育活动和竞赛见证体育生涯的成长。如幼儿园孩子全体接受“冬季持久走大会”，用“完走证书”见证成长。再如小学用“跳远记录表”记录每一次运动长进，以此强化运动的教育属性，培养学生不断超越自己的运动精神，促使其养成终身体育意识。

4. 食育、保健等理念的强化

2008年，日本《初级中学学习指导要领》提出“保健、食育指导”等理念，发展至今形成了小学保健体育科（保健领域和运动领域）、初级中学保健体育科（保健范围和体育范围）、高级中学保健体育科（保健科目和体育科目）等体系。“食育”理念是基于文部科学省《平成十八（2006）年度学校保健统计调查报告书》数据统计。据调查，日本少年儿童存在体质下降、肥胖和过瘦等现状，如15岁年龄段男生肥胖比率为13.8%，11岁年龄段过瘦比率达2.5%。2017年，在《初级中学学习指导要领》中重点增加了“食育”指导内容，由地方体育振兴协会重点落实，旨在让学生从小培养良好的饮食习惯，掌握适当的食物、饮食相关知识，懂得各种食品的营养，学会科学搭配膳食。

三、我国体育课程重构

21世纪，以政治、经济、文化为首的社会各个领域，都进入了以新的知识和信息为活动基础的时代。时代发展和教育现状要求我们进行课程重构。

（一）基础打通，提升塑造力

2017年，日本基础教育体育课程体系强化“项目主义脱离”，旨在打通运动基础，培养学生基本运动能力和战术素养，如将球技按照战术、规则等进行分类，相同类型的运动项目战术可相互转移，形成了3种模式，如表2所示。

表2　运动项目整合分类表

类型	特征	代表项目
进球型	攻防融合	足球、手球、美式足球
隔网型	攻防分离	排球、羽毛球、乒乓球
棒球型	攻防交替	垒球、棒球

授课重点不是项目，而是相同项目共同的战术意识。通过建立战术意识而达到触类旁通的效果。

2013年，我国教育部深化体育教育改革，在各级学校推出田径、足球、篮球、体操、排球、武术、游泳7个项目联盟，以期实现增强学生体质健康、提高运动技能和培养健全人格的“三位一体”目标。此项改革的深化落实，离不开扎实的基础，鉴于此，我们可以立足7个项目，结合学者田麦久提出的项群理论，划分为进球型（足球、篮球）、隔网型（排球）、表演型（武术、体操）、同场型（田径、游泳）等项目类型，在小学阶段进行通识运动学习，夯实后期项目选择的基础。

（二）组织彰显兴趣，结果体验快乐

基础教育追求兴趣和快乐，降低了运动的标准，曲解了体育教育的功能，消解了运动的价值本真，人为地对体育课程进行解构。《解放日报》资深记者吴骊指出，这是造成青少年身体素质和冒险精神弱化的重要原因。如何使课堂组织既能引导学生产生兴趣，又能体现结果快乐，还不失体育教育的规范，这就给教师提出了更高的要求。

（三）内容衔接，要求明确

我国基础教育阶段体育课程相对孤立，多数因中（高）考而设，因师资情况而设，因场地器材现状而设，各学段之间关联性较弱，难以形成运动参与的持续力。日本基于青少年发育阶段使之与运动领域重组的经验值得我们学习。学习应立足两个层面：一方面是基于我国学生的身体机能实际以及运动项目优势等，进行整合重组，而不是采用“拿来主义”的思维，直接复制；另一方面是整合重组

后明确内容目标。目标大致有3个：一是技能，为每个运动领域提供标准，指导的最低标准是想让学生掌握的内容；二是态度，喜爱的态度，自主性、主体性参与和规范（公正、互相认可）的态度；三是知识、思考、判断（学习方法），在运动、练习、挑战的方法上下功夫，重视运动的参与方式与技能相关的实践认知等。

（四）由重教转为重学

古希腊哲学家很早就提出“认识你自己”的命题，指出只有我们自己能够了解和知晓自己的身体。因此，体育课程应以学生的学为中心，让学生在学的过程中充分认识自己的生理、心理等状况。突出学生参与的重学教育教学模式，可采用“习得—活用—探究”体系，形成学以致用、用而求精的良性循环。习得与活用重点在体育课堂上，培养学生举一反三、活学活用的能力。探究侧重于利用综合性学习时间，如一次足球比赛，由学生自行安排技战术，然后根据每一个人的场上表现和双方的比赛结果，有针对性地进行讨论。此时教师处于辅助、从属的地位，以培养学生独立思考，及时发现问题、解决问题的能力。

四、实现策略

（一）务实教育政策

我国不缺乏体育教育政策，也不缺乏相关体育理念，如全民健身、阳光体育工程、每天锻炼1小时等，缺乏的是对政策的执行力。

习近平总书记多次表达了青少年、体育、强国三者的关系，并多次做出重要指示。如2015年4月7日，习近平总书记就传承和发扬青奥会精神做出重要指示，更加重视青少年体育工作，引导广大青少年继续弘扬奥林匹克精神，积极参与体育健身运动，强健体魄，砥砺意志……为中华民族伟大复兴做出应有贡献。2017年2月24日，习近平总书记在北京考察冬奥会场馆和观摩运动员训练时强调，少年强则中国强，体育强则中国强。党和国家高度关注青少年体质健康、体育运动参与度，但仍有政策和指示落实不到位等现象发生。推进政策精神的务实，需要建立科学有效的监督、反馈和考评机制，确保青少年参与运动的基本权利。

（二）融合学科知识，培养基础师资

日本基础教育，尤其是小学阶段提倡全科教师，形成了一位教师教授所有科目的现状，其中体育课是必修课。为确保师资的体育教学能力和水平，地方体育振兴协会定期对教师进行培训，不仅满足了日常教学需求，而且能够确保学生体质的稳步提升和运动意识的逐渐养成。我国基础教育阶段体育师资也存在巨大缺口，有任教能力和水平的体育专业人员，或为专业运动员，或为体育院校毕业生，基本上囿于自身专项，对通识性的基础运动知识储备不足。对此，我们一方面应立足时代需求、教育需求、体育特性，整合体育学科知识结构，加强师资队伍的培养，另一方面可采用社会培训的形式，培训兼职教师，以填补基础教育师资缺口。

（三）强化俱乐部机制，完善竞赛体系

俱乐部和竞赛作为体育生态的重要组成部分，是体育课的延伸，不仅能够促进学生的社会交往，而且能够增加学生参与运动的机会，有助于兴趣培养。同时，能够让学生对自身的运动水平和能力进行准确定位，还有利于教练员发现竞技体育后备人才。搞活体育生态建设，可利用社会层面的体育训练营、夏（冬）令营，学校层面的体育课外拓展，家庭层面的亲子体育游戏等来不断推进。完善竞赛体系，需通过健全县、市、省（区）、国家四级竞赛体系，将建立主体多元、形式多样和赛制灵活的比赛机制等予以落实。

（四）协同体育生态环境，提倡大体育教育观

古人云：“功夫在诗外。”运动参与意识的养成仅靠有限的课堂教学远远不够，还需要多元主体的监督和多样空间的促进，这就要求我们提倡大体育教育观。如家庭方面，积极组织体育运动、外出游玩等活动；地方政府积极创造体育竞赛平台；社会团体吸引民众参加运动协会和俱乐部等社团活动，进行饮食教育指导等。运动本身无处不在，而要想成为常态，离不开生态环境的建构和大体育教育观的提倡。

五、小结

体育关乎国民素质，关乎国家未来。基础教育阶段体育工作要从基础性、时代性等方面进行反思和重构，要求体育课程在打通基础、育人重组、培养兴趣、体验快乐、建构生态等方面下功夫。政策的落实，需要靠家庭和社会协同、竞赛体系完善来推进，以确保“完人”教育的实现。

日本学校体育的特点分析及其对我国体育教学发展的启示

吉林体育学院　邵桂华

学校体育问题是世界各国都高度关注的热点之一，一方面是因为学校体育之于学生体质发展乃至于人生成长的重要性，另一方面从某种程度上来说，学校体育教学是整个国家体育事业的本源问题，全民健身、竞技体育等诸多系统发展过程中出现的问题，往往都可以在学校体育的研究中找到答案。世界不同国家的学校体育，也随着本国文化体系的不断发展，逐渐形成了各具特色的发展模式。在当前形势下，随着全球一体化速度的不断加快，不同国家的学校体育教学模式相互融合、相互借鉴，是实现共同提高的正确途径。2017年10月12日到11月4日，我随国家体育总局“优秀中青年专业技术人才百人计划”培训班到日本大阪、东京等地的体育科研机构与社团进行访问考察，对日本学校体育的特点进行了解。相信结合我国学校体育的发展现状及问题进行对比分析，探寻日本学校体育发展模式的启示意义，对于我国学校体育教学的发展大有裨益。

一、我国学校体育的发展历程及现状分析

我国现代意义上的学校体育，发轫于清朝末年。1903年，我国历史上第一个具有现代意义的学制《奏定学堂章程》颁布，此后，我国学校体育才突破了传统的私塾和武馆的传承方式，进入现代学校教育的体系之中。随着清末西方列强的入侵，西方学校体育的思想、理念不断涌进，我国传统的以“道”为核心的养生

体育思想及身体练习方法不断被以“竞争”为理念和以“竞技”为核心的课程体系所取代，我国的学校体育开始在国外思想与我国传统思想的碰撞中寻找自己的定位。中华人民共和国成立之后，鉴于当时的国际环境，我国学校体育开始了全盘移植苏联模式的过程。苏联以凯尔舍夫等为代表的学校体育思想，不断传入我国并不断被内化，在很长时期内影响着我国体育教学的发展。及至以后，随着国际政治形势的变化，我国的学校体育也在传统文化精神与西方体育思潮的多重作用下，不断进行着调整与适应，在不同时期表现出不同的鲜明特点。

以教育部公布的教学大纲为标准，以体育教学的目的论变化为标志，我国的学校体育教学可以被分为几个截然不同的历史时期。1949年至1956年，受苏联模式的影响，我国的学校体育具有明显的“政治论”标签。1961年，随着第二部《中小学体育教学大纲》的出台，“体质观”成为我国学校体育的鲜明特色。1978年之后，国内学者对于学校体育的研究愈加深入，学校体育的目的论也发生了明显的改变，“技术、技能”正式登上学校体育的舞台。1987年之后，学校体育的目的论也逐渐突破了技术、技能和体质等的局限，“全面发展”“育人”等目的论开始成为学校体育的主流思想，学生的主体地位和主动意识得到更多的重视。世纪之交的转折点上，中国的学校体育再次发生重大变革，以向西方先进的教育理念学习为出发点，以基础课程改革为主导的中国教育体制改革，促生了以“健康第一”为理念的学校体育目的论，课程标准、水平目标、领域目标开始取代教学大纲，原先统一划齐的体育课程内容、教学方法和考核标准等被校本课程、个性化教学、研究性学习等所代替，体育教学的目的论有了明显的转向——从关心如何教转变到关注如何学，从关心教学过程的外在目标转变到关注学生发展的本身，激发学生的运动兴趣、重视学生的主体地位、关注个体差异和不同需求等彰显人文思想的描述第一次明确、清晰和如此重要地出现在体育课程和教学理念之中。我国的学校体育教学，至少从理念上开始走出“工具主义”的窠臼，向先进国家的体育教育思想靠近。

然而我们也不得不看到，我国的学校体育还存在诸多问题，虽然基础课程改革推进已有十余年的时间了，但“新瓶装旧酒”的现象依然非常严重，体质、技术、技能等外在目标凌驾于学生体育参与、体育体验、体育情感等之上的情况仍然是教学一线的真实写照。能够掌握教师或教材规定的动作，达到预定的成绩标准，就会成为好学生，若不能，即使学生再热爱体育活动，能够坚持终身体育，也只能被贴上不合格的标签。而这一切问题发展的根本，仍在于我们将体育作为一种手段和评价标准，以智育的方式来推进以身体本体感受为主的学校体育，从而导致在教学内容上的“一刀切”、在教学方法上的“一体化”、在评价标准上的“强硬化”。学生喜欢体育而不喜欢体育课、近年来学生体质监测结果显示学生体质连续下滑等一系列现实，都说明我们必须找到症结所在，并采取切实有效的学校体育改革方法。

二、日本学校体育的特点分析

（一）日本学校体育的发展历程及现状

现代意义上的日本学校体育，起源于1872年日本明治时期所公布的学制，当时称为“体术”，1874年进一步被明确为“体操”。与我国学校体育的发展分为不同的历史阶段相似，日本的学校体育可以划分为3个时期：第一个时期是1872年至1944年，日本的学校体育主要以体术、体操和体炼为核心，其主要教学内容为体操，其主要教学思想为引导学生形成强健的身体，并在磨炼其意志力；第二个时期为1945年至20世纪70年代中期，受美国思想的影响，此时的日本引入美国学校体育教育方式，强调保健体育与体育的融合，明确通过身体活动进行体育的教学模式，重在培养民主型的人才；第三个时期为20世纪70年代后期到现在，日本学校体育逐渐形成了自己的模式，即以保健体育和体育运动为教学核心内容，强调快乐体育和体育参与，形成了运动教育与游戏教育相结合的终身体育教学理念。

在学校体育的推进模式上，日本采用全国统一制定学习指导要领（类似于中国现在推进的课程标准），全国各地根据各自情况灵活实现的模式。日本的学校体育指导要领是全国性的标准，其针对的范围非常广泛，内容也非常详细，包括小学、初中、高中及特殊教育学校（盲人学校、聋人学校、残障学校等），主要由总则（一般方针和内容选用）、体育学科的具体标准、学习时间的要求等方面组成，由日本文部科学省统一组织编写，并以政府的名义向各都道府县的教育委员会、市町村教育委员会和幼儿园等逐级传达。各下级单位可以根据国家的要求，结合自身的情况，采取统一或分散的、形式多样的体育教学组织方式。

从学时的要求上来看，日本的体育课时数与我国现行的标准比较类似。其小学一年级的体育课时数为每学年102课时，小学二年级到四年级的课时数增加至105课时，小学五、六年级的课时数则为90课时；初中阶段的体育课时数保持统一，均为105课时；而到了高中阶段，由于已经是非义务教育阶段，因此体育课改为学分制，具体来说，是高中一、二年级为3学分，高中三年级为1学分或2学分。

日本的学校体育设施建设相对比较完备，学生参与体育活动的硬件条件保障到位，这也是日本学校体育发展良好的重要原因之一。

（二）日本学校体育的先进特点及启示

1. 学校体育教学内容的科学性

学校体育的教学内容是决定学校体育效果的最重要环节。与我国学校体育强调技术、技能的教学不同，日本的学校体育教学内容更加科学，其突出的特点是保健体育的内容贯穿学校体育过程。其小学的体育课程，以保健领域的基础知识和运动领域的基础知识为核心；初中的体育课程，则以更大范围的保健体育和体育项目参与为基础；而到了高中阶段，则以更为细分的保健科目练习和体育科目选项学习为主，进一步夯实小学与初中所学习的保健知识并加以灵活运用，为大学期间及走向社会的终身体育奠定坚实的基础。日本的学生，经过小学、初中及高中阶段的体育课程，基本上都能掌握保健知识与运动技能，这使其未来的终身体育锻炼的科学性得以保证。此外，日本的学校体育教学，强调身体塑成，这种教学内容，并不是训练的过程，而是以运动项目为媒介，以学生的身体感觉塑造为目的，以多种多样的运动经验的生成为标志的锻炼过程，通过身体塑成运动，学生能够更好地理解运动与自身体力之间的关系，寻找更适合自身的体育项目与活动强度，有更强的体育参与感。

目前，我国的中小学生从体育课中只是学习到了基本的技术与技能，掌握了身体练习的方法，却缺失了最为重要的保健知识的学习与保健能力的养成，与此同时，学生只是被动完成教师安排的练习，没有形成自身的本体运动感觉，由此成为其终身体育的障碍所在。因此，在我国的中小学体育课中增加保健体育的内容与分量，并加强身体感受方面的引导，势在必行。

2. 教学方法的灵活性

日本学校体育的教学方法没有一成不变的规矩，一切以学生的感受、体验与参与为基准，因此灵活多变且成效显著。从日本专家展示的课堂教学视频可以看出，为增强学生体育参与的兴趣，教师并不按项目的标准规则来引导课堂，而是根据需要随时约定临时规则。如在小学二年级的足球课堂教学中，以直线足球为例，没有越位等规则限制，也不设球门，以踢过线为标准，难度降低，学生的积极性和成就感更强；在中学的排球课堂教学中，不按正式排球比赛的规则来组织教学，而是以发球、双手接球抛球、扣球为主要练习内容，弱化了排球项目中最难的二传环节，突出了学生扣球的感觉，使排球项目更受学生的欢迎。此类教学的案例非常多，通过这样灵活多变的教学方法，学生的参与度更大、成就感更强，对体育课的喜爱程度也不断增加，其体育课的教学效果也因此不断加强。

我国的学校体育教学显然并没有达到这样的境界，不论学生能否达到，教师均严格执行教学大纲规定的标准，这不仅大大降低了学生的成就感，也使大部分学生反感体育课或产生畏惧感，从而严重阻碍了体育课功能的发挥。在我国推进基础课程改革的同时，也希望教育管理部门更大程度地放权，使一线教师能够一切以学生为中心，以灵活多样的教学方法来激发学生的体育参与热情，这样的学校体育教学才是我们需要的。

3. 学习形式的多样性

学习形式的多样性是日本学校体育课的鲜明特点。一堂体育课，学生可以通过一起学习、班别学习、分组学习和个别学习等多种方式来进行。教师往往只在重要内容的讲授和指导中，采取让学生一起学习、班别学习的方式，更多时候，采取的是分组学习和个别学习的方式，而在这样的过程中，学习是由学生个人或是一个小组互助来实现的，教师往往仅提供指导。这样看似“放羊式”的学习方式，其实既可以锻炼学生的自主性与互助性，又可以通过给学生极大的自由，促进学生自我身体塑造能力的生成，因此是更为有效的学习方式。当然，日本这样的学习方式，特别是个别学习和自我学习过程的实现，与其教学保障体系的支持是密不可分的。在大部分中小学中，均配备专门的运动回放设备，学生可以通过查看自己的运动过程视频，寻找自身的不足，完成个别学习的过程。

日本多种多样的学习方式值得我国学习和借鉴，吸取日本学校体育的先进经验，进一步丰富我国学校体育课堂的教学方式，具有非常明显的现实意义。

三、总结

诚然，日本的学校体育也存在种种问题，如小学阶段的大部分体育教师均不是体育专业出身，不喜欢体育课的学生逐年增多，参与、不参与运动的两极化倾向比较严重等，但日本在学校体育教学方面的一些成功经验仍应该引起我们的重视，以“他山之石，可以攻玉”的思想来看待日本的学校体育，才是我们应该具备的态度。

日本筑波大学体育学博士生教育现状及启示

吉林体育学院　王琪

一、日本筑波大学体育学博士教育现状

（一）日本筑波大学体育学博士学位点的专业设置

筑波大学博士生学位点分五个专业方向，分别是体育、健康与运动科学，教练科学，运动医学，人文关怀科学以及学校教育科学。

体育、健康与运动科学方向是以人文科学、社会科学以及自然科学为基础，通过培养学生的科研技巧，以及使学生有机会获得健康和运动科学领域从事自主研究活动所需要的广泛知识，从而进一步提升运动物理学、生物学以及社会学研究能力。

教练科学是培养体育和武术领域里比现有专业人士更高水平的人力资源。该专业方向的目标是把学生培养成为具有较强管理能力和研究能力的人才。在完成该专业方向学业之后，学生可以从事高水平的研究工作，同时也能够在体育专业院校从事高等教育工作。

运动医学培养在身体训练科学、医学、精神医学等方面有专长的教练员，以及高水平的专业人士，如体育医生等。

人文关怀科学的目标是将教育学、护理学、医学和心理学等可以帮助人的学科的理论与方法融入人文关怀科学中。

学校教育科学的目标是为学生未来学术生涯中所要具备的从事与学校教育活动相关的科学研究的专业技能做准备。

（二）日本筑波大学体育学博士各专业所设研究领域

体育、健康与运动科学专业包括六个研究领域，分别是体育教育与运动文化、体育管理与政策、体育教育与运动教育、锻炼生命科学、健康与人类表现科学、锻炼与运动教练科学。

教练科学专业由一般理论和特殊理论这两个研究领域构成。教练科学一般理论研究领域可细分为教练原则、训练理论和人体运动理论，教练科学特殊理论研究领域则可分为单项运动理论、球类理论和日本武术理论。

运动医学专业包含基础运动医学、不同人生阶段的运动医学、高水平竞技体育运动医学、健康与疾病运动医学等四个研究领域。

人文关怀科学专业设置了典雅道德教育、发展临床心理学、临床心理学、民生支持科学、老年护理与治疗、健康社会学、压力管理、社会精神病学、精神健康、医学与福利、健康服务研究、健康治疗政策与管理等研究领域。

学校教育科学专业分为学校课程与教学、学校科目教育两个研究领域。

（三）日本筑波大学体育学博士培养情况

1. 注重自主探究的课程学习

日本体育学博士生课程学习较为“宽松”，多数课程采取研讨班的形式。博士生几乎每个月都要轮流做一次主讲，主讲人应提前一周将报告的相关材料发给同科师生。研讨班的气氛紧张严肃，师生提出的问题往往都很尖锐。这考查的不仅仅是专业方面的知识，还检查主讲人是否查阅了大量的文献、能否从大量的文献中精选出本学科的前沿性问题、基础知识是否扎实、反应是否敏捷等。

2. 重视培养博士生的学术交流能力

日本筑波大学要求体育学博士生毕业前必须在具有审稿制度的学术期刊上发表一篇及以上与博士学位论文有关的论文和两篇及以上的口头报告学术会议论文，这被视作进行正式答辩和获取博士学位的前提条件。为了锻炼博士生的学术交流能力，该校不仅聘请国内外著名专家来校做学术报告，为博士生创造一个学术交流与讨论的良好平台，而且鼓励博士生参加高水平的国内外学术会议，去获取本学科领域学术动态和前沿知识。

3. 强调科研与实践的有机结合

筑波大学在培养体育学博士生的过程中，既注重基础理论研究，又十分关注在实践中进行科研。为了更好地将博士生科研建立在实践需要的基础上，首先，导师组中有一位必须是运动成绩突出或运动实践经历丰富的运动员或教练员。另外，筑波大学不提倡博士生“闭门造车”，并制定了有关实践与科研结合的具体要求，例如，筑波大学的教练科学博士培养就要求博士生在三年中至少用一年的时间从事一个运动项目的教练工作，充分将自己所从事的科学研究与教练的现实工作结合起来。

4. 普遍采用导师指导小组模式

筑波大学严格按照一名博士生配备三名指导教师的模式来进行博士生培养。这三名导师中既有科研水平高的指导教师，也有实践水平高的指导教师；既有与体育学博士生研究课题直接相关的体育学科指导教师，也有来自其他学科的指导教师。这样既能保证科研与实践的完美结合，又能保证理论研究的深入。

5. 严格执行高标准的学位授予

据筑波大学体育学院教师介绍，虽然学校体育学博士的学制一般为三年，但完成博士学位的平均时间为3~5年，延期情况非常普遍，学位授予率不足50%，在正常学制内能够获得博士学位的比例则不足20%。

二、日本筑波大学体育学博士教育的启示

（一）以领域和问题为导向设置博士点学科专业

德国物理学家普朗克曾指出：“科学是内在的统一体，它被分解为单独的部门不是由于事物的本质，而是由于人类认识能力的局限性，实际上存在着从物理到化学，通过生物学到人类学到社会科学的链条。”这告诉我们，知识虽划分为各种不同的学科，但这些学科并非绝对割裂的，而是相互依存、相互联系的。特别是在研究问题复杂化、科学研究“大科学化”的背景下，打破单一学科研究之间

的壁垒和障碍，形成整体实力，是符合科学发展的要求的。筑波大学以领域和问题为导向设置博士点学科专业，对于博士生培养来说，有助于其根据研究对象、内容、目的需要，对某一问题运用多学科理论进行综合研究。这也为我国体育学博士学位点专业设置以及体育学一级学科的学科划分提供了有益的参考。

（二）适度开放，加强学科外部融合

随着现代科学的发展，学科之间的边界将变得更加模糊，学科之间相互融合、相互作用和相互转化迅速，逐步形成统一的科学体系。现代科学研究的多学科性和跨学科性由此也日益明显。在这种趋势下，体育科学应广泛开展多学科以及跨学科研究，进一步加大体育科学与其他学科的研究合作力度，加强体育学博士点与非体育学博士点的融合，建立了一个更具开放性的博士生培养体系。

（三）形成了有效的体育学博士生培养管理体制机制

筑波大学体育学博士培养以严格著称，并形成了一套有效的体育学博士生培养管理体制机制。例如，它讲究学术研究连贯的硕博连读培养体系，在招生环节重视学生科研能力的选拔，注重诚信的博士论文评审机制，强调规范性的学术论文审稿体系等，都为体育学博士生的质量提升提供了有力保障。

（四）努力培养博士生的高水平职业能力，注重基础理论研究和实践研究的有机结合

科研实践是提高博士生科研能力不可或缺的环节。教育部前部长周济指出，要充分发挥科研项目尤其是国家重大科技攻关项目人才培养作用，积极鼓励和支持研究生参与科技创新，在科技创新实践中培养研究生的创新精神和创新能力。离开体育实践，体育科研也就失去了存在的价值和生命力。随着世界竞技体育竞争的日益激烈，世界各国都在加强体育科学研究，并不断地将其研究成果应用于体育运动实践，使其运动技术水平不断提高，竞技体育实力不断增强。对于我国的竞技体育发展来说，进一步提高体育科学研究水平，促进运动训练的科学化仍是未来体育科学研究的归宿。

日本体育政策的发展及启示

山东体育学院　刘远祥

一、日本体育政策的成功之处

日本现有的体育管理体制是根据1961年出台的日本《体育振兴法》构建而成的，其组成部分除处于核心地位的体育行政部门以外，其余均为以民间性、公益性等为主要特征的体育社团。为筹备东京奥运会，2015年日本政府又成立体育厅主管体育事业。体育厅除负责筹备东京奥运会外，还在体育协会与民间体育组织配合下，积极发展竞技体育、群众体育和学校体育活动，制定并出台了大量的体育法规和政策，形成了较为完备的政策体系。近年来，日本制定并实施了《体育振兴基本计划》《体育振兴彩票法》《日本体育振兴中心法》《体育基本法》《体育基本计划》等一系列旨在提高竞技水平以及增进国民健康和体质的方针政策和法律法规，对推动国家体育的发展起到了极大作用。

（一）法律层级较高

《体育振兴基本计划》的制定标志着实质性体育政策具备了“法”的形态，不仅在形式上提高了政策文件规格，更意味着在政策实施层面上将获得更加规范的财政投入预算保障。而《体育基本法》的制定更进一步地提升了日本体育政策的法律效力，为日后体育政策的整体地位定下了有力基调，也为各地方政府体育振兴计划的制订明确了方向，使日本体育政策整体上构建起从法律到纲领性政策再到地方政策的较为完善的政策体系架构。

（二）政策内容系统

日本颁行的《行政机关政策评估法》要求中央省厅实施政策评估事业，建立行政机构的自我约束机制，提高政策过程的科学化水平。体育政策也因此得到规范，制定的数量和规格都大幅提升。1998年制定《体育振兴彩票法》，2002年制定《体育振兴中心法》，2010年出台《体育立国战略》，2011年修订颁布《体育基本法》，2011年颁布《地方体育振兴政策措施调研报告》，2012年颁布《体育基本计划》用于检验《体育振兴法》实施现状，《体育振兴基本计划》和《体育基本计划》强调了各事业间协调共进共生的关系，2017年4月又颁布了《第二期体育基本计划》，体现了政策内容的系统性和连续性，提高了政策的整体效果。

（三）考核指标具体

在操作层面上，明确提出了政策方针的量化政策目标，如2017年根据《体育基本法》制定的《第二期体育基本计划》规定了未来五年内的近期目标，借2020年东京奥运会契机，提出了“一亿人参加体育”的口号，以“体育改变人生、体育改变社会、体育改变世界、体育创造未来”为基本思路，提出了日本体育发展的重点战略及具体措施。详细规定了各年龄层人群每周运动频率，通过引入体育项目、修订体育课程教学大纲、引入体育专职教师、积极开展职工体育活动、增设体育人才培养高校、积极承办国际大赛等措施，努力实现到2022年将使成年人体育参与率由2016年的42.5%提升到65%，青少年儿童参与体育活动的比例由58.7%提升到80%，残疾人参与体育的比例由19.2%提升到40%，将医疗开支降低到每人每年10万日元，体育产业总产出由5.5万亿日元提升到15万亿日元，以体育为目的访日的外国游客由138万人提升到250万人，体育相关消费由2204亿日元提升到3800亿日元，在国际体育组织中的任职人数由25人提升到35人等具体目标。此举为各政策方针的效益评估确立了前提，诸多量化目标的制定为验证各政策方针效益评估的有效性提供了可能。

日本较为完善的官方与社会体育调查体系以及较为及时的调查结果公布制度等，使政策效益评估具有可操作性。

（四）实施效果显著

以“指定管理者制度”为例。为了能有效应对市民多样化的体育需求、提高为市民服务的质量以及节约经费，日本政府公布的《地方自治法部分修改法》规定了“指定管理者制度”，即利用民间的资源来管理公共设施，政府放开了最终的管理权，股份公司等民间事业者、公益法人、非营利（NPO）法人等可以成为公共体育设施的管理代理人，以往由公共部门负担的事业越来越多地由民间事业者承担，改善了公共体育设施的运营，公共体育设施在年内使用人数、职员总数、体育比赛次数等方面都有所增多。根据调查显示，在日本全国已有78.1%的市区町村设立了综合性社区体育俱乐部，俱乐部数量和会员人数则分别达到3396个及140万人。

二、对我国体育政策发展的几点启示

（一）科学制定体育政策是政策运行过程的枢纽

体育政策的制定在整个政策过程中居于枢纽的地位，唯有事前进行良好的政策规划与设计，得到一个可以为社会所接受的可行性方案，政策过程才能进展顺利，政策运行才能确保成功。体育政策的制定是政策运行过程的首要环节，也是政策成败的基础。体育政策的制定必须遵循科学的程序，运用科学的方法，以保证政策的科学性和合理性。合理的体育政策制定机制是体育政策实施中的关键环节，而政策的合理性主要取决于政策合理性标准的准确界定和科学化的政策制定程序。提高体育政策的法律效应，为体育发展提供良好的法律环境。

（二）有效执行体育政策是实现政策目标的根本保障

美国学者艾利森认为，在达到政府政策目标的过程中，方案的功能只占10%，而其余的90%取决于有效的实施。体育政策执行是将观念形态的政策目标转换为实际效果的一个动态过程，是将政策理想转化为政策现实、政策目标转换为政策效益的唯一途径。政策执行的有效性事关政策的成败。没有有效的政策执行，构思再完美、设计再精致的政策方案也只能是一纸空文。体育政策的实施需要不同执行机构和执行人员的共同参与和密切配合，在涉及财政、税收、土地、金融、旅游等多个部门的协同时，各部门应围绕政策联合行动，群策群力，保障政策的有效及时实施。

（三）科学控制体育政策是完善政策体系的必要环节

政策控制是政策制定者依据政策评价的结论反馈的信息，对政策方案、方案与目标之间的关系等进行不断的修订、补充和发展，以便达到预期政策效果的一种政策行为。政策控制是政策运行中的一个重要环节，是为使政策达到预期目标而对政策执行的整个过程及其各要素进行监督和纠偏的过程。建立以国家权力机关为监督主体的体育政策监督保障机制，明确监管主体及其管理职能和各类执行主体的权利义务，进一步明确行政执法级别管辖制度，对未能及时、有效执行体育政策的主体进行通报批评或问责，以保证体育政策的顺利有效运行，提高政策的执行质量，促进政策目标的实现。

（四）客观评价体育政策绩效是政策效果检验的基本途径

体育政策绩效评价是在全面掌握信息的前提下，依据一定标准对某项产业政策效果、政策效益、政策效应进行度量、分析和评价。体育政策绩效评价是体育产业政策实施过程的必要环节和必然延伸，是介于政策执行和政策调整之间的重要环节。政策实施活动是否有效？实施的结果是否实现了预期目标？有哪些经验、教训？这些问题的回答和解决，有赖于认真而全面地检查和考评。在政策执行前，采取预见的措施，保障政策实施；执行中，对于政策是否及时地贯彻落实、是否有效执行进行监控，及时把握政策实施过程中出现的问题，对于出现的问题及时纠偏；执行后，对政策执行结果进行监督，消除负面影响和出现的问题。

通过体育政策过程科学化、有效执行、政策控制来保障体育政策的有效运行，确保体育政策目标的实现。

日本高校箱根马拉松接力赛的启示

南通大学　刘建

作为国家体育总局“优秀中青年专业技术人才百人计划”培养对象，我有幸于2017年10月12日至11月4日参加了由国家体育总局组织的日本专题培训班。培训期间，先后赴日本大阪市、兵库县、和歌山县、千叶县等的有关政府体育部门、体育协会、体育场馆进行学习、考察，并进行了集体研讨，对日本的体育管理体制机制、群众体育组织与开展、体育场馆的运营管理、体育产业发展现状有了一定的了解，对自身的科研工作具有极大的帮助与促进。

长跑在日本人的心目中是一项古老而又充满高贵品质的运动。1920年日本举办首届东京箱根间往复大学驿传竞走，又称“箱根驿传”（以下称“箱根马拉松接力赛”）。截至2017年，这项赛事已有近百年历史，已经成功举办了93届（其中1941年、1942年、1944年、1945年、1946年由于第二次世界大战而暂停举办）。在日本，箱根马拉松接力赛已经成为新年不可或缺的一项全国盛事，它的人气和受瞩目度在日本甚至超过奥运会、世锦赛等国际大赛，可与日本职业棒球联赛的总决赛相抗衡。为什么箱根马拉松接力赛会取得如此大的成功？箱根马拉松接力赛给了我们哪些启示？都是值得我们深入思考的问题。

一、箱根马拉松接力赛介绍

（1）比赛时间：1920年举办首届箱根马拉松接力赛，每年一届，比赛时间为1月2日和3日。比赛分两天进行，第一天比赛结束后，组委会记录各学校之间的时间差，第二天按照时间差依次出发。

（2）赛事距离：箱根马拉松接力赛为往返赛程，去程1—5赛段共107.5千米，回程6—10赛段共109.6千米，全程217.1千米。

（3）参赛高校：箱根马拉松接力赛每年有20个高校参加，每个高校10名运动员参赛，另有6名替补队员，可在比赛开始前更换运动员。外国留学生可以代表所在学校参加比赛，但最多不超过2人，且其中1名为替补队员。根据各高校比赛综合成绩进行排名。

（4）参赛资格的获得：一是该年度的前10名为种子队伍，可以直接获得翌年赛事的参赛资格；二是预赛成绩最好的6支队伍获得参赛资格（预赛中每个学校派出10名运动员，每名运动员跑10千米，按照10名运动员的总耗时由短到长最终确定参赛高校）；三是预赛第七名及以后的队伍，加上其在关东学生大专院校杯的积分，成绩最好的3支队伍获得参赛资格；四是关东田径联盟选拔出的1支队伍。

（5）赛事操作单位：箱根马拉松接力赛由关东地区田径运动联盟主办。

（6）赛事纪录（15小时以内完赛的纪录）：1921年第2届，明治大学，用时14小时39分01秒；1928年第9届，明治大学，用时13小时54分56秒；1933年第14届，早稻田大学，用时12时47分53秒；1960年第36届，中央大学，用时11小时59分33秒；1994年第70届，上理学院大学，用时10小时59分13秒；2015年第91届青山大学，用时10时49分27秒，这是截至2017年的最佳成绩。

（7）执行规程：《箱根接力赛竞技规程》。该规程规定了比赛时间、赛事主办方和赞助商、参赛资格与申请事项、比赛路线、预选赛规则、比赛细则、异议裁决、应援和附则等。

二、箱根马拉松接力赛的特征

（一）赛事具有文化内涵

箱根马拉松接力赛又称“箱根驿传”，是为了庆贺东京建都50周年而创设的一项体育运动。在近百年的发展历程中，竞赛规程和竞赛办法不断完善和修改，但赛制本身仿效17世纪到19世纪江户时期京都和江户（现东京）之间传递政令的驿站接力的规格，其核心文化内涵一直没有改变，充分彰显了历史文化对该项目的深远影响。

（二）赛事具有多元功能

箱根马拉松接力赛自创办以来，赛事组织者和参与者始终坚持培养优秀的中长跑运动员，使其能够代表日本在世界大赛上取得优异成绩，为日本争得荣誉，使赛事渐渐成为日本高水平马拉松选手的试金石。但随着赛事的不断发展，该赛事的增强民族凝聚力的文化功能和加速体育产业发展的经济功能等也越来越凸显出来，全方位促进日本教育、文化、经济和社会的进步，功能呈现多元化和综合化。

（三）赛事具有广泛基础

日本人过年有两个电视转播节目是收视率最高的，一个是红白歌唱大赛，性质相当于中国的央视春晚；另一个就是箱根马拉松接力赛。据统计，箱根马拉松接力赛在日本的收视率高达20%以上。除了直播比赛盛况之外，箱根马拉松接力赛比赛当天还会出动直升机、3000多名警务人员、1000多部工作车辆，赛道两旁还会有很多自发组成的啦啦队。可以说，该赛事已经成为根植于大多数日本人内心深处的一项民族运动，其雄厚的群众基础超乎想象。

三、箱根马拉松接力赛带来的启示

（一）高度重视是赛事发展的前提

比赛过程中，每个选手都身着各校特制的比赛服，戴着细长的肩带，这根肩带是一棒一棒传接下去的精神象征。一个人的成败不仅牵动团队，更牵动着整个学校。电视转播画面里，有人受伤后一瘸一拐继续坚持；有队员痛失接力资格后与队友相拥痛哭；有教练员站在跑道旁唱着校歌激励学生。箱根马拉松接力赛的冠军不会得到任何奖金，所有人拼命争取到的只有荣誉，这样的荣誉，是学生和学校非常看重的。高校高度重视该项比赛，意图通过优异成绩不断提升自身的社会知名度和影响力；运动员高度重视该项比赛，将其视为实现自身价值的“星光大道”。

（二）赛事的社会经济效益是核心

一年一度的箱根马拉松接力赛已经成为日本的一个盛大节日，就赛事本身而言，其作用和影响力已经远远超出了一个单一赛事，成为调动全日本各领域敏感神经的一针兴奋剂。比赛期间，由于平面媒体和广电媒体全方位、立体式地进行宣传报道，获得了接近20%的收视率，引来了日本众多企业实体的积极参与，参与形式可谓千姿百态、花样繁多。箱根马拉松接力赛为企业实体提供了宣传平台，获得了巨额经济效益，促进了自身发展。

（三）赛事对竞技体育事业的促进作用不可替代

箱根马拉松接力赛是日本中长距离跑优秀运动员的培养途径。日本马拉松纪录的前20名运动员中，有8名运动员参加过箱根马拉松接力赛。箱根马拉松接力赛已经培养了超过80名参加奥运会的运动员，以及50余名参加世界锦标赛的选手，参加的项目包括5000米、马拉松、竞走、十项全能等，实现了从箱根走向世界。箱根马拉松接力赛对日本竞技体育事业发展的促进作用不可替代。日本的这种以经典赛事为引导、以高校为依托的开放性的竞技体育运动员培养模式值得我们借鉴。

箱根马拉松接力赛近百年的历史，极大地促进了日本经济、文化、教育、体育等事业的全面发展和进步，总体上可以为中国体育事业的改革、推进中国由体育大国向体育强国转变提供可借鉴的参考，但同时也要注意在发展过程中出现的一些现实问题。我们应该本着“取其精华，去其糟粕”的理念来审视箱根马拉松接力赛，争取为我国的体育事业改革，尤其是竞技体育体制改革、体育产业综合化等问题提供改革思路。

日本体育的基本特点分析

福建省体育科学研究所　徐建清

本次培训，我们走访了日本体育振兴中心、县市体育振兴科、府县市体育协会等官方独立行政法人，公益财团法人等半官方机构以及早稻田大学、筑波大学、国立科学研究中心等科研院校。也拜访了多家体育场馆的指定管理者、日本电视台等一般财产法人、公益财团法人社团组织，参观了箱根马拉松接力赛展览馆、公司，聆听专题报告15场。不但得到许多书面介绍信息，也对日本体育有了直观印象。

培训期间时间紧、路程长、接触单位多，结合文献资料，短时间内基本把握了日本体育概况。虽然认识浅薄，但促进了我对本国体育的思考，能够更加客观地看待国内体育的现状，并充分理解本国体育改革的重要性和必要性，也从心底增强了对本国文化的自信及工作动力。

一、体育的立法保障

根据日本有关的体育法律，各级政府对于体育的发展是负有主要责任的；作为本地选民选出的代表也必须对本地居民的福祉负责；作为福利国家，少子化和老龄化社会背景下医疗费用的控制也是一个重要议题。基于以上多方面的原因形成动力机制，促使各级政府都出台了体育振兴的有关规划，为体育发展留出经费。

日本与体育有关的法律，包括2000年9月在《体育振兴法》施行40年后，文部科学省首次制定、公布的作为其阶段性总体执行纲领的《体育振兴基本计划》。而

《体育基本法》在2011年8月得以正式颁布执行，其国会立法的地位较之议员立法（《体育振兴法》的立法形式）有很大的提高。2012年，日本正式颁布《体育基本计划》。在这一系列政策法规指引下，各级政府承担起规划指导的主要责任。

千叶县教育厅教育振兴部体育课运动推进室主持发布的“千叶县体育运动推进计划概要”中就包含了以下几项内容：加强学校体育活动，包括培养幼儿运动习惯、充实学校体育活动、提高儿童徒步体力、充实运动部活动、健全心身和推进饮食；成年人（包含普通人和障碍人群）的健康促进；运动环境整治（设施建设和设施修缮）；竞技力提升，选手发掘、育成和强化以及指导者培养与提升，竞技训练环境设备修缮与齐备，医学支持，完善训练的组织，竞技比赛组织与参与，促进形成良好的竞技运动循环；借助东京奥运契机推动本县运动发展，推进地域协作，发挥本地活力等，这些内容真实地反映了政府对体育发展的引领主导作用。

二、政府主导社会团体主管的场馆管理模式

虽然政府承担主要责任，主导体育规划的制定与推动，但在运行机制上则努力以社团、市场、社会自我闭式循环运作，即使是基础性公益部分也主要依靠体育彩票收入和国家产业经营收入维持，避免国家陷入财政泥潭。其主要特点是国家对体育的税收财政投入少，国家体育管理体制相对较为松散，更多采用比赛、选拔、招标服务等间接控制手段。各地体育振兴中心、体育协会等半官方的民间公益财团法人组织活跃度高，承担了体育发展的基础性公益责任和具体管理事务，后期个体教练、社团、大学高校和企业吸收了体育专业人才，承担继续培养和竞技等后续环节。由于国家税收财政供养的公务员极少，能够保证执行层面效率，并避免群众体育与竞技体育脱节。

无论是日本体育振兴中心还是兵库县体育协会，在他们的有关介绍中，都分别列出了学校体育活动、障碍人群健康促进、场馆设施运营、青少年竞技力提升等体育发展基本内容，反映出他们作为国家体育事业的执行机构地位，而公益财团法人性质又决定其无须国家税收财政支出负担，主要依靠国家产业经营管理收入维持运作。

在这种管理体制下，30多年前由政府推动体育场馆采用指定管理者制度，将体育场馆交给半官方或完全的民间公益财团法人组织管理，财政负担少、运营效率高，场馆设施设备不但得到良好维护，而且注重人性化服务，利用率很高，承接了大量的社区或地区集体活动，其中包括各类运动会和竞技比赛。体育场馆原本也是国家财政支出，民营化之后，提高了工作效率，与社会互动良好，融入社区，成为社区活动中心，其在利用率、信息化、场馆设施维护等方面均有优良表现。

三、完善的饮食保健制度

日本在儿童青少年体育上投入少，却卓有成效，形成了以饮食的科学和有效性为基础、以体育课为主驱动的儿童青少年体育。尽管其师资力量并不是很强大，但是课程设计科学，执行有力，体系完整。

日本拥有完善的保健制度，由政府引导并发起的国民饮食运动，目的在于让国民饮食从营养丰富发展到营养平衡，再到饮食教育。通过不断提高国民认识，从而建立科学健康的饮食观念。另外，日本还非常重视有关学校饮食的法规政策制定，有一套完善的学生饮食制度。《学校供餐法》规定，凡有条件的地区学生可免费享用午餐，并详细制定了营养标准。1965年以后，日本几乎所有的小学和80%以上的初中，都实施了免费供应午餐的制度[1]。兵库县体育协会提供的2017年体育事业概要中就把学校饮食提供和食育支援事业列入当年的重要工作，年度支出达341 856万日元。

四、注重青少年体育教育

在日本教育制度中，幼儿园和小学只设全科教师，不设专职体育教师，以保健教育视角完成教学任务，体育师资薄弱。幼儿园及小学体育活动以游戏为主要内容，重点培养学生的锻炼兴趣和动机，在这个阶段通常有意识地加入耐寒训练。小学高年级到初中慢慢加入技术、战术内容，教学原则根据文部科学省制定

[1] 郭伟.日本青少年体育振兴政策对我国青少年体质健康促进的启示[J].西安体育学院学报，2016，33（6）：690-693.

的《学习指导纲领》执行。现行《学习指导纲领》的内容包括学生课时的增加、身体体力的重视、习得活用探求的三段式学习过程，具有指导内容的明确化与对技能系统性的重视的特征；重视通过球类项目学习战术、按发育阶段分类学习，强调教师的指导性；重视是否可以保障实施效果。修订后的《学习指导纲领》力图体现教育学和时代、社会对体育的要求，努力符合运动文化的特征。没有升学压力，科学有效实施的校内体育课大运动量项目特征明显，让学生得到的是完整的运动体验，并非单一技术的重复学习，为增强国民体育素质打下坚实基础。

在日本研修期间，时值秋季转凉，又逢台风，温差大，但却随处可见穿着短袖短裤的少年儿童。2017年6月26日，由华东师范大学“青少年健康评价与运动干预”教育部重点实验室与日本相关机构合作研究发布的《中日儿童青少年体质健康比较研究结果公报》显示，2014年和2016年，中国儿童青少年体格指标（身高、体重和BMI）大部分年龄段显著高于日本；但在体能指标的比较中，日本儿童青少年在心肺耐力（2016年7岁女生除外）、柔韧性和灵敏协调性方面均显著高于中国。

日本体育振兴中心还专门建立了学校安全部，开展预防体育活动过热、防止头颈部外伤事故的调查研究和推广讲习会培训，推进学生体育活动伤害预防与保险，进一步保证了学校各类活动的顺利开展。

五、促进国民开展身体锻炼

作为一个地震多发的国家，国家的首要目标是要把国民训练成更加适应地震灾害的个体，体育与吃冷食、耐寒训练被一起纳入这个目标体系中，受到重视。

以政府为主导的日本体育，按照日本体育振兴中心介绍人的说法，其基本理念是利用体育的价值促进社会和谐。除了前面提到的青少年体育，日本体育也比较重视障碍人群，包括残疾及老龄化群体，无障碍体育设施建设完善。体育场馆作为社区的活动中心，承担了社区开展体育活动的任务，实行指定管理者制度管理的国有资产也同样被纳入健身促进体系，被要求以公益价格向国民开放。一些公司会要求员工站着开会，并推行工作间歇做体操的制度，各单位包括社区均有组织运动会的传统，国民在各个群体中都能得到锻炼。信息化方面，除了在社区活动中心和体育馆张贴信息，在社区居民之间定期传递的社区小报也可以把体育活动信息传递给社区居民。

国家也较为注重设施建设投入，尤其强调一场多用。经常利用空地临时搭建，或者在河边等不适宜建设房屋的地方建设体育场地，努力提供活动空间。自2006年起的5年间，仅初中武道场及其设施、设备的投入就占国家社会体育支出的50%以上，公立学校武道场的建成率5年间增长了3.3%，达到49.8%。

日本近年来也开始注重体育的观光旅游功能，希望借助体育赛事增强体验、推动经济活力。与观光旅游相结合的体育群众赛事丰富了体育产品供给，也有助于促进国民参与体育。

虽然日本体育氛围总体上较好，但因青少年沉溺电子游戏、工作人群工作忙时间少，民众体育参与程度也同样受到影响。身体活动水平下降已经导致肥胖、慢性病低龄化，由此给家庭经济与幸福带来的潜在危机不容忽视。解决这个问题需要政府向承担执行功能的社会机制施加影响，也需要各级政府提高财政预算。

六、竞技体育方面特点鲜明

日本各级政府教育委员会的体育工作规划中均包含竞技力提升的内容，一般包括青少年训练营、选手参赛奖赏和国民体育大会等。日本各个职业联赛也为竞技体育的发展提供了动力。2001年日本文部科学省实行奥运奖牌倍增计划，成立国家体育科研中心和集训中心；根据《体育振兴法》规定的集训补贴制度，体育振兴基金扶持金交付纲要和竞技强化基金支付纲要均对竞技运动员的补助做了具体规定，帮助运动员安心集训；2011年《体育基本法》则鼓励本国多举办国际大赛，以有助于运动员得到更多历练，并因此在希腊、伦敦、里约3届奥运会上取得较大进步，显然这种结果与其多年积累的群众体育基础密切相关，证明了只有老老实实大力开展全民健身活动，才能为建设体育强国奠定重要根基。

专家授课

记　录

日本大众体育发展概况

授课时间： 2017年10月16日上午

授课专家： 大岛卓（大分人才培养地域文化交流协会理事长、城西国际大学教授）

授课地点： 大阪府教育会馆

一、日本大众体育发展现状

日本总务省统计局2015年10月20日至2016年10月19日的数据统计结果表明，日本10岁以上体育参与的人数达到7797万人以上，占日本总人口的68.8%。

从参与的项目分布看，排在日本民众体育参与项目前三位的依次是体操、走步和器材类健身活动。

日本10~14岁的人群参与率最高的项目是游泳，日本几乎所有的学校均设有游泳场馆。随着年龄的增长，人们参与体育活动的项目种类也发生了改变。

日本体育参与情况存在地域差异，不同地区体育活动的种类有所不同，关东、关西地区差异较大，东京、大阪地区参与率较高的体育活动以登山、步行为主，而北海道地区则以冰雪运动为主。由于日本的地理优势，钓鱼运动非常普及，并成为日本民众较为喜爱的体育项目。

近年来，日本人的观赛风气浓厚，各种体育项目均有大量热衷观赛的人群，广岛县观赛人口最多，达到了32.9%。民众的观赛行为受体育项目区域分布的影响，如在大阪、阪神地区，棒球运动吸引了大量的观赛人群。

二、研讨与交流

（1）年轻运动员培养的体制和做法，如日本乒乓球运动员福原爱的培养过程。

（2）群众的体育行为是理性还是非理性的。

（3）日本体操以及钓鱼运动的具体做法。

（4）在推动日本大众体育参与方面，日本政府所扮演的角色；全民性体育运动促进了全民健康，带来了人口的长寿，另外，无污染的环境、低热量的饮食文化都发挥了重要的作用；由于医疗卫生支出占到了政府支出的30%左右，因此发展体育，可以进一步降低这一部分的开支。

专家授课

课下学员与授课专家交流

记录人：邱雪　黄希发

日本优秀体育文化旅游项目的评选

授课时间： 2017年10月16日下午

授课专家： 大岛卓（大分人才培养地域文化交流协会理事长、城西国际大学教授）

授课地点： 大阪府教育会馆

一、授课主要内容

日本将体育文化旅游作为基本国策之一，为进一步促进体育旅游观光业的发展，每年均会评选表彰十大体育文化旅游模范单位。日本体育文化旅游所涉及的政府部门包括体育厅、文化厅以及观光厅。其中体育厅、文化厅属于文部科学省，而观光厅则属于国土交通省。因此，体育文化旅游的相关事宜是由两个省、三个厅共同完成的。

日本具有丰富的体育旅游资源，有开展各项体育活动的基础。目前，到日本旅游的游客数量已经超过了2000万人次，而日本政府把2020年入境游的游客数量定在了4000万人次。因此，充分利用日本现有的旅游资源已经成为政府的重要举措。

众所周知，1964年日本曾经举办过奥运会，当时正处于日本经济腾飞初期，每年的经济增长速度达到了10%，有一定的经济基础。目前，日本政府已经把体育文化旅游放在了一个非常重要的位置，特别是如何利用奥运会进一步结合日本的旅游品牌，促进经济发展，已经成为相关机构的重要工作。

目前，日本已经提出了“体育文化观光”的概念，考虑到中国的实际情况，这个概念其实对中国来讲也是十分适合的。

日本十大体育文化模范单位的评选是由体育厅、文化厅和观光厅联合组成的评定委员会共同完成的。2016年获得日本体育文化旅游十大模范单位前三名的分别是濑户内海岛自行车比赛、姬路城马拉松比赛、“流镝马”骑射大会。

日本体育厅提出用体育来振兴地方经济的策略，如通过体育产业使相关方面获得良好的发展，通过旅游观光使更多的人能够参与和观看体育活动。进一步改善体育设施，增加收益，培养体育经营人才，把体育作为日本经济发展新的增长点。

日本观光厅也提出了体育振兴经济的相关模式，即通过世界级的体育赛事，如奥运会、残奥会、世界棒球比赛来提升经济的发展，特别是在一些人口稀少、老龄化程度较高的地区。

以体育为主题的旅游往往能够获得更多的参与者，促进地方经济的发展，这一点在一些地区已经得到了很好的印证。

二、研讨与交流

（1）日本体育文化旅游项目的运作形式，以及日本政府、社会和市场的角色与定位问题。

（2）通过研讨介绍，了解到日本多采用民办官助的形式开展体育项目。日本政府通过积极吸引社会力量的参与，以充分发挥市场的作用，达到多方利益的共赢。

袁永清团长与大岛卓教授互赠礼品

记录人与授课专家合影

记录人：邱雪　黄希发

兵库县体育协会工作开展情况介绍

授课时间：2017年10月17日上午

授课专家：滨田浩嗣（兵库县体育协会专务理事）

松本（运动竞争力提高科长）

授课地点：兵库县民会馆

一、兵库县体育协会情况介绍

兵库县面积为8437平方千米，人口数量550余万，在日本47个都道府县中，面积排第12位，人口数量排第7位。在2016年里约奥运会上，日本代表团有338人，兵库县有23名运动员参赛，其中12名运动员进入前8名。

兵库县按照体育发展计划实施体育事务的组织管理。兵库县体育协会的组织架构是：会长是行政执行官（知事），协会有100个团体会员单位，其中竞技团体57个、市町体育协会41个、学校体育团体2个。随着奥运会及残奥会将在东京举办，其团体会员单位数量还将不断增加。

二、兵库县体育振兴事业

兵库县县民体育人口分为三个组别：老年组、青年组和竞技组。比如老年组，可以参加县民体育大会，这是每年大概有4万人参与的竞技大会。2017年的日本体育大会，就是47个都道府县全部参与的全国盛会。

兵库县积极开展对外体育交流，如：2017年到韩国进行交流，有200个竞技团体到济州岛交流。

三、体育指导者养成事业

全国体育大会参加者必须经过体育指导员的指导。体育指导员也要定期参加学习和培训。这些指导员就是培养小孩子的教练，要取得相应资格证书，且必须参加体育指导员研修会。

四、兵库县体育少年团

兵库县体育少年团是12岁以下少年儿童的专业组织。1964年东京奥运会后，日本在国家培养青少年政策推进下开始组建体育少年团。在兵库县内有1万人参加了体育少年团，全国各地大约有70万人参加了体育少年团。兵库县体育少年团参加全国各级比赛活动。

五、在提高竞技能力方面开展的支援事业

要培养更多的优秀选手就要先培养更多的优秀教练员。让运动员和教练员到国外训练和培训，国内接受一流的教师指导。2016年，一些人才去了德国和新西兰训练和培训。

另外，在兵库县内，体育医疗协助活动也在加强。体育部门与县内的医疗机构、单位合作，促进运动员健康，远离兴奋剂。

兵库县的体育特色在于开展以饮食促进青少年成长的强化事业。为中小学提供午餐的材料，且食育方面的相关事业一直在有序开展。

兵库县体育协会的又一重要任务是对县内体育设施进行经营管理。体育协会下设4个体育场馆：兵库县立海洋体育馆、兵库县立门山川公苑、兵库县立武道馆和兵库县立弓道馆。这些体育场馆成为周边体育活动开展的中心据点。

经营管理方面，兵库县2017年体育活动的费用支出中用于体育比赛活动的费用在2亿日元左右，每年的预算与支出金额大体持平，主要用于振兴兵库县的体育活动。

六、研讨与交流

在交流提问环节，学员围绕政府与协会的关系、经费划拨方式、宣传情况等进行了提问与交流。

专家授课

记录人与授课专家合影

记录人：薛文婷　邹秀春

参观兵库县立武道馆

观摩时间：2017年10月17日下午

介　绍　人：寺井敬（兵库县立武道馆馆长）

一、观摩兵库县立武道馆

2017年10月17日下午，在兵库县体育协会事务局局长、次长等陪同下，全体团员赴兵库县姬路市参观了兵库县立武道馆。馆长寺井敬先生负责接待并为培训团进行了讲解。

兵库县立武道馆于2002年投入使用，为三层建筑（地上两层，地下一层），建筑面积为1 018 087平方米，建设资金约96亿日元。

武道馆分为两个道场。第一道场为正方形，长宽均为34.4米，设有4个训练、比赛场地，1980个观众席环绕四周。地面铺设的是实木，只需40分钟即可铺设成榻榻米，从而完成不同项目场地的转换需要。道场中心上方设有大型屏幕，方便观众从四个方向观看比赛细节。道场还设有控制室、更衣室、救护室、准备室、会议室等配套房间。第二道场为长方形，长66米，宽33米，设有8块训练、比赛场地，还设计、安装了可移动式隔音装置，可以将场地分隔成4个相对独立的空间，以便不同项目、不同团体同时进行训练。

武道馆一共可以提供12块训练、比赛场地，是日本规模最大的武道馆。为给民众提供最天然、最自然的训练、比赛场地，两个道场地面铺设的均为实木，且不刷油漆。

兵库县立武道馆旨在振兴武道，促进包括青少年在内的全体县民的身心健康。为达成这一目的，武道馆除在日常对全县民众开放外，还时常开展武道培训和武道文化的研讨，并于每年11月3日举办武道文化节。届时，全县12个武道队会进行武道技术展示，并设置武道体验教室，让县民近距离地接触和了解武道文化。

二、研讨与交流

在实地参观的基础上，兵库县立武道馆馆长回答了团员提出的有关问题。摘要如下。

（1）关于兵库县立武道馆的经费来源与运营方式。该馆于2002年正式投入使用，先期建设由县政府出资，建设经费投入约96亿日元。目前的收入来源主要包括承办赛事、场馆出租、专门讲座、技能培训等活动。经政府批准，兵库县立武道馆采取承包制的方式维持运营，经费划拨采取差额拨款的形式，县政府每年划拨经费约1.36亿日元，但这些经费仅够用于工作人员的开支和维持基本的管理，财务状况基本处于收支平衡状态。

（2）关于兵库县立武道馆的市场开发情况。目前，该馆的运营主要靠政府拨付和组织开展一些活动获取经费，所得经费不再向政府缴税。兵库县立武道馆的市场化运营进展较慢，尚无持续稳定的投资赞助机构与该馆合作，这也是兵库县立武道馆今后努力的一个方向。

学员观摩兵库县立武道馆

记录人：薛文婷　邹秀春

尼崎市体育运动推进计划

授课时间： 2017年10月18日上午

授课专家： 竹原努（尼崎市体育振兴科科长）

授课地点： 尼崎市体育振兴科

一、尼崎市体育运动推进计划的基本情况

根据日本2011年8月施行的《体育运动基本法》第十条第一项的规定，参考国家2012年3月制定的《体育运动基本计划》以及兵库县2012年制定的《体育运动推进计划》，尼崎市制定了体育运动的推进方针，指出了关于体育运动的方向，也就是《尼崎市生涯体育运动振兴计划》（以下简称《计划》）。

1.《计划》的口号和基本理念

该《计划》为期10年，从2010—2019年，目前是后期的5年，在原有基础上进行了适当修改。

《计划》的口号是：一生学习，一生参加体育运动。

《计划》的基本理念是：无论何时、何地，创造轻松的、安全的、愉快的运动空间。

2.《计划》的目标

增加健康意识，使养成运动习惯的市民达到10%，使本市市民的健康运动得到进一步推进。

3.《计划》的对象和具体措施

该《计划》主要针对青少年、职工、老年人、残疾人、女性五类人群展开，具体目标和措施如下。

（1）青少年——增强孩子们的体力。

具体目标：小学生及中学生的体力、运动能力达到兵库县的平均值。

具体措施：确保一天持续锻炼30分钟以上（体育运动和游戏），推进健康生活习惯的形成；灵活运用空余的教室和空间，确保宽敞的运动空间；创造不同年龄人群相互交流的运动场所；开展人数少的或家庭型的活动。

（2）职工——创造运动空间，多交朋友。

具体目标：20~50岁的人一周运动一次以上的要超过10%。

具体措施：创造工作场所附近的运动场地和观看环境；创设不同年代的人锻炼交流的场所；提供家庭和亲友能共同参与的体育活动。

（3）老年人——促进健康和增加福利同时进行。

具体措施：促进没有运动习惯的老年人、体弱高龄者参加体育运动；让更多的老年人健康地参加体育运动。

（4）残疾人——普及与振兴残疾人的体育运动。

具体措施：进行设备的配备和改善，使残疾人能轻松地利用锻炼设施；增加残疾人参与体育运动的机会；培养针对残疾人的指导者和志愿者。

（5）女性——创造适合女性的体育运动环境。

具体措施：提供亲子项目及家庭可轻松愉快地参加的、快乐共享的体育运动项目。

4.《计划》的实施主体

在尼崎市，推进体育事业发展的不止一家单位，而是体育协会、体育振兴团体等共同实施促进。尼崎市体育振兴科的任务是与各个团体进行横向合作，力图促进民众运动能力的提高，培养指导员和教练，使更多人能有参与高水平体育大赛的机会。同时，让更多普通市民可以广泛且活跃地参与体育活动。

二、研讨与交流

在交流提问环节，学员们围绕《计划》实施的亮点与难点、学校体育场馆向公众开放、体育信息传播等问题进行了提问。摘要如下。

（1）关于体育振兴科与体育协会的关系。体育振兴科负责《计划》的酝酿、制定。体育协会等团体负责《计划》的执行、落实。这些团体的经费由政府（体育振兴科）提供。

（2）关于学校体育场馆向社会开放。原则上学校体育场馆已实现对外开放。但学校的主要任务是教学，所以开放时间是在晚上5：00—8：30和周末，利用率高达80%左右。但也存在有些团体在固定时间长期占用的情况，要协商调解。

（3）关于信息传播渠道。体育活动的信息传播主要有三个渠道：《市民报》、政府网页和网络社交平台。据统计，有60%~70%的市民通过《市民报》了解相关场馆和活动信息。《市民报》报道内容与市民生活密切相关，体育信息是其中的重要部分。年轻人也通过互联网和网络社交平台来获取相关信息。目前要做的是让新媒体与纸媒更好地结合。

（4）关于运动风险和运动伤害。运动设施在建设时尽量人性化、细化，以减少伤害；比赛之前的会议首先强调的是运动安全；除市民自己购买的身体健康保险外，赛事主办方还会购买意外伤害险。

（5）关于高水平运动员的成长路径。综合来看，日本体育部门不是为了专业运动员的培养，而是为了大众体育发展，考虑得也更全面。运动员的培养和选拔具体落实的机构为各级体育协会。

学员认真听课

记录人：张旭光　禹晓静

尼崎市体育振兴奖励金基本情况介绍

授课时间：2017年10月18日下午

授课专家：那须正纪（尼崎市体育振兴科工作人员）

授课地点：尼崎市体育振兴科

一、尼崎市体育振兴奖励金的设立目的

尼崎市向出席全国体育运动大会的本市市民支付体育振兴奖励金，并面交市长祝词，以此表达本市对其表彰之意，进一步激发运动员的竞赛精神，提高其竞争能力。

（一）支付对象

（1）在尼崎市居住的个人。

（2）在尼崎市生活的个人（仅限于在尼崎市工作、上学或经营事业的人员）。

（3）在尼崎市注册并拥有活动场所的团体（不能超过15人）。

（二）奖励金的发放

奖励金发放如下（表1）。

表1　奖励金的发放

<table>
<tr><th>赛事级别</th><th>运动会名称</th><th>金额/人</th></tr>
<tr><td rowspan="3">国际运动会</td><td>奥运会、残奥会、特奥会</td><td>100 000日元（约6000元人民币）</td></tr>
<tr><td>亚运会、亚残运会、世界大学生运动会、世锦赛</td><td>60 000日元（约3600元人民币）</td></tr>
<tr><td>其他国际比赛</td><td>20 000日元（约1200元人民币）</td></tr>
<tr><td rowspan="2">国内运动会</td><td>由教育委员会委员长所指定的运动会（如全日本的各类锦标赛等）</td><td>5000日元（约300元人民币）
每个团体不超过75 000日元</td></tr>
<tr><td>其他各类国内运动会（仅限于经过预选或选拔的参赛单位）</td><td>3000日元（约180元人民币）
每一个团体不超过45 000日元</td></tr>
</table>

（三）奖励金的申请手续

希望领取奖励金的人员，须在运动会召开一星期以前向教育长提出申请。申请结果会尽快通知到申请者。

二、尼崎市体育中心参观考察

学习培训后，学员们还参观了尼崎市体育中心。该体育中心包含综合体育馆、田径场、棒球场、网球场等。全国规模的运动会和市民体育节都在此举办，每年的尼崎市中小学生运动会也在此举办。

三、研讨与交流

在交流提问环节，学员们针对奖励金的相关问题进行了提问。摘要如下。

（1）关于获得奖励金的人员是否还有其他的奖励。运动员参加奥运会，都是自己出资，企业团体的运动员由企业出资参赛，获奖后除了以上奖励，没有别的部门再次奖励。

（2）关于奖励金是政府拨款还是社会捐赠的问题。奖励金由政府拨款，2016年是160万日元。

记录人与授课专家合影

记录人：张旭光　禹晓静

大阪市体育绿化财团基本情况介绍

授课时间：2017年10月19日上午

授课专家：浜中友洋（经营战略部人事总务科科长）

授课地点：大阪市中央体育馆

一、大阪市体育绿化财团的基本情况

大阪市体育绿化财团是一般财团法人，其使命和目的就是促进体育的进一步普及和振兴，开展各种活动，为建设魅力城市做贡献。该组织主要开展从儿童到成年人（包括老年人）的各种活动，通过各种体育活动的开展来促进大阪市民的健康。财团负责大阪市体育协会事务局的运营工作，财团在活动开展中主要起支援的作用，与各种竞技团体、参赛单位合作，在全市普及各种体育活动。

该组织不仅是开展体育活动，绿化也是其工作，包括八幡屋公园。该组织原来的体育设施场地就在公园内，通过公园里的体育设施开展体育活动，为体育发展做出贡献。

二、财团的历史

大阪市体育绿化财团是由三个类似的团体合并而成的一个组织。原来的三个组织分别是：①大阪体育公园协会，负责管理公园；②体育振兴协会，负责大阪市24个区的体育场馆；③大阪市体育协会，负责管理各个体育团体和分项的团队。三个团体属于大阪市政府的外围团体，类似于中国的事业单位，大阪市政府做不了的事项交给外围团体。后来，大阪市财政收入不够，费用不足，这些团体便于2006年进行了机构合并，合并成了一个部门即大阪市体育绿化财团。

2014年这类机构还被称为外围团体，与政府还有一定关系，现在实际上已成为独立核算的一般财团法人。全日本实行指定管理者制度，财团必须与政府保持良好的关系。财团在运作过程中，聘请了许多原来在这些行业工作的有经验、有资历的人员，承担顾问的角色。按照普遍实行的场馆指定管理者制度，预算的95%还是来自财政，剩下的来自财团的收入。

三、大阪市体育绿化财团的主要业务内容

大阪市体育绿化财团的主要业务内容有三个方面：一是体育振兴方面的活动；二是体育管理的活动；三是园林绿化的活动。

园林绿化方面的活动。财团的宗旨是要提供更好的条件，让广大市民在轻松的环境中生活，其宣传口号就是“在绿色环境中健康成长”。

体育方面的活动。2019年日本举办世界橄榄球大赛，2020的东京奥运会和2021年关西体育大会接踵而至。围绕这样的前景，财团通过促进大阪市民参与体育活动来增加体育活动人口。财团针对青少年、成年人、老年人、教练员和指导者开展各种活动，既有大阪市政府委托做的活动，也有财团企划实施的活动。每年开展的具体活动近20种，其中规模比较大的就是地方的体育大会，既是业余爱好者的大会，又是按照等级级别设定的赛事。财团还利用晚上的时间开展各种培训讲座。

财团作为大阪体育协会事务局开展活动，49个会员团体的政府资助的申请和发放工作也是由财团来做的。

日本小学体育活动是由班主任兼课，没有专门的体育教师，初中、高中才有专门的体育教师。针对小学教师什么科目都教但可能不擅长体育的情况，财团会组织学习班和研修班，如果仍然无法满足教学需求，就直接派遣体育教师去任教。

四、研讨与交流

（1）关于青少年人才培养的问题。筛选的工作并不是财团做，而是由专业协会来做，甄别筛选后上报财团也就是事务局。

（2）关于三个协会过去的关系以及合并前政府公务员和雇员的人数问题。过去最早的公园协会职工有300人，管辖几十个公园；体育振兴协会有200人；体育协会不到10人。合并后，公园协会和体育协会基本没变化，体育振兴协会人员减少，现在三个协会加起来有350人左右。因此，基本上只有体育振兴协会的大部分人员分流到其他工作单位，对他们的工作也做了妥善安排。

（3）关于财团的组织机构问题。设有人事科，财务管理部门，场馆技术管理部门（包括电的工程管理），企划广告部，体育事业部。19亿日元支出中，工资占23%~24%，剩余的都是场馆的维修管理费、水电费、卫生打扫费等。

（4）关于一般财团法人和公益财团法人的区别问题。公益财团法人要保证一半以上是公益事业，不是营利事业，之后税收就可以减免了。从税收的角度，一般财团法人不如公益财团法人，共同点就是公益性事业是主要的，成立财团法人必须经过有关部门的批准，公益性得不到认可不会批准。

五、大阪市中央体育馆实地参观

大阪市中央体育馆位于八幡屋公园内。八幡屋公园是1923年开放的一个综合公园，占地面积12.4公顷，主要设施包括中央体育馆和游泳池。

中央体育馆有主馆、副馆、健身房和柔道场等设施。主馆地板面积3580平方米，固定座位5932个，活动座位1390个，最大观众容量10 000人，是日本国内最大的地板式赛场；副馆面积1540平方米，固定座位188个；健身房面积545平方米；柔道场525平方米；还有大、中、小会议室共5间。

专家授课

记录人：李圣鑫　刘学超

观摩大阪市舞州体育馆

观摩时间：2017年10月19日下午

介　绍　人：大西克明

观摩地点：大阪市府民共济super体育馆——舞州体育馆

一、体育馆基本情况介绍

舞州体育馆位于大阪市最早的3个人工岛中的舞州岛。大阪市最大的体育馆是中央体育馆，可以容纳观众18 000人；其次就是舞州体育馆，观众席可容纳7000人；第三位的是可容纳4000人的大阪府立体育馆。舞州体育馆没有开通地铁，只能乘坐公交车或者自己开车前往。中央体育馆利用率比较高，舞州体育馆周日赛事比较多。

舞州体育馆是日本甲级篮球队、足球队和棒球队的营地所在地。

舞州体育馆在专业的比赛和专业训练之外也向公众开放。体育馆的利润收益为2亿日元（约1200万元人民币），60%付给大阪市，35%支付有关工资和水电费等，每年的经营利润在5%左右，约60万元人民币。在日本，全国的体育场馆中盈利的不多，舞州体育馆因为有专业赛事和球队而略有盈利。经营体育馆的有6个人，3名正式员工、3名临时员工，人员数量是大阪市体育馆的1/3。

二、舞州体育馆的设施概要

体育馆有3个会议室，3个停车场，可以停放420辆汽车，观众席有4300个，还可以临时增加1500个，另外还可以再增加一部分，总共可达7056个座位。

一层有大门，左边是会议室，分别为第一、二、三会议室，旁边是60米×40米的比赛场，还有附属赛场，中间有3个更衣室。主会场可以放4个排球场、3个篮球场、16个羽毛球场地、20个乒乓球场地；还有水疗区域，可设排球场2个、篮球场1个，会议室中间有轨道，可以隔成6个区域，每个区域可容纳30人。

三、舞州体育馆的利用与管理

体育馆的专业篮球队进行比赛时能容纳5000人观赛，还可以举办音乐会等各种活动。

使用体育馆需要预约，分为优先预约和一般预约。优先预约可在半年前接受预定，能够吸引1000名以上观众的活动可优先预约。其他较少人参加的活动可选一般预约，可提前3个月预约。优先预约的项目能够确保扎扎实实的收入。

体育馆的主要问题：第一，因为是企业，希望搞大型活动，增加收益，但也要支持小学生、大学生做活动，虽然他们缴费很少。第二，体育馆已经建成22年，有些破旧，每年需要维修费用560万元人民币（约1亿日元），一般体育馆在维护管理时总需要特殊性材料，价格比较昂贵，舞州体育馆不讲究一流的材料，以降低成本。除了赛场地板用好的，其他的用一般材料即可。

学员参观舞州体育馆

记录人与授课专家合影

记录人：李圣鑫　刘学超

和歌山县体育振兴财团开展活动介绍

授课时间： 2017年10月20日上午

授课专家： 横尾英治（和歌山县体育振兴财团理事长）

福田（和歌山县体育振兴财团总务课长）

岡田（和歌山县体育课长）

授课地点： 和歌山县大鲸鱼体育馆

一、和歌山县体育振兴财团概况

和歌山县体育振兴财团的性质是公益性财团法人，成立于1974年11月，主要目的是从事教育、文化、体育、福利及公园绿地设施管理与服务等，以鼓励民众参与体育活动，促进体质健康。具体业务范围包括体育、文化及与增进民众福祉有关的事业，公园绿化事业，体育参与及民众身心健康事业，体育设施管理与运营，商品销售、饮食及与以上业务相关的事业，其他与实现财团法人目的相关的事业。

和歌山县体育振兴财团原名为县体力开发协会，历经两次改名后变为现名。主要负责管理的设施包括县民交流爱之会馆、大鲸鱼体育馆及附属别馆、县立体育馆、县立武道馆，以及沿河绿地（原属于铁路沿线保护绿地）和河西公园。

二、大鲸鱼体育馆大众体育及体育振兴活动开展情况

大鲸鱼体育馆是和歌山县最大的体育设施，用途广泛，利用率很高，经常举办比赛活动。2015—2017年共举办过14次规模较大的赛事，主要包括：2015年日

本全国高中综合体育大会开幕式及剑道比赛；2015年日本国民体育大会的体操、篮球、手球、柔道等项目的比赛；2015年日本全国残疾人体育大会的乒乓球、轮椅篮球比赛；2017年全日本空手道联盟主办的全国空手道大会。

在场馆的运营方面，体育馆主要通过提供租赁场地来开展各种大众体育活动，以振兴体育事业，促进大众体育发展。例如：

（1）为推广普及体育运动开展的群体活动。经常举办各种各样的体育教室（体育培训）活动，民众一般自愿缴费参加。例如游泳培训项目，3个月10次，参与者需缴纳1万日元。每年参加这类活动的多达1万多人，这是体育馆主要收入来源之一。授课专家按一定比例分成，以达到充分调动专家积极性的目的。

（2）与优秀运动员互动交流的活动。邀请优秀奥运会选手亲临现场，与小学生交流，以培养小学生参加体育活动的兴趣，推动各种项目的普及。比如参加2016年里约奥运会的体操、击剑等项目的多名运动员先后前来参加交流或指导。

（3）举办全国剑道训练活动。每年一度的全国青少年剑道修身大会被称为“和歌山全国剑道培养大会”，以青少年选手为对象，目的是促进青少年竞技水平的提高，如2017年，大会共有200多支队伍1000多人参加。

（4）举办残疾人交流大会，让他们接触平常不可能接触到的项目，如相扑、柔道等。

（5）面向周边居民的广播操，每天300余人，全年共计8500人次参加。

三、青少年体育人才选拔的“淘金计划”情况

近几年，为发现、选拔及培养具有发展潜力的体育苗子，和歌山县实施了一项旨在发掘与培养本县有体育潜力的青少年运动员的工程，被称为“体育界年轻选手的淘金工程”。

本项活动的目的是面向小学生，从中发现“好苗子”，组织他们参加各种体育项目，以便将来走向世界。此项活动从2006年开始，已历经12年。选拔之前要进行专业体能测定，一般在每年11月和第二年1月分两次进行。每年约600人报名，从三、四年级中选40人。第二年（即五、六年级）4月开始进行各种培训，小学毕业后进入初中、高中可以到俱乐部继续参加这样的活动。这种训练每月2

次，在周六晚上进行，一年24次。训练内容主要分六大方面：体能训练，如反应、平衡、肢体训练；专项体育训练，由各竞技团体进行项目体验和技术学习；知识能力开发项目，如为人处世能力训练；饮食教育，从过去的饮食习惯改变为增加体育运动能力的饮食和饮水；专业运动员项目，由专业运动员介绍经验，这些运动员主要是从和歌山县“走出去”的运动员，也包括前几期培训过的运动员；针对运动员家长的有关活动，教会家长作为保护者应如何为孩子的体能发展提供帮助和保障，这个项目由大学教授或研究人员来开展。此外，每年暑假，还会组织学员到东京的国家训练中心或其他地区交流学习。迄今为止，参加过该培养计划的学员中，有不少人参加了日本全国体育大会和国际性比赛。

四、研讨和交流

在交流提问环节，学员们围绕青少年选拔培训工程及场馆运营等方面进行了提问，摘要如下。

（1）运动损伤情况。这种培训不是大消耗、大规模的训练，面对的是小学生，目的是为初、高中以后从事体育运动提供最基础的素质培训，比如平衡能力、交流能力等基础方面，因此很少有运动损伤发生。

（2）青少年选拔培训工程是否为日本普遍开展的项目，经费来源如何，以及学员是否需要缴费。这种选拔在全国大约还有13个府道县也在开展，和歌山县属于开展得比较好的县。县政府提供主要经费，小学生不用缴费，但外出训练的住宿费需要个人支付，另外服装和交通费需要个人承担一部分。

（3）训练是否会与学习产生冲突。训练和外出培训都是利用周末或暑假，不会影响上课。平时训练一般在周边体育公园和场馆等，家长需要接送。

（4）体育场馆收支运营情况如何。体育场馆运营经费方面，县政府只给一部分经费，绝大部分费用来源于场馆出租及有关活动收入。少部分体育以外的活动也会在这举行，但体育馆只负责出租场地，如汽车展、大型宴会等。

（5）关于体育协会和体育振兴财团、体育振兴科的关系。体育协会下面有剑道等运动项目协会，负责的是专业选手，而体育振兴财团（协会）负责大众体育健身方面，不负责专业体育。体育振兴科是负责体育事务的政府部门。三者主要为合作关系，经常联合开展活动。另外，体育协会和体育振兴财团还存在交叉任职的情况。

专家授课

记录人：袁俊杰　刘东锋

参观东大阪市立综合体育馆

观摩时间：2017年10月20日下午

介 绍 人：川端（东大阪市立综合体育馆副馆长）

2017年10月20日，培训班全体学员赴东大阪市立综合体育馆参观考察，体育馆副馆长川端先生首先为全体学员介绍了体育馆的基本情况，之后带领学员现场观摩，最后回答了学员的提问。

一、东大阪市立综合体育馆场馆概况

东大阪市位于大阪府东部，人口50.2万。东大阪市综合体育馆由该市政府投资兴建，于1995年建成并投入使用，主要目的是通过为市民参与体育提供场地设施，促进大众体育参与，增强体质健康。

该馆目前拥有的主要体育设施包括：主体育馆1个，副体育馆1个，武道馆1个，健身房1个，室内温水游泳池1个，会议室1个。其中主体育馆面积2160平方米，观众席1400个，可用于开展羽毛球、篮球、排球、网球等多个运动项目的活动与比赛。武道馆面积为324平方米，除用于柔道、剑道与空手道运动外，还可以开展乒乓球运动。会议室可容纳150人，还可以通过移动隔墙变成3个50人使用的小会议室。温水游泳池为8道50米，观众席位有456个，可用于大众健身游泳，也可以用于比赛活动。值得一提的是，大阪府共有3个50米温水游泳池，其余2个可在冬季改为滑冰馆，而东大阪市综合体育馆则一年四季均保持游泳项目不变。

二、东大阪市立综合体育馆业务活动范围

东大阪市立综合体育馆的各项体育设施主要用于针对该市居民的大众体育健身、体育教室（即体育培训）活动以及非专业的体育活动与运动会，包括室内中小学校的运动会，历史上仅举办过2次专业性的竞技比赛，包括一次篮球专业比赛和一次拳击比赛。除体育之外，综合体育馆也用于开展一些非体育的文化活动，如音乐会、文艺表演、成人礼仪式、东大阪市钻石婚姻纪念大会等。

三、东大阪市立综合体育馆经营管理模式

东大阪市立综合体育馆目前的运营方为民营企业，它于2012年通过“指定管理者制度”的招标获得场馆的经营权，其母公司为大阪市领先的体育场馆管理企业。据介绍，这种通过竞标获得公共体育场馆经营权的“指定管理者制度”是目前日本公共体育场馆运营的主流形式，经营权期限一般为5年，5年之后需要重新招标。这种制度的出发点主要在于降低运营成本，提高服务质量。目前综合馆正式员工只有3人，日常管理大约还需要聘用临时雇员20余人，大型活动最多时则可能需要60余人。

四、研讨与交流

在参观后的提问环节，学员主要就以下问题与副馆长进行了交流。

（1）关于东大阪市立综合体育馆运营方的母公司、场馆收支，以及政府补贴情况。母公司是本地企业，离体育馆不远，主营业务就是各种体育设施包括保龄球、高尔夫球场等的运营管理，是本地较为知名的企业。体育馆目前没有从政府处获得补贴，但是场馆的大型维修费用，通过向政府申请后由政府承担。场馆的主要收入来源为开展各种活动时场地设施的出租及开展体育教室（体育培训）活动的收费等，但并非所有活动都能够收费，市政府及其外围团体每年在此举办约20项活动，包括市金婚夫妇纪念庆典等，就需要体育馆免费提供场地。

（2）体育场馆实行“指定管理者制度”的招标时，对参与竞标的企业或机构的资格条件要求。对参与竞标的企业或机构有资格条件要求，比如，需要有体育场馆设施的从业经历。

（3）关于游泳池的救生员来源以及游泳池获得认证情况。教练员为临时雇员，需要有游泳训练经验与相关资质。游泳池获得了日本游泳联盟的认证，只有获得该认证才能举办游泳比赛，认证时主要检查游泳池的基本条件，包括长度、宽度与深度是否达标等。

（4）关于各种体育教室（体育培训）活动的举办主体。这类活动主要是本体育馆自行组织开展，一般不允许其他机构租借体育馆场地开展体育教室活动。

学员观摩东大阪市立综合体育馆

记录人与讲解人合影

记录人：袁俊杰　刘东锋

日本早稻田大学体育科学学院基本情况及日本体育产业基本情况

授课时间：2017年10月23日下午

授课专家：松冈宏高（日本早稻田大学院长助理、日本体育经营学会理事教授）

授课地点：日本早稻田大学

一、日本早稻田大学体育科学学院基本情况

（一）日本早稻田大学体育科学学院的历史

早稻田大学的前身是1882年建立的东京专科学校，1964年在教育学部教育学科下设立体育专业，1987年成立人间科学部并下设体育学科专业。2003年专门设立体育科学学部。2009年学校开始接受文部省基金实施大学全球化发展，招收中国等亚洲国家留学生，其目标是打造世界一流的体育科研基地，培养世界体育科技人才。

（二）日本早稻田大学体育科学学院本科专业设置

日本早稻田大学体育科学学院本科共设置了7个专业：①体育人类学专业，主要研究体育社会历史、各国的体育历史与现状。②体育教育专业，主要是培养体育教师。③体育医学专业，主要培养运动医学人才，从医学角度提高人的运动能力。④体育经营专业，主要培养体育经营、体育市场方面的人才，涉及体育市

场、体育活动、体育法律和体育俱乐部相关方面。⑤健康体育专业，主要关于老年人的健康问题，另外也将专业运动员作为研究对象。⑥体能训练专业，与体育医学有相近的内容，在这个专业学习的学生，都要参加一项体育运动。⑦体育教练员专业，主要面向专业队的教练员和指导员。

（三）毕业生的去向

除11%的毕业生选择了继续升学以外，在选择就业的学生中，很大一部分没有选择体育行业就业。其原因一是日本体育行业发展造成的就业局限性，二是体育行业的薪酬缺乏竞争力。虽然有的学生没有到体育行业工作，但到了企业后可以负责体育方面的工作，例如负责企业体育赞助、体育赛事组织等。

（四）硕士教育

硕士教育包括两年制和一年制两种形式。两年制硕士教育需完成规定的课程，论文审查通过才能获得学位。一年制硕士教育主要面向30~40岁之间、工作3年以上、通过业余时间学习的社会人员。两年制硕士研究方向包括：①体育人类学研究领域。②体育经营学研究领域。③体育医学研究领域。④身体运动科学研究领域。⑤教练科学研究领域。

一些日语不好而英语较好的学生，可以选择英语教学。

（五）博士教育

博士教育一般是三年制，需要专业教授指导，论文经教授审查合格才能毕业。

（六）师资力量

目前学院有教授41名，副教授12名，讲师2名，助教7名，教辅人员12名。早稻田大学体育科学学部是仅次于筑波大学体育学院的日本第二大体育学院，而筑波大学是国立大学，早稻田大学是私立大学，这样的成果来之不易。

（七）设施情况

早稻田大学共有三个校区。东伏见校区配有橄榄球球场等少量体育设施，以及十几名体育方面的教师，主要开展体育经营、体育人类学专业教学；所沢校区设在郊区，配有宽敞的运动场，有棒球场、田径场、体育馆及其他体育设施，负责其他体育专业的教学；体育医学院，可以进行学生的康复实践。

二、日本体育产业基本情况

（一）日本体育产业市场现状

考察日本体育产业发展具有重要的意义，日本体育产业传统与新兴并存。相扑和柔道是日本体育的象征，尤其是相扑运动。20世纪90年代，政府意识到，官方主导型的体育行政已经不能适应时代的需要，振兴体育产业需要充分发挥民间力量，体育产业振兴政策的制定提上日程。日本体育产业市场主要包括球类体育用品、户外体育用品、其他体育用品、体育服装、体育设施及俱乐部、体育竞赛市场等。1982—1992年是日本体育产业快速发展的黄金十年，其体育产业总规模达到6万亿日元。此后由于经济泡沫，日本体育产业不断下降，2012年仅为3.9万亿日元，随后至今，体育产业持平或略有发展。

（二）观看体育现状

以女子足球为例，2011年日本女足夺得女子世界杯冠军，观众平均上座率为2796人；2012年日本女足获得奥运会银牌，观众平均上座率为2571人。观众上座率与大赛成绩息息相关，平时上座率不高，2015年仅为1801人。为增加观众上座率，赛事组织者采取了一系列的措施和手段，如设立餐饮区、休闲放松区、青少年娱乐区等。

（三）体育参与现状

日本体育参与度呈现不断增长的趋势，一年参与一次及以上的2000年为68.0%，2015年达到77.2%；一周参与一次及以上的2000年为37.2%，2015年为40.4%。比较流行的活动依次为走路、跑步、轻体操、力量锻炼、游泳、骑行、保龄球。这一切与日本文部科学省、厚生劳动省的政策息息相关。如文部科学省体育基本计划提高了孩子参与体育的机会，以及改善了民众的社区体育环境等。

在参加学校体育俱乐部方面，日本初中生参加率为男生占73%、女生为

54%，高中生男生参加率为49%、女生为27%。这是因为日本高中阶段比较放松，一周3~4次体育课，没有必要再参加体育俱乐部。

日本的综合社区体育俱乐部面向全体大众，不管年龄、兴趣、爱好、技术及技能水平。自2002年综合社区体育俱乐部数量不断增长，2016年全日本1741个城市拥有3385个俱乐部。

按照日本当前的市场规模来讲，其健身俱乐部的数量远未达到既定的标准。私人健身俱乐部的数量在不断攀升，2003年为1901家，2013年达到4163家。在健身俱乐部中消费最多的是60岁以上的女性群体，占36%。

此外，报名和参与人数在2007—2011年间总体是不断增加的，2013—2017年报名人数和参与人数趋于平稳，如2017年报名人数为322 703人，参与人数为35 824人。东京市民参与比例逐年提升，2007年为39.2%，2014年达到60.5%。同时，官方数据显示参与全程马拉松的人数也在逐年递增，从2005年的48人增加到2015年的77人。

三、研讨与交流

（1）体育传播、媒体类课程的师资情况。体育传播、媒体类课程一般采取了外聘的形式，如该校聘请了一位体育传播行业的62岁的人士，担任他们的外聘教师，通过专题教学的形式解决师资问题。

（2）关于日本体育消费结构，影响体育消费因素的问题。从日本体育产业市场来看，体育产业的总规模在缩小，但是球类体育用品、户外体育用品等的消费变化不明显。

（3）青少年参与体育俱乐部的问题。相比初中生，高中生参与体育俱乐部比例降低，主要是因为高中阶段对体育的要求比较宽松，平时每周有3~4次体育课，学生往往认为没有必要再参加俱乐部的活动了。

专家授课

记录人与授课专家合影

记录人：李军岩　杨涛

日本中小学体育课介绍

授课时间：2017年10月24日上午

授课专家：吉永武史（早稻田大学体育科学学院教授）

授课地点：早稻田大学体育科学学术院

一、日本中小学体育课构成

日本中小学体育课内部构成有体育活动、课间休息、业余体育，外部构成有体育运动会、有组织的体育运动、外出游玩等，以及参加运动部、俱乐部等社团活动。

二、初中保健体育课目标及内容

（一）初中保健体育课目标

将身心作为一个整体对待，通过对运动、健康、安全的理解以及合理的运动实践，在培养学生终身体育习惯的同时，促进运动实践能力的养成以及体力的提升，培养学生追寻明朗丰富的生活的态度。

（二）初中保健体育课内容

（1）技能。体会竞争求胜带来的快乐和喜悦，通过基本技能以及和同伴的配合来展开游戏。

（2）态度。积极地参与球类运动。要遵守公平竞争的原则，完成自己的任务，参与战术讨论，注意健康、安全。

（3）知识、思考、判断。理解球类的特性、技术的名称和运用方法，提高与此相关联的体力等，结合自身问题在运动的参与方式上下功夫。

三、体育课堂中教师的主要行为及学习形式

体育课堂中教师的主要行为有课堂管理、直接指导、巡视、相互作用。之前的研究表明，教师行为关乎课堂评价的高低。

体育课堂中的主要学习形式为一起学习、班别学习、分组学习、个别学习。

四、存在的问题

（一）小学体育课中的问题

大部分教师不是体育专业出身。入学时很多学生表示喜欢上体育课，但随着年纪的增长，讨厌上体育课的人数也在不断增加，有些学生渐渐地不再参与运动游乐和体育活动，体力也逐渐下降。

（二）初中体育课中的问题

参加运动与不参加体育运动的两极化现象严重，学生没有养成参与体育运动的习惯，日后有引发健康问题的危险。目前，学生特别是女生在体育课上的成就感比较低，因此注重运动成就感的培养是现在日本体育课的一个重要目标。

学员与授课专家进行课后交流

记录人：肖林鹏　韩时雨

千叶县体育发展规划介绍

授课时间：2017年10月24日下午

授课专家：金子保敏（千叶县教育厅教育振兴部体育课主席指导主事）

米则努（东京残奥会强化训练指导主事）

授课地点：千叶县综合体育中心

一、千叶县体育发展概况

从2017年开始，千叶县体育发展进入新一个五年体育发展规划的实施阶段。千叶县制定五年一度的发展规划起始于1962年，目前，已经进入第12个五年体育发展规划。

千叶县体育第12个五年发展规划的制定主要基于两大方面的考虑：第一，在日本政府机构中，文部科学省体育局（在地方为教育委员会体育课）主管体育事业，并于2015年成立了体育厅。体育厅作为文部科学省的下级组织外设局，将各省厅相关部门整合。除了培养可在奥运会上夺牌的顶级选手外，体育厅也争取在各地从儿童到成人扩大体育爱好者规模。第二，奥运会、残奥会将在日本举办，文部科学省体育厅专门发布了体育发展规划。千叶县的五年体育发展规划正是基于文部科学省体育发展规划而制定的县级体育发展规划，是构成日本体育发展规划体系的重要组成部分。

千叶县体育发展规划提出的口号是“体育立县”，通过各种举措支持县民参与体育活动，满足县民的体育需求，让生活充满活力。

二、千叶县体育发展规划的主要内容

作为一项全县共同推进的发展计划，千叶县体育发展规划主要由以下六个方面内容构成。

（1）青少年体力的促进与提升，促进学校体育活动的不断充实完善。其中包括五个方面的内容：第一，培育幼儿时期的运动习惯；第二，充实学校体育活动的内容；第三，提高青少年体力水平；第四，完善青少年体育俱乐部；第五，促进青少年身心健全，加强食育，尤其是重视早餐的教育，达到100%的儿童能够食用早餐。

（2）学校时期青少年体育习惯养成。包括两方面内容，一是不断扩大经常参加体育活动的人群，促进民众健康，增强体质，保持活力；二是残疾人体育活动的促进，要通过各种举措促使残疾人参与体育活动。

（3）体育环境与体育场地设施的完善。包括三部分内容：第一，体育人力资源如体育指导员、教练的培育；第二，提高体育场地设施的有效利用；第三，促进体育组织的发展。

（4）竞技能力的提升。运动竞技能力的提升包括六个方面：第一，培育幼儿时期的运动习惯；第二，改善场地设施环境；第三，利用体育医疗；第四，充实完善体育组织调研；第五，充实完善体育比赛；第六，营造良好的竞技环境。

（5）东京奥运会、残奥会备战。包括三方面内容：第一，强化训练奥运选手；第二，不断增加参赛运动员的数量；第三，奥运参赛环境的改进与提升。

（6）体育促进当地的全面发展。包括三方面内容：第一，专业选手参与学校第一线的体育指导；第二，专业球队带动当地体育活动的开展；第三，利用地理上的资源条件推进体育活动的开展。

上述六个方面相互联系、相互作用，共同促进千叶县体育发展，实现“体育强县”目标。

三、千叶县竞技能力促进计划介绍

千叶县竞技能力促进计划的制定主要依据三个政策法规：《日本体育基本

法》《千叶县体育振兴条例》《千叶县体育促进计划》。这三个政策法规成为千叶县竞技能力促进计划的上位基本政策法规。为贯彻落实上述政策法规，千叶县成立了竞技能力促进总部，并由该总部负责制定实施千叶县竞技能力促进计划。

千叶县竞技能力促进计划主要实现3个目标：第一，争取获得国民体育大会参赛资格并获奖；第二，进一步挖掘、培养、强化未来的专业选手；第三，进一步强化残疾人体育竞赛。

日本国民体育大会是由日本体育协会、文部科学省和各地体育组织共同举办的，每年开展的针对47个都道府县的综合性体育大会。自1946年以来每年举行一届，以都道府县为单位组成代表团参赛，项目种类很多，除了计入总分的40多项正式比赛外，还设有高中棒球、体育艺术等公开比赛项目和排球、拔河、高尔夫等表演项目。国民体育大会设天皇杯和皇后杯，由天皇和皇后亲自颁发给获男女团体总分第一名的代表团。国民体育大会的最大特点是集竞技与娱乐为一体，目前是日本最大的综合体育运动会。千叶县曾于2010年举办过国民体育大会。

记录人和授课专家合影

记录人：肖林鹏　韩时雨

日本体育振兴中心介绍

授课时间：2017年10月25日下午

授课专家：森岗（日本体育振兴中心审议官员、监理官）

倔江直纯（振兴事业部部长）

压井（支援企划科科长）

佐野（经营战略室主任）

三宅正隆（振兴事业部科长）

授课地点：日本体育振兴中心总部

一、日本体育振兴中心（JSC）总体情况

日本体育振兴中心的基本理念（主要目的）是通过体育的力量和价值为人们的生活和社会发展做出贡献。日本体育振兴中心有412名员工（男性283名、女性129名），日本国立体育中心及员工也归其管辖。

日本体育振兴中心的工作不仅仅是举办国际体育赛事，还有其他活动，包括体育彩票、体育品牌的推广，培养年轻运动员，这些都是长期开展的活动。

日本体育振兴中心的组织性质是日本文部科学省体育厅直接管辖的独立行政法人组织，能独立自主地开展有关活动，其有关预算和费用都由体育厅拨付。承担的主要工作内容如下。

（1）国家级体育场馆的运营管理。代代木第一体育馆、第二体育馆、秩父宫橄榄球体育场、秩父宫图书博物馆（正在改建），以及正在建设的新的国立竞

技场都是由日本体育振兴中心直接管辖。

（2）国立体育科学研究中心的活动。国立体育科学研究中心属于针对高层次的援助部门，有针对女运动员的援助活动。现在女运动员越来越活跃，如何使女运动员取得更好的成绩，中心也在根据女运动员的特点开展研究。此外，会开展一些基础工作，包括道德规范方面的问题，如严禁兴奋剂、解决种族歧视问题的落实。

（3）信息和国际部的活动。其主要任务为收集相关信息，加强相关方面的国际合作。

（4）学校安全部的活动。中心开展保险事业（学校体育伤害的保险），不仅仅是收保险费、支付伤害赔偿，而是通过这个活动了解学校体育活动中容易出现的伤亡事故，以便寻找解决的路径。

二、体育振兴事业部（彩票）活动

体育振兴事业部负责开展体育振兴彩票业务，分为非竞猜型彩票、竞猜型彩票两类。其最全力推进的是非竞猜型彩票，彩票头等奖是6亿日元，已有350人获得。

日本体育振兴事业部的彩票业务是2011年3月开始的，主要是为了确保振兴体育方面的经费来源，终极目的是保障从小孩到成年人都能够随时参与到体育运动当中，还有提高体育竞争力的目的。

收益情况：总的营业额中50%返还给中奖人。10%左右是成本。另一部分相当于营业额的10%是特定金额，主要是援助新建体育广场的建设。其他为利润，利润中75%用于支援体育事业，另外25%要上缴国库。

年度营业额：2009年营业额达到600多亿日元，2013年营业额达到1081亿日元，2016年达到1118亿日元。

对体育活动的援助情况：首先要销售彩票，确保体育援助活动的财源，才能够实现体育振兴实业。

三、日本体育振兴中心开展日本体育振兴事业的具体情况

日本体育振兴中心在开展体育振兴事业方面主要有以下四个项目：

（1）体育振兴彩票赞助金。

（2）体育振兴基金赞助金。体育振兴基金赞助金来源于政府给的一笔资金，运用其收益开展活动，主要目的是提高体育比赛的水平。

（3）强化竞技水平的援助事业赞助金。具体运作是政府专项拨款，由中心具体操作，以达到提升竞技水平的目的。这方面的基金基本用于激励成绩在前12名的足球队和排球队等的运动员提升竞技水平。

（4）竞争能力提高事业的赞助金。由政府专项拨款，目的是提高日本体育在国际大赛中的水平。2017年拨款金额高达73亿日元。

（一）日本体育振兴彩票赞助金

日本体育振兴彩票赞助金包括的具体内容有以下十个方面。

（1）用于大规模的体育设施维修费的赞助；大规模体育设施建设的补助款。目前用得最多的是一些专业球队的主场建设和维修、日本国内举办的国民体育大会的一些会场费和运营方面的费用。

（2）地方体育设施的赞助。这部分的补助款主要用于日本地方体育设施的维修和建设，用得最多的是运动场、草坪的建设，体育馆的维修管理，田径赛场的有关费用等。

（3）综合性体育俱乐部活动的赞助。这个项目是对地方综合性体育俱乐部的赞助。开展综合性体育俱乐部活动是国家在体育政策方面所鼓励的对策，使少年儿童和老年人都能够积极地、便利地从事体育活动。通过发放这样的款项，使各种俱乐部能够更顺利地运营。

（4）地方公共团体公益性体育活动的赞助。如地方开展的马拉松赛、篮球赛等活动的赞助。

（5）挖掘有潜力的运动员及其培养所需的费用资助。

（6）对地方公共团体和政府活动的赞助。

（7）对地方团体体育活动的赞助。

（8）对开展兴奋剂使用检查的补助。

（9）对在国内开展的国际规模的赛事给予资助。

（10）专项资助。如针对2011年日本大地震后受灾地区的救灾和援助款；对少年儿童的教育；针对橄榄球大会和奥运会等大赛的专项资助，用于会场的维修整理，对赛事组织活动的需要进行援助。

（二）日本体育振兴基金赞助金

日本体育振兴基金赞助金包括以下几方面内容。

（1）针对专业选手强化训练的赞助。如参加国内外强化训练所需的一些支持。

（2）体育团队举办的一些赛事援助。

（3）对优秀运动员在经费方面的援助。使得优秀运动员没有后顾之忧，一心一意地参加训练。这主要针对有望参加奥运会、残奥会的运动员。

（4）对专业的运动员、教练员所开展的研修等活动的资助，如研修、去国外的差旅费等。

（三）强化竞技水平的援助事业赞助金

针对全国一级的联赛，如排球、篮球、棒球等一些活动进行的援助。为了使更多的选手获得奖牌，包括残疾运动员提升运动能力、聘请教练员等的资助。

每年从10月开始可以申请赞助金，翌年4月开始进行审查，然后发放。组成资助金发放委员会，研究组织具体发放等工作。

专家授课

与专家互赠礼物

记录人与授课专家合影

记录人：王旭光　刘亚娜

两届东京奥运会经济效果的比较

授课时间：2017年10月26日上午

授课专家：大岛卓（日本城西大学教授）

授课地点：日本东京都江东区区民中心七楼第五研修室

一、1964年东京奥运会时日本的社会背景及经济环境

1964年东京奥运会，是日本在第二次世界大战战败后19年举办的，此时的日本，是经济高速发展的时期，正是经济的快速发展促成了1964年奥运会的举办。另外，1964年东京奥运会也促进了日本经济的进一步快速发展。1954—1973年，是日本经济高速发展的时期，每年的GDP增长率均在10%以上。1974—1990年，日本经济每年的增长率下降到4.1%左右。1991—2011年，经济增长率每年的增幅为0.8%左右。通过这个增长率对比可以看到，1964年东京奥运会时期，日本经济发展是非常好的，远超现在的时代。在将近20年的经济高速发展时期，经济快速发展，国民广泛受益，每个国民的收入增加将近2倍。第二次世界大战之后，战败国如德国、意大利等，经济均取得了较大的发展，而从事体育的人口和体育事业也随之取得大发展，两者是相辅相成的关系。体育活动的参与也使大家的身体能力不断提高，对经济的发展起到了促进作用。本次培训班的人员均为体育科研人员，非常了解人力资源与劳动生产率之间的关系。

近年来，和中国沿海地区的经济发展类似，日本设立了政府主导的以太平洋地区为核心的经济开发区，包括东京、名古屋、大阪等都有此类地区。大岛教授到

过中国的很多地方，从大连到天津，再到上海、广州等，有很多经济开发区，日本也是这样的情况。这样的沿海地区的经济开发区，完全是由政府主导的，其中最为有名的、推进此项事业的领导人为田中角荣，他是推进此类经济发展模式的“推土机”。正是田中角荣带队到中国与周恩来总理握手，实现了中日邦交正常化。

1964年，1美元兑换360日元，是日元贬值、美元居高不下的年代。当时大岛教授的父母到英国留学，能带出国的只有500美元。当大岛教授去美国留学时，1美元可兑换240日元。现在看来，中国的经济发展快速，在日本东京的各个街头，都是中国人在大量购物，让日本人非常羡慕。

日本经济高速发展的背后就是日元贬值，美元居高不下，正是这一经济现象，才促使日本大量生产产品，出口到世界各地，促进经济的发展，这是经济发展的规律。

二、1964年东京奥运会投资情况及其带来的社会经济效益

1964年东京奥运会的场馆建设共投入317亿日元，此外，巨额的投资还包括首都高速公路的建设费722亿日元，东海道的新干线建设投资3799亿日元，以及地铁的投入建设经费2328亿日元等。相对来说，中国的投资力度更大，不论是上海的世博会，还是北京的奥运会，规模都很大，带来的经济推动力也非常巨大。另外，经过半个世纪，日本全国还在利用1964年东京奥运会举办时建设的基础设施，特别是首都高速公路，情况更是如此，现在使用的绝大部分基础设施均是1964年之前建设的。但经过这些年，这些设施还是落后了，不能满足现实的需要。需要说明的是，日语中，“高速”与“拘束”的发音相同，因此，很多日本居民都说首都高速是首都“拘束”，是因为此高速转弯多，道路不宽。原因是当时为了迎接奥运会，很多道路都是赶工赶出来的，设计不够完备，也导致其事故率比较高。

1964年东京奥运会带来的经济建设方面的最大成果就是东京新干线。当时的新干线就是东京大阪之间的干线，这条干线的建设完成使得东京大阪之间实现了当日往返。发展到现在，这一新干线向四方延伸，形成新干线网。归根结底，正

是东京奥运会促成了新干线的建设。新干线的建成，使全体国民受益，也使运动员的出行与参赛更加方便。这样便利的交通，也为申请2020年东京奥运会提供了条件和支持。

另外，奥运会的举办不仅促进了交通网络的建设，在经济的其他方面也起到了重要的推手作用。在1964年东京奥运会举办前，日本家庭一般拥有黑白电视，因为观众观赛的需要，对彩色电视的需求率增高，以1964年奥运会为起点，日本彩色电视的销售量大幅增加。因此，奥运会促使此类产品的大量生产，刺激了百姓消费，由此迎来了日本彩电普及的时代，并且其普及速度惊人。由此可见，在经济发展方面，奥运会发挥了重要的作用。

三、2020年东京奥运会的投资情况及未来经济效果预测

由于日本在1964年召开奥运会时建设的新干线，成为当时的亮点，因此，本次东京奥运会时，日本政府原初设想在东京与大阪之间开通新的磁悬浮列车，以实现新的突破。然而，由于技术和安全等问题，这一议题被推迟，只能计划到2027年再开通。上海的磁悬浮列车于2004年就开通了，而日本却一再推迟，反映了中国与日本之间的经济差距。与此同时，也可以看出日本经济实力有所下降，与1964年东京奥运会建设了多个大型体育场馆相比，此次东京奥运会更多是利用了原有场馆，虽然也有新建，但不多，这也是由经济形势所决定的。

学者们的分析一致认为，2020年的东京奥运会，仍然会给东京乃至全日本带来巨大的经济效益，其不仅仅包括一些场馆、交通等的建设，还包括对观光、旅游、酒店业等的促进，也包括一些社会运行机制的改进等，其效果既包括可见的，也包括隐形的，内容相当广泛。

但是比较上一次奥运会与此次奥运会所带来的经济效果，其结果有天壤之别。1964年奥运会带来的是根本性的、令人瞠目结舌的改变，是日本国民生活、收入等多个领域巨大的、改天换地的变化，但此次奥运会不会带来这样的根本性变革，对人们生活的改变效果也明显不如上次，至少大部分的老百姓都是这么认为的。

四、奥运会举办所带来的负面影响

1964年东京奥运会时期，正是日本经济快速发展的时期，正如前所述，给日本经济带来了重大的发展奇迹，但与此同时，也产生了一些负面的影响。其中最煞风景的事例是日本桥的破坏，由于为1964年东京奥运会建设的高速公路就架设在日本桥的上面，对日本桥这个历史名胜来说，是一个很大的破坏，因此是最大的败笔之一。事实上，如果当时设计更为合理以及时间更为宽松的话，应该在修建高速公路时购买私人土地，但可能考虑到征地时间太长，为了赶进度，不得不在政府用地上面建设高速公路，才导致了现在这种情况。而日本桥是江户时期流传下来的，是历史文化遗产，多次出现在日本历史名画中，但现在却不得不屈居于高速公路之下，显然是对历史的重大破坏。

所以，有这个经验教训，本次奥运会在建设前期，在专家与民众之间达成共识，不能再出现此类现象。1964年奥运会对日本经济的发展发挥了推进的作用，和第一次奥运会带来的作用不同，2020年奥运会要更多地满足人民的生活改善、和平共处、共同参加、相互了解、促进国际和平与发展等目标，才更符合人们的期待。

专家授课

学员认真听课

学员积极提问

记录人与授课专家合影

记录人：邵桂华　王琪

参观东京有明体育场

参观时间：2017年10月26日下午

参观地点：日本东京都江东区有明2丁目

10月26日下午，全体团员参观了东京有明体育场。该体育场将作为东京奥林匹克运动会网球比赛场馆。有明体育场是一座具有开闭式屋盖的四层建筑，它始建于1983年，最早为“有明网球森林公园”，1987年改名为“有明体育场”，1988年确定在此基础上建设一座有开闭式屋顶的体育场，1991年正式建成并对外开放。该体育场总工程费用为107亿日元，其中开闭式屋顶部分花费52亿日元。该体育场为半硬式球场，球场面积为1153.1平方米，纵向长度42.13米，横向长度27.23米。该体育场有观众席10 000个，一、二、三层观众席分别为3892个、3824个和1936个，另外设贵宾席220个，记者席128个。有明体育场自建成以来曾承办过日本网球公开赛、全日本网球选手选拔赛、东丽泛太平洋网球公开赛等多项重要网球赛事。我们有幸赶上该体育场正在举办全日本网球锦标赛且对观众免费开放，因此全体学员欣赏了日本两位女子网球选手激烈的第一局比赛。

参观东京有明体育场

记录人：邵桂华　王琪

参观筑波大学

授课时间： 2017年10月27日上午

授课专家： 中川昭（日本筑波大学体育系系主任、教授）

真田久（日本筑波大学体育系副教授）

会田宏（日本筑波大学体育系教授）

河合季信（日本筑波大学体育系副教授）

授课地点： 筑波大学

在参观筑波大学时，首先组织了研讨会，与筑波大学体育系的多位专家进行了交流研讨。会后参观了筑波大学体育场、橄榄球场和中央体育馆。在中央体育馆观看了瑞士球、体操转轮项目表演，两个项目的教练员分别系统地介绍了各自的项目特征及两个项目在筑波大学的开展情况、训练情况和竞赛获奖情况。

一、筑波大学概况

（一）学校基本情况

从教学活动、科研研究、体育活动、社会贡献四个方面介绍了学校情况，尤其指出了嘉纳治五郎（柔道之父）和加藤译男（体操王子）两人的贡献。

（二）学校体育系基本情况

（1）教学活动分为3个学科领域：①体育教育和体育人文领域，设体育哲学、体育史学、休闲与体育产业等9个研究方向；②体育健康与运动人体科学领域，设健康教育学、运动生物力学、运动生理学等9个研究方向；③运动训练领域，设一般训练学、专项训练理论、舞蹈表演等16个研究方向。

（2）现有教员128人，设研究中心，取得了丰硕的研究成果。

（3）办学层次：人才培养形成了本科、硕士、博士完整的人才培养体系。博士有5个研究领域。

（4）国际交流：国际交流合作院校，但暂未与中国高校开展合作。面向全球招聘研究人员。

（5）教学资源：建有7座专业体育场馆和体育康复设施，其中教学楼一楼为实验室，二楼为运动功能评定与康复训练室，三楼为心理机能评定与干预实验室，图书馆拥有日本最多的体育图书资料。

二、筑波大学国际化办学情况

（一）学校发展概况

1973年建校，历史可追溯到1872年创办的东京师范学校。筑波大学是一所将体育和艺术融合在一起的院校，盛产诺贝尔奖得主及奥运冠军，先后有3人获诺贝尔奖，获奥运会金牌选手有63人，获残奥会金牌选手有52人。学校设有9个学群、8个研究科、11个附属学校，其中5个是残疾人领域。

（二）学校国际化办学情况

（1）国际奥委会主席巴赫先生曾访问该校，筑波大学授予其名誉博士，其受邀请做了学术报告，肯定了嘉纳治五郎的贡献。

（2）学校创始人嘉纳治五郎先生提出的“精力善用，自他共荣”理念深刻影响着筑波大学的发展。作为日本第一个倡导国际化办学并付诸实施的教育家，嘉纳治五郎创建了宏文学院，从清末开始陆续培养包括鲁迅、黄兴、陈独秀、杨昌济、范源濂、田汉等多名优秀的中国留学生。针对留学生开展修身、体操等课程，还组织开展了中日学生足球赛。

（3）2015年培养15名留学生，围绕奥林匹克进行教学。

三、筑波大学学科建设情况

（一）学校体育教员高层次人才培养情况

（1）教练学的概念包括理论和实践两个组成部分：从观察者视角进行分析研究，获得运动过程中最客观的、具有普适性的运动规律构成教练学理论部分；从行为者的视角，获得运动实践过程中的最直观、最真实的本体感受构成教练学实践部分。

（2）人才培养目标：指导、培养高水平的体育教练员，属于高层次实践人才，该类人才应具备指导能力与研究能力。

（3）现有师资：教授12人，副教授12人，助教2人。3名导师联合指导1名学生，既包括研究者，也包括具备较高运动能力和经历的教师。

（4）毕业去向：大学任教。目前该领域在校学生有37人，暂无留学生；毕业生30人，25人在高校任职。

（5）研究领域：一般教练学和特殊教练学两个大领域。其中，一般教练学主要包括教练理论、训练学、体育运动学；特殊教练学包括特殊教练（田径、游泳、舞蹈等）、球类（手球、橄榄球等）、武道（剑道、柔道）。

（6）课程设置：弹性学制，3~6年。培养研究能力和实践能力，入学考试要审查研究计划和运动经历。一年级开设教练及伦理学、教练学研究方法论。一年期满后，进行教练的总结汇报，要做出博士学位论文的研究计划。二年级，开展研究。三年级，提交论文，发表2篇论文，论文审查3次以上。博士人才培养偏重研究能力培养，实践能力培养欠缺，将二者结合是教练学的特点。

（二）学校与中国体育的交往情况

（1）会田宏教授曾于1988年9月作为日本筑波大学手球队教练访问上海，与上海交通大学手球队交流比赛。中国留学生促成了此次比赛。

（2）中国手球的核心队员王涛曾于1988年、1996年奥运会分别获第六名、第五名，随后，其到日本参加比赛，并多次获最佳球员称号。王涛曾在会田宏教授的指导下完成其硕士论文的撰写。

四、筑波大学人才培养与社会服务情况

（1）筑波大学通过自主培养高水平运动员，代表日本参加各类比赛。2016年派出选手参加里约奥运会，11人参加11个比赛项目；残奥会，10人参加5个项目的比赛。

（2）河合季信副教授及其专家团队，结合个人运动训练与竞赛实践过程中出现的实际问题，开展针对性的科学研究工作，不断服务竞技能力提升。以冰鞋为例，从运动力学、运动生理学介绍了运动器材研发对提高成绩的作用。充分利用学校体育场馆、专业实验室资源，组织学生开展系列科研和专业实践活动，不断提升学生的科研素养和专业实践能力。70%的学生参加此类活动。

五、研讨与交流

（1）培养对象包括了在役运动员、退役运动员以及教练员。运动员不一定限定为参加国际大赛的运动员，对参加运动会的级别未加限定。

（2）科学研究成果审核条件苛刻，如期毕业难度大。

（3）硕士研究生与博士研究生培养目标的区别主要体现为研究深度的差异。

（4）通过远程授课或是休学方式（奥运会前1年休学）解决在校生参加奥运会与教学时间的冲突问题。对于参加比赛的学生，其学业要求与其他大学生相同。

（5）校内训练，由本校教师、教练为参加运动会的运动员授课。

专家授课

记录人与专家合影

记录人：刘建　刘远祥

参观日本箱根马拉松展览馆

参观时间：2017年10月30日上午

介 绍 人：川口贤次（日本箱根马拉松展览馆副馆长）

“箱根马拉松”是一项驿站接力赛，由日本的马拉松之父金栗四三等人在1920年创办，目前由关东学生田径联盟主办，每年1月2日和3日举行。第1届比赛由早稻田、庆应义塾、明治以及东京高等师范学校（现在的筑波大学）四所大学参加，因此又名为“四大校驿传赛跑”。第1届赛事于1920年开始举行，因第二次世界大战时停办了数年，直到1947年恢复比赛。由1956年第32届开始，改为现行的每年1月2日和3日举行。参赛队伍总共有20支，每队10人。参赛资格有四种获得方式：第一种，本年度的前十名为种子队伍，可以直接获得翌年赛事的参赛资格；第二种，预赛成绩最好的六支队伍；第三种，预赛第七名及以后的队伍，加上关东学生大专院校杯的积分，成绩最好的三队参加；第四种，关东学生联盟选拔的一支队伍。箱根马拉松的路线是由东京出发，直到箱根芦之湖折返。去程分为五个区间（共107.5千米），回程同样有五个区间（共109.6千米），十个区间的全程合计为217.1千米。原本仅是全日本大学的马拉松接力赛，渐渐成为日本高水平马拉松选手的试金石。有朝一日参加箱根马拉松几乎是每位日本马拉松运动员从小的梦想，这项赛事在日本的地位可见一斑。自从该赛事在全国电视上直播之后，就更是变成了一年一度日本全国关注的最重要的赛事。因为是大学生比赛，所以紧跟日本的潮流文化也是这项比赛的一大特色。例如第88届的比赛中出现了日本特有的“宅文化”元素，以“轻音少女”为主题的赛道应援旗布满沿途赛道，场面壮观而充满魔幻的漫画氛围。

展览馆还展示了有关参赛大学的情况，以及选手代表各个大学参赛时所穿的服装，一般都印有各个大学英文发音的首字母。

学员参观日本箱根马拉松展览馆

学员与讲解人员合影

记录人：徐建清　白志忠

日本体育大学简介

授课时间：2017年10月30日下午

授课专家：荒木达雄（日本体育大学国际交流中心主任、文化学部教授）

授课地点：日本体育大学

一、学校概况

日本体育大学是建于1893年、于1949年开设大学教育的日本私立大学，简称“日体大”，是日本培养专门从事体育教学、体育科研、运动训练及健身指导等体育人才的高等学府。其前身是1778年日本体育会成立的体操练习所，成立的目的是“促进国家体育教育”。当时是会员制体育俱乐部性质的组织，并非培养体育人才的机构，后曾先后改称日本体育会体操学校、日本体育专科学校、日本体育学院。1893年开始用现名——日本体育大学。

学校现有两个校区，即东京世田谷校区和横滨健志台校区。东京世田谷主校区设有总务部、合气道部、空手道部、剑道部、登山部、柔道部、少林寺拳法部、相扑部、体操部、乒乓球部、棒球部、家政部、写真部等部门；横滨健志台校区设有自行车竞技部、游泳部、体操竞技部、田径竞技部、棒球部及研修部等部门。

两校区现有在校本科生6889人，加上硕、博研究生，总数为7000人左右。其中，体育学部有学生5152人（男生3414人、女生1738人），体育文化学部有学生206人（男生137人、女生69人），儿童体育教育学部有学生817人（男生313人、女生591人），保健医疗学部有学生714人（男生495人、女生219人）。

二、办学精神

为了实现国民体育的振兴，积极推进体育的普及和发展，秉承培育健全身心、健全人格的理念，在建校之初就提出“体育乃富强之基”的大学精神，表达了将体育广泛地视为一种文化和为实现这一理念的社会使命。

三、办学目标

作为一所私立大学，创造性地开展教学研究，培养善于思考、勇于创新、具有国际视野的体育人才；通过体育教育形成地域优势，促进国民身心健康和增进社会福祉；为社会各领域培育具有强健体魄的工作者。

四、学部构成

学校设有体育学部、体育文化学部、儿童体育教育学部、保健医疗学部四个学部，日后将设置体育经营学部。

体育学部包括体育学科和健康学科；体育文化学部包括武道教育学科和体育国际学科，还将设置体育经营学部，包括体育经营学科和体育生活经营学科。

2014年，学校增设儿童体育教育学部和保健医疗学部。为培养小学体育教师设立儿童体育教育学部，开设的课程与获取教师资格证的课程不同，分为小学体育教师和幼儿园、托儿所体育教师，学生只能在小学体育教师和幼儿园、托儿所体育教师之间进行选择。保健医疗学部分为整复医疗学科和救急医疗学科两个学科，整复医疗学科主要以整骨学习为主，救急医疗学科以医疗急救学习为主。这两个学科还可以帮助学生取得相应工作资格。

（一）体育学科

1. 培养目标

本学科旨在培养年轻人的健康心态和身体素质、体育指导方面的实践技能和专业知识，培养青年健康发展所需的技能，提高运动竞争力。

2. 课程制定原则

学习相关的实践技巧和理论，通过体育和体育竞技水平的提高，能够培养健康的心态和保持良好的身体素质。除运动科学与运动医学科学知识外，根据有关体育锻炼与运动损伤相关知识和技能，组织、指导学校和体育组织等进行合作，培养领导力。体育学科研究体育教育和竞技体育学习领域，建立了具有较高水准的实践技能和知识的大学独特课程。

3. 学生就业方向

体育教育专业就业方向为职业中学、高中教师（健康和体育），专业学校教师，婴幼儿体育教师，各类公务员，普通公司职员等。

竞技训练专业就业方向为专业体育运动员、商业协会球员、初中及高中教师（健康和体育）、体育教练和运动员、医疗机构职员、各种公职人员等。

（二）健康学科

1. 培养目标

本学科旨在通过体育打造身心健康的福利社会。

2. 课程制定原则

学习健康运动医学科学的实践技巧和理论，通过体育运动打造健康、富裕的福利社会。为了获得维护和改善身心健康和安全所需的实际技能，包括对运动造成的伤害和障碍的反应，健康学科建立了健康促进和社会支持研究领域，培养能够获得实践技能和知识的能力。

3. 学生就业方向

健康促进专业就业方向为护理学校老师、初中及高中教师（健康和体育）、卫生监督员、婴幼儿体育公司职员、各种公务员、普通公司职员等。

社会支援专业就业方向为社会工作者、社会福利机构工作人员、卫生监督员、初中及高中教师（健康和体育）、各种公务员、普通公司职员等。

（三）武道教育学科

1. 培养目标

本学科旨在培养正确指导和参与国内外武术交流的能力。

2. 课程制定原则

通过武术艺术的技术指导，向他人传达日本的武道精神，获得国际交流和社会贡献的能力。努力培养能够促进国家和社会和平繁荣的人格，以及在学校教育机构中教授人体运动文化和精神文化的能力。

（1）武术教育专业：理论上学习武术教育的方法，培养适当的领导技能。很大程度上取决于领导本人的技能、洞察力、理论、经验和态度等素质，理论上理解指导方针和指导原则，发展可在实际教学场所利用的领导技能，力求获取基础技能。

（2）舞蹈比较研究专业：了解舞蹈的意义和起源，学习世界各地的特色舞蹈，如芭蕾舞、现代舞、歌舞伎、民族舞蹈。了解舞蹈的意义、价值和历史及各个舞蹈在各个领域发展的特点，并加深对每个类型的理解。

（3）舞蹈创作理论专业：学习如何创造舞蹈和设置主题，发现创作作品的乐趣。了解舞蹈创作的理论，了解各种舞蹈的表达和创作方法，分析作品的创造性元素，触动创作舞蹈工作的兴趣。

3. 学生就业方向

初中及高中教师（健康和体育）、舞台相关公司职员、传统娱乐专职人员、警察、监狱官员、公务员、一般公司职员等。

（四）体育国际学科

1. 培养目标

本学科旨在开发通过运动在各种情况下活跃的实践技能。

2. 课程制定原则

在体育活动的基础上获得贡献社会的能力，积极参与国际体育联合会和体育公司联合会的能力，以及在国内从事体育活动的技能。

3. 学生就业方向

初中及高中教师（健康和体育）、日本海外合作志愿者、公务员、一般公司职员等。

五、俱乐部及职业资格证书情况

（一）俱乐部情况

学生在正常完成白天的学业外，至少选择参加一项体育活动的俱乐部，每周都要活动2个小时以上。大学生通过参加俱乐部的训练，成绩拔尖者代表日本参加奥运会并获得奖牌。大学在校生和毕业校友中参加奥运会和残奥会的人数占整个日本奥运选手的1/4。

（二）职业资格证书情况

学生在校期间，通过考试，可以获取以下职业资格证。

1. 体育科学部

初高中教师证、健康体育证、特殊支援学校教师证、护理教师证、社工证、社会教育主任证、柔道裁判员顾问证、紧急救生员证、体育教练证、游泳教练证等。

2. 体育文化学部

初高中教师证、健康体育证、体育领袖证等。

3. 儿童体育教育学部

小学教师证、幼儿园教师证、苗圃教师证、体育领袖证、体育教练员证等。

4. 保健医疗学部

社会教育主任证、紧急救生员证、护理教师证、社工证、健康指导证、健康教师证等。

六、学费收取情况

第一学年159.8万日元，第二学年128.7万日元，第三学年128.7万日元，第四学年129.75万日元，合计共546.95万日元。目前，在日本国立大学学费上涨的背景下，这样的学费标准并未让人感到十分昂贵，与其他私立大学的收费差不多。保健医学部因教学成本更高，所以学费也更高一些。

七、研讨与交流

（1）日本体育大学与筑波大学、早稻田大学等综合性大学相比存在的优势。126年的悠久历史是日本体育大学的最大优势。在“体育乃富强之基”的办校精神指引下，学校培养的体育人才走向全国各地，学校校友也会输送学生来此就读，把体育的精神发扬光大。10年前，学校也开始追求变革，根据社会对人才的需求寻求变革。

（2）关于学校社会福祉课的开设情况。学校把社会福祉方面的课程作为选修课，不是必修课程。未来对残疾人和老年人的养护需求会越来越多，体操的教学也转向促进人群健康和康复。最近学校开始要求学生在实习阶段完成一周的残疾人和养老院照料工作。

（3）日本小学没有专职体育教师的原因。明治五年（1873年）开始设立体育课程，日本的教育理念是小学阶段只需基础性、普及性知识，以打基础为主，所以不需要专职教师，只设全科老师。

学员在课上积极提问

学员认真听课

学员到访日本体育大学

记录人与授课专家合影

记录人：白志忠　徐建清

日本体育运动经营学研究的情况介绍

授课时间：2017年10月31日下午

授课专家：木村和彦（日本体育运动经营学会副会长、教授）

授课地点：日本早稻田大学

一、日本体育经营研究的基本脉络

体育经营学研究的总体情况：

（1）日本最早从事相关研究的学者是宇土正彦教授，他于1970年提出“体育经营学”这一概念，完全基于日本情况做出相关研究。

（2）1990年从体育产业角度出发提出体育产业理论。

（3）1990年从美国引进体育经营理论。

（4）1990年由体育领域实践者们总结出体育营销理论。

（5）1990年非体育领域的经营管理专家提出体育经济管理理论。

可以看出，除了宇土正彦教授的本土研究外，相关研究都是在1990年提出来的。迄今为止，日本体育经营方面的研究还没有形成统一的理论，各大学在这方面的教学内容也各不相同。

日本体育经营学研究的历史脉络：第二次世界大战之前，1933年日本吉田觉造著《体育运动经营原论》。战后，经常使用“体育管理”一词，直至1960年，当时的社会背景主要是培养学校教师进行学校体育经营管理。

1963年，日本出台《体育振兴法》，明确了除学校体育外，还要开展社会体育。

1964年，日本诞生了最大的体育学会组织，即日本体育学会，下设体育管理分会。

1970年，宇土正彦教授编著《体育管理学》，并且在书中使用了“体育管理”一词。但是著作中将“经营”和“体育”联系在一起的用法产生较大争议。类似引起争议的词语还有该书提及的“体育事业”“服务”“消费者行动”等词语。宇土正彦教授是心理学而非体育学专家，他在该书中将体育经营研究领域扩大到了学校之外，包括学校体育、地区性体育、职工体育、公共和民间体育设施、行政等诸多领域。

1978年，日本体育经营学会正式成立，并于1989年更名为日本体育运动经营学会。不妨对比，美国于1984年奥林匹克科学大会上第一次召开有关体育经营方面的专题研讨会，直至1986年成立了北美体育经营学会。因此可以认为，宇土正彦教授的研究及提出的理论先于美国。

1990年，在日本通商产业省的支持下成立了日本体育产业学会，其背景是日本经济正处于飞速发展的时期。1991年，日本经济泡沫破灭，陷入了一蹶不振的境地。

1993年欧洲体育经营学会成立，1996年澳大利亚和新西兰体育经营学会成立，2002年亚洲体育经营学会成立。

2007年，以早稻田大学原田先生为主成立了日本运动经营学会。该学会没有用“体育”，而是用“运动”一词，表明其关注点不再侧重于学校体育。

二、体育经营学研究的主要成果

（1）宇土正彦提出的理论有较大进展，相关代表性著作有：2002年出版的《体育运动经营学理论》、2017年出版的《体育经营》《体育运动经营学》等，其作者都是宇土正彦的学术传人。

（2）体育产业论方面的延续发展，最畅销的著作是原田宗彦于2015年编著的《体育产业论入门》。

（3）美国体育经营理论引入日本后的发展，代表性著作是原田宗彦在美国学成归国后于2004年编著的《体育营销》。

（4）体育经济实践者总结的理论，具有代表性的是广濑一郎于2009年编著的《体育经营理论与实务》。

（5）由非体育的经营学和经济学专家进行的研究，具有代表性的是守能信次于1991年编著的《体育经济学》、武藤泰明于2006年编著的《职业俱乐部管理》（2013年修订）等著作。

以上5个方面的研究构成了日本体育经营学研究的支柱。

三、日本体育经营学研究需要探讨的课题

（1）体育经营学研究如何体系化和标准化，即如何形成系统和统一的理论。

（2）日本体育经营学研究如何更好地进行国际化普及，即在体系化和标准化的基础上，如何适应各国的情况加以变化和应用。

（3）体育经营学理论如何为经营学和体育科学的学科发展做出贡献。

四、研讨与交流

关于日本体育运动经营学会、日本体育产业学会、日本运动经营学会的联系和区别问题。三个学会都是学术性组织，分别举办相关的学术会议，但三者之间也有联系和交流，参与对方的学术会议。三者的区别在于研究的派别和分析的框架不同，日本体育运动经营学会主要延续了宇土学派的理论，日本体育产业学会更偏向于多学科的参与研究，日本运动经营学会的研究主要源自美国学派的研究框架。

专家授课

记录人：邱雪　黄希发

日本体育产业现状

授课时间：2017年10月31日下午

授课专家：朝仓雅史（日本体育运动经营学会理事、助教）

授课地点：日本早稻田大学

一、日本体育产业的分类

产业分类因时代不同而不同。日本总务省发布的产业分类标准，根据产品生产方法的不同将产业分为大类、中类、小类三个级别，而体育产业几乎涉及过去产业分类中的各个门类。可以说，随着体育产业的发展，全球各国都面临着对体育产业进行合理分类越来越难的问题。因此，现只能从国家政策角度来分类。

目前，日本体育运动经营学会的许多研究者根据多年的研究提出了一种分类方法，即按照产业的关联度，将体育产业分为核心体育产业，支持、声援、提供信息、培养指导员的体育产业，关联体育产业三个层次。

二、日本体育产业发展历史及现状

最初的体育产业源于有人参与体育活动、有人观看体育活动、有人支持体育活动，其逐渐形成了早期体育产业的核心内容。

（一）健身产业

20世纪60年代，各种各样的体育教室得到发展，这类体育教室用于体育运动项目的教学，主要针对学生和孩子的运动技能培养。后期，体育教室逐渐发展为俱乐部形式及健身房等各种体育锻炼的专门机构。调查表明，2007—2016年加入健身俱乐部的人数和健身消费总额均得到持续快速增长。

（二）观赛产业

目前，专业相扑和专业足球是观赛人数最多的两项运动。联赛方面有代表性的有始于1993年的足球联赛、始于2016年的篮球联赛，其中篮球联赛目前还在探索如何提高观赛人数。

有关联赛观赛价值方面的研究是一个研究的热点领域，即如何让观赛者对赛事有兴趣，让参赛者因观赛而受鼓舞。将观赛者行为学从美国引入日本进行的研究表明，运动员和观赛者是否为同一地区的人，是影响赛事是否受关注的重要因素。

观赛产业的另一个研究热点是如何通过体育赛事增强地方活力，发展地方经济。该研究的社会背景是日本少子化和老龄化现象，以及东京等大城市人口密集而农村缺少年轻人的现象。

三、日本体育产业发展目标及政策

日本2017年制定了新的《日本产业发展规划》，明确提出振兴体育产业，将体育产业作为5个支柱产业之一。根据官方提出的目标，未来体育市场规模将由5.5万亿日元，到2020年提高至10.9万亿日元，到2025年提高至15.2万亿日元。政府提出了相应的政策措施，包括兴建体育设施，大力开展体育活动，努力发展体育文化旅游等。

其中，体育文化旅游的核心内容是通过举办大型赛事活动以及医疗旅游，吸引外国人，通过体育事业拉动地方经济。目前，马拉松、自行车赛、户外体育活动如北海道的滑雪比赛等发展得非常快。为此，日本于2011年提出了推进体育发展的基本方针，2012年成立了日本体育旅游联盟（JSTA），各地方也设立被称为“体育交流窗口”的组织机构，以加强体育活动交流，促进地方经济发展。

三菱公司综合研究所进行的《如何通过体育振兴促进地方发展》的研究报告提出，通过招揽外国游客以及吸引本国人流动至地方定居来增加地方人口，地方人口增加了就会有活力，有活力就能促进产业发展，产业发展能够进一步提高就业，因此通过体育可以促进各方面的发展。

地方政府在进行城市规划、街道建设、公共休闲空间规划建设中，也会考虑人们进行体育运动锻炼和交流的需要，在城市建设中将体育需求融入其中。

四、有待深入研究的内容

体育由消费中心演变为生产中心，有关体育产业方面的研究广泛开展，但是与实践相比，研究并未做到同步。例如，在体育促进城市发展、体育文化旅游等领域，日本体育运动经营学会还缺乏深入的研究。日本体育产业在发展，而日本参与体育活动的人数近年来在减少，如何让外围的体育产业活动还原到最基础的促进人们参与体育活动中，这些都需要深入研究。

专家授课

记录人与授课专家合影

记录人：邱雪　黄希发

日本电视市场及日本体育电视台的节目编排

授课时间： 2017年11月1日上午

授课专家： 石原孝志（经营企划本部部长）

授课地点： 日本体育电视台

一、关于日本的电视市场

日本电视根据传播技术和渠道可以分为无线电视、卫星电视和有线电视。卫星电视又可以划分为卫星基干电视（BS）和卫星一般电视（CS），后者内容管制较为宽松。其中，无线电视诞生于1953年，卫星电视诞生于2000年。卫星电视的出现，让日本民众可以收看到更多的电视频道。同样是2000年，日本电视全面采用数码技术。有线电视，是指把电视信号通过线缆（电缆或光缆）传输给用户，它的出现，解决了高大建筑物、恶劣天气影响无线电视信号传输质量的问题。但因为需要架设线缆，一些角落收看不到有线电视。目前，大约有一半用户收看有线电视，有线电视的作用越来越大。

日本的电视频道数量在1953—1995年间增长缓慢。1996年后，因为服务性内容放送的限制以及传播技术的进步、传输手段的增加，电视频道迅速增加。2012年，日本电视频道一度增加到518个。此后，因为采用数码技术，有关部门对电视频道进行了整编、压缩。据统计，截至2016年底，日本共有电视频道364个。其中，无线电视频道9个，卫星基干电视频道83个，卫星一般电视频道164个，有线电视频道108个。

据统计，无线电视频道的收视家庭为5027万家，每人每天平均收视时间为3小时19分钟。卫星电视的每人每天平均收视时间为19分钟，其中，收看卫星基干电视的家庭有2090万户，收看卫星一般电视的家庭为345万户。收看卫星电视，要安装专门的天线，一些陈旧的建筑物不方便安装，因此无法收看卫星电视。随着老建筑的拆除、新建筑的增加，不久以后，大概70%的家庭都可以收看卫星电视。

卫星电视频道共有83个。其中，既有综合频道，也有电影频道、漫画频道、音乐频道、新闻频道、娱乐频道、教育频道、体育频道等。体育频道共有8个，日本体育电视台拥有其中4个。

2002年开始，收费电视频道逐渐增加。考虑到无线电视无须缴纳别的费用，最近又有很多观众选择通过网络收看电视，想要提高收费电视频道的比例很难。

日本计划于东京奥运会时采用4K和8K技术转播奥运会之机大力推广4K和8K电视。届时，将在公共场所播放4K和8K的奥运会报道，其超高清晰度必将给人留下深刻印象，使人们乐于将家中的电视机更新换代。为此，日本将于2018年开始进行4K和8K电视的实验播出。采用4K和8K技术，对电视台来说，并不意味着收益的增加，反而要增加投入，但作为国家的政策方针，电视机构也需要推进。

二、关于日本体育电视台

日本体育电视台成立于1996年，迄今已有21年的历史，是日本国内最大的体育电视台。日本体育电视台也有广告经营等其他业务，但核心是体育电视频道。日本体育电视台包括4个体育电视频道：J-SPORTS 1、J-SPORTS 2、J-SPORTS 3、J-SPORTS 4，每年播放包括棒球、足球、排球、赛车等在内的20多种体育赛事，直播时间约为5000小时。

日本体育电视台以年度为单位进行节目安排时，要充分考虑赛事的实际情况，如每年的12月和翌年的1月没有职业棒球比赛，如欧洲足球在5月后也有两三个月的休赛时间。普遍说来，因为体育赛事的特点，冬天的节目空白时间较多，要设法填补。如何填补冬天的空白时间，是日本体育电视台非常重视的问题。但无论怎样努力，冬天的收视率还是会降低。目前，在日本全部的5500万家庭中，收看收费电视节目的约为1200万户，占22%；选择收看体育电视台节目的有650万，只占12%。

作为日本最大的体育电视机构，日本体育电视台有鲜明的特点。第一是收费电视。日本体育电视台每个月的收费标准是2500日元，可以说观看收费体育频道的人属于体育的特别爱好者，因为他们想要看到在其他频道看不到的体育节目。现在，观看收费体育电视频道的用户只有10%多一点，无法向更多的民众传播体育。就普及体育而言，免费体育节目非常必要。但免费节目依赖广告收入，而不受欢迎的节目很难获得广告赞助，如职业棒球赛因为比赛时常被取消或提前结束，所以很难得到广告赞助。作为收费频道，维护和扩大客户至为关键。如果不能满足客户需要，客户有可能第二个月就会解约。确保用户持续、稳定收看收费体育频道的最好方法是垄断赛事转播。据统计，日本体育电视台的用户70%为男性，以35岁的男性为主，平均年龄为46岁。电视台的目标是进一步增加女性观众。第二是灵活编排。因为拥有4个频道，日本体育电视台在赛事转播时可以综合考虑，使节目灵活多样，丰富多彩。当4场篮球赛同时进行时，体育电视台可以在4个频道同时进行转播。

体育电视台的编辑方针有3个：第一是重视直播。体育比赛具有特殊性，观众关注的不仅是比赛结果，更重视比赛的过程。第二是全程转播。免费电视频道因为要播放广告，时常会中断转播，影响观众的收视体验。因为时间充裕，体育电视台通常会对赛事进行全程转播，如在棒球转播中不会错过任何一个球。第三是把顾客的满意度放在首位。作为收费体育频道，体育电视台每天都致力于及时提供体育信息，并常年不懈。

日本体育电视台的制作理念是转播的差异化和节目的差异化。转播的差异化是指要有别于因特网，优于因特网，如在赛前报道观众感兴趣的场内外信息，如聘请知名解说员，通过其深入细致、栩栩如生的解说，将电视观众吸引在电视机旁。节目的差异化是指在制作、播出节目时采用独特的视角，如将幕后故事、赛场内外信息等融入节目，增加节目的趣味性。节目的差异化还表现为传播体育文化，如某个项目的历史回顾、运动员的现场采访等。

日本体育电视台的企业理念是“我们爱体育”“报道真实的体育”“分享体

育带给我们的感动”。

三、研讨与交流

金野先生和石原先生就代表团成员关心的问题进行了回答。

（1）关于收入来源的问题。在经营方面，日本体育电视台虽然也通过销售纪念品、开展广告事业获得收入，但80%的收入来源于体育电视频道的收视费。因此，用心维护客户，和客户同甘苦、共患难非常重要。尽管目前的收视人口仅有10%，但电视台希望通过努力将这些客户紧密联系在体育电视频道周围。他们通常通过客户的增减来判断客户对节目和频道的满意度。

（2）关于版权付费情况的问题。在日本，赛事版权非常昂贵，电视机构完全垄断一个赛事版权的情况虽然也有，但很少。赛事组织方通常会将转播权限卖给几个电视机构。就收视最高的职业棒球赛转播而言，日本体育电视台只拥有4家知名棒球队的实况转播权。极少数情况下，也存在一些收视率低的比赛需要向电视台付费获得转播的现象。

（3）关于奥运会转播的问题。奥运会的转播和报道，在日本主要以公营电视机构NHK为主。其通常会和富士电视台等几家电视台组成日本电视联合体，共同购买奥运会在日本的电视转播权，并进行全方位报道。作为私营体育电视频道，日本体育电视台是从2016年才开始参与奥运会报道的。因其没有转播权，无法转播奥运赛事，只能就奥运会相关话题和观众进行互动。

专家授课

记录人：薛文婷　邹秀春

参观高水平竞技体育中心（JHPSC）

参观时间： 2017年11月1日下午

介 绍 人： 勝田隆、岸千秋、河野利惠子

一、日本高水平竞技体育中心（JHPSC）总体情况

国立体育科学中心（JISS），是基于体育科学、医学、信息等先进技术研究背景下，灵活运用最新设施、器具、器材，联合各领域的研究人员、医师等专家集团，促进国际竞技能力不断提高的支援性组织。

2016年4月开始，国立体育科学中心（JISS）及国家训练中心（NTC），被赋予“高水平竞技体育中心（JHPSC）”的称号。在高水平竞技体育中心中有体育医生、科学研究、科学信息支持、训练场支持等条件，直接助力奥运会、残奥会的竞技比赛，国际竞技力提高的要求被强化。2017年1月1日，勝田隆被任命担任日本高水平竞技体育中心中心长，同时他还兼任国立体育科学中心中心长。高水平竞技体育中心作为国家专业队训练基地，从事训练的项目主要是夏季项目，有17种。各项训练设施均按国家要求进行专业设计。国立体育科学中心于2011年建成，国家训练中心于2008年建成，这些都隶属于日本体育振兴中心（JSC）。训练中心有足球场，于1972年建成，目前主要由附近的高中、大学使用，也用于全国足球甲级联赛（J联赛的二级联赛）。

日本高水平竞技体育中心面对国内一流水平的运动员开展一流医学水平的科研，为运动员服务。具体的事业主要包括三个方面：第一，体育医学援助事业。对每个运动员都要进行各个方面情况的检查，赛事之前的身体检查，与参加各种

训练提高竞技水平相关的各种测试，其中很重要的是动作分析。高速摄像机对动作进行摄像，然后再进行具体的分析。开展运动员营养学研究，根据运动员特点提供既营养又健康且更适合运动员的营养食品，提供对选手各方面情况进行咨询的援助活动。第二，体育医学研究事业。国立体育科学中心融合了体育科学和医学信息，由竞技团体和国内外的研究人员、研究机关等进行合作，同时为了提高国际竞技力开展有用的对策研究。根据研究所获得的成果，在以竞技能力提高和体育医疗、科学领域的发展为目的的同时，对各类体育项目特点进行分析，并将成果运用到运动员身上。第三，运动诊疗事业。中心里有医院，设有内科、整形外科、牙科、皮肤科、眼科、妇科等科室，为运动员提供康复理疗服务。

二、高水平竞技体育中心有关设施介绍

在中心管理部运营调整课主任河野利惠子的带领下，学员参观了高水平竞技体育中心的部分场所和设施。

（1）高性能健身房。这里实现了培训空间和科学测定空间一体化，提高体力的同时，兼备有效的调整、复原功能，是最先进的训练基地。这里有蹦床、云梯等设施。

（2）体力科学实验室。用人体测量装置测量身体组成时，根据空气置换法、阻抗法、水中体重称量法等不同目的分开使用。配套设备有单位脂肪率测定装置、水中体重测量装置、超声波诊断装置、骨强度测定装置等。

此外，还参观了运动员公寓、足球场、手球训练馆、射击射箭训练馆、研修室等。

学员观摩学习

记录人与授课专家合影

记录人：薛文婷　邹秀春

参观秩父体育森林公园

参观时间：2017年11月2日

介 绍 人：关口优

11月2日，培训班全班24人驱车近3个小时来到全日本最大的体育森林公园——秩父体育森林公园进行调研考察。秩父体育森林公园位于日本埼玉县秩父市。秩父市于1950年设市，是埼玉县西部的一个人口约7万人的城市，面积约134平方千米，紧邻长野县和山梨县，从东京乘坐特快1.5小时即可到达。

秩父体育森林公园是一个集体育、旅游、休闲、住宿于一体的体育森林公园。这里拥有48个标准网球场、6个硬地网球场、1个标准足球场、1个高尔夫训练场、1个室内游泳池、1个卡丁车场和1个户外树上拓展基地。同时拥有100套大小不同、颜色各异的房间。小的可以住2个人，大的可以住6个人。这里最吸引市民的是54个网球场，恢宏壮观，每到周末和节假日，很多市民都会一家或者几家结伴前来，在休闲度假的同时挥汗如雨，体会运动健身的快乐。网球场的场地费十分亲民，非住宿者，每小时约2000日元（120元人民币），每天10 000日元（约600元人民币）；住宿者则要便宜很多，每小时约1200日元（72元人民币），每天6000日元（360元人民币）。目前年平均入住率在30%左右，日最多入住人数近400人。

除了供市民闲暇挥拍运动外，这里也承办了附近都道府县和一些市级、校级的网球赛，大小赛事不断。另外，数千米长的健身步道掩映在郁郁葱葱的森林之中，市民可以远离喧嚣，放松身心；树上拓展则最受青少年的青睐，惊险刺激的同时锻炼胆量和勇气。同样受青少年欢迎的还有卡丁车运动，机车轰鸣中，卡丁车风驰电掣，呼啸而过。夏天海边浴场人潮涌动，是休闲避暑的好地方。

秩父体育森林公园所有权为秩父市政府。20年前由一家民营铁道公司建成，但因连年亏损，3年前，市政府收回经营管理权，进行公开招标，PICA公司中标，获得10年经营权。该公司每年给秩父市政府上交一定的承包费用，这笔费用不是固定的，每年根据经营情况，上交的承包金约为收入的10%。秩父体育森林公园有大约40名工作人员，目前该公司每年都有一定盈利。

秩父体育森林公园内的体育设施

介绍人带领学员参观

记录人与介绍人合影

记录人：张旭光　禹晓静

日本的《第二期体育基本计划》

授课时间：2017年11月3日上午

授课专家：大岛卓（大分人才培养地域文化交流协会理事长、城西国际大学教授）

授课地点：东京都江东区区民中心第四会议室

日本文部科学省下的体育厅于2017年4月公布《第二期体育基本计划》，其副标题是：创造未来，改变前途的体育。

《体育基本计划》最大的使命是实现体育立国的设想，分为第一期和第二期。

国家发表的“体育基本计划”，实施时间涵盖东京奥运会，即2017年4月至2022年3月。国家发表的发展规划特点是不局限于体育事业相关者，还包括国民、体育团体、民间事业者、地方公共团体和国家政府。

日本公布的《第二期体育基本计划》的四个方针是改变人生、改变社会、连接世界、创造未来。

一、体育改变人生

通过活动身体，使人本身存在的欲望进一步发挥，使精神得到满足，使人更加健康，增强活力。数值目标：扩大体育人口，一次以上的成人参与率由42.5%提升到65%。42.5%是2016年的统计数据，计划提高20%左右，增长率不低。具体如何实施呢？首先制定发展体育的基本纲领，要开发和普及新形式的体育活动，制订符合老年人身体需要的体育计划，对体育的现状进行调查，提出改进的措施。这是针对成年人的措施。

还有针对少年儿童的措施：要努力扩充少年儿童体育参与的机会，改善身体指标。使热衷体育的少年儿童从58.7%提高到80%，让讨厌体育的少年儿童从16.4%降低到8%。为实现这个数值目标，要修改体育、保健体育的学校体育指导大纲；小学要引进专门的体育教员，还要对学校的专项体育活动的方式方法进行调查研究和改进；幼儿期特别要对幼儿园和家长进行普及，实现包括少年儿童在内的体育健康生活。

过去对体育漠不关心的企业界人士，如何改变他们过去的作风，使他们走近体育、改变人生呢？这个设想是通过实施不同领域横向联合的集体措施，包括减少上下班的时间，改进企业附近的体育设施。具体来讲就是不同行业要努力创造环境，使不关心体育的人士也能够就近、顺便从事体育活动项目，走近体育。

如何号召女性进行体育？调查其参加的体育活动、观看的体育项目，了解哪些属于其支持的内容。女士在体育方面的参与观看率比较低，20岁左右的女士参与率为27.8%，30岁左右的女性参与率为27.7%，初中生参加体育活动60分钟的只有20%多，搞体育的女教练比较少，体育团体中的女干部也比较少。

用体育改变人生，需要在过去的基础上进一步付出努力，提高参加体育活动人群的比例，创建新形式的活动，扩大参加人口的基数，扩充运动员的培训渠道，要使更多的体育爱好者参加活动。

二、体育改变社会

根据有关专家的研究结果，体育事业的进一步发展会促进社会的改变，特别是延长国民平均寿命和降低医疗费用支出。医疗费的开支方面，每人每年可以减少10万日元。还有就是进一步努力提高综合性的地方一级俱乐部的质量。日本的体育协会也有责任，但更多的是地方体育部门，应加强管理，提高积极性。

针对残疾人参与体育活动的提高：残疾人参加一次以上体育活动的从19.2%提高到40%，年轻残疾人的体育参与率从31.5%提高到50%。提高健壮的成年人的参与率有难度，但很容易实现，如何提高残疾人的参与率则比较困难。

今后体育有关事业的产业化将大大发展，引人注目。新规划的现状是5.5万亿日元，2025年的目标是15万亿日元。

通过体育活动促进地方的繁荣，现在以体育为目的的日访游客量是138万人，到2020年要提高到250万人，观看体育的消费要从2000多亿日元提高3800亿日元。

要进一步利用日本现有的大学体育资源，包括学生、教练、研究人员和体育设施，在全国100个大学进行体育人才培育和教育。

三、体育连接世界

要达到这样的效果，需进一步开放学校体育设施，强化体育活动以增进健康。提高残疾人参与比例，改进体育设施以增加观赛者人数，综合改善体育俱乐部设施，使体育经济产业化。振兴和发展体育大学一级体育活动。

体育连接世界的方针。这个理念说明，体育的参与性非常广泛，且可持续，通过体育跨越国境，将国家连接在一起，这是一个重要手段。目标很宏伟，但日本在国际体育机构中工作的人很少，只有25人，要争取提高到35人。日本举办的世界级的国际赛事不多，今后应该争取举办更多的国际大赛。

中央竞技团体：为了提高日本的国际竞争能力，需要中央更多部门加强合作。包括日本体育协会、体育振兴会、日本奥委会、日本残奥委会。

另外，体育发展规划还明确指出，体育界要遵守体育道德。体育道德指的是诚实性、健全性、高洁性，不正之风、赌博、暴力、对女士不道德等做法要杜绝。

通过这些努力，使当今的体育活动为国际交流做贡献，把全日本联合在一起，把东京奥运会办好，将日本体育价值观向100多个国家进行宣传。加强奥委会和残奥委会的宣传，努力挖掘和培养下一代运动员。

四、通过体育创造未来

东京奥运会创造未来，使人们对体育的关心度大幅增长，这是一个大好的机会。

最后提出的口号：通过五年的努力创造一个崭新的日本社会，一亿人参与体育的社会，实现享受体育、幸福人生的目标。

专家授课

记录人：李圣鑫　刘学超

研修证书颁发及总结会

授课时间：2017年11月3日下午

一、颁发研修证书

（1）日本NPO法人大分人才培养地域文化交流协会会长后藤佐代子女士致辞。

（2）代表团袁永清团长致感谢辞，并向后藤佐代子女士赠送纪念品。

（3）后藤佐代子女士为袁永清等24位学员颁发研修证书，并合影留念。

二、全体团员举行总结交流会

（1）学员代表发言：刘建、邵桂华、刘东峰、薛文婷、邱雪、肖林鹏、李军岩7位同志就学习的收获发表自己的观点。

（2）教研组的李圣鑫和后勤组的刘亚娜同志对本次学习交流的教研工作和后勤保障工作进行了总结。

（3）团长袁永清对全团的学习情况进行了总结。他认为，本次学习的内容合理，注重实效。学员们学习投入，重点突出。在学习中从严要求，学风良好。同时提出了三点希望：一是厘清责任，不辱使命；二是加强跨界学习；三是久久为功。

后藤佐代子女士致辞

袁永清团长向后藤佐代子女士赠送纪念品

科研成果

交　流

经营高危险性体育项目行政许可中标准化相关问题探讨

国家体育总局体育科学研究所　黄希发

经营高危险性体育项目行政许可是《全民健身条例》为保障全民健身活动安全而确立的一项重要制度。在行政许可工作中，体育主管部门依据行政相对人的申请，对申请人是否符合法定条件进行审查，对符合法定条件的予以批准并颁发经营许可证。经营高危险性体育项目的相关体育设施符合国家标准是许可条件之一。由于标准的专业技术性和行政许可的复杂性，在行政许可和行政执法实践中，如何验证体育设施符合国家标准这一许可条件，成为困扰体育主管部门和体育场所经营单位的难题。近年来，国家体育总局体育科学研究所体育服务检验中心承担了高危项目《体育场所开放条件与技术要求》系列国家标准制定任务，组织开展了高危项目体育场所检验。现结合实践就上述问题进行探讨。

一、关于国家标准和审批条件的关系

《全民健身条例》规定，经营高危险性体育项目的，应当符合下列条件，并向县级以上地方人民政府体育主管部门提出申请：①相关体育设施符合国家标准；②具有达到规定数量的取得国家职业资格证书的社会体育指导人员和救助人员；③具有相应的安全保障制度和措施。其中国家标准对应的是《体育场所开放条件与技术要求》系列强制性国家标准。《经营高危险性体育项目许可管理办法》和国家体育总局相关通知对审批条件进行了细化，在体育设施、人员资格两个方面均直接引用了国家标准，但是通过对比不难发现，国家标准的内容涵盖了审批条件，审批条件只提取了标准的部分内容。问题是，《体育场所开放条件与技术要求》系列国家标准是强制性标准，根据我国标准化法律法规，强制性标准必须执行。然而现实中行政许可条件和国家标准并不完全一致，那么，在经营高危险性体育项目行政许可中，体育主管部门应如何落实对强制性标准的贯彻实施呢?

这涉及事前准入控制标准和事后监督管理标准。我国《标准化法实施条例》规定，由标准化行政主管部门统一对标准实施情况进行监督检查，体育主管部门应负责对本部门、本行业标准实施情况进行监督检查。我们认为，在许可申请和审查阶段应当依据的是事前准入控制标准，即国家体育总局依据上位法公布的审批条件。在许可后的日常监督管理阶段，不仅要对行政许可事项进行监督，还应对强制性标准的实施情况进行监督检查。

二、关于体育设施符合国家标准的证明责任

2013年《国家体育总局关于做好经营高危险性体育项目管理工作的通知》规定：申请人应当根据体育设施符合相关国家标准的表格逐项对设施进行检查，提交相关合格证明并做出承诺。此外，申请人也可以委托检验机构或认证机构对体育设施进行检测，并自行承担相关费用。体育主管部门可以委托检验机构或认证机构进行实地核查，本部门工作人员要一同前往，委托费用由体育主管部门承担。实地核查应当核查申请人提交材料所述内容是否真实，并按照体育设施符合相关国家标准的表格逐项进行。体育主管部门可以自行或委托检验机构、认证机构就技术性较强的技术指标进行检测。对上述规定常见的理解是：由申请人或由体育主管部门承担标准符合性检查的责任，而不必双方承担责任。鉴于此，申请人为节约成本，会自然地选择自己检查出具材料，由体育主管部门进行实地核查。

2017年《体育总局关于印发经营高危险性体育项目许可管理文件的通知》在提及“体育设施符合国家标准的说明性材料”时，改为要求“申请人自行检查提供或检验机构、认证机构检查出具，需要合格证明的需出具合格证明”，未再一并提及体育主管部门。但目前现实中仍然存在应该由哪一方来承担证明责任的争议。

《体育设施符合国家标准的说明性材料》，属于做出行政许可决定需要依

赖的行政证据。对于行政证据的证明责任问题，我国《行政许可法》没有明确规定，但是大多数学者主张由申请人承担。我们认为在申请许可阶段应由申请人承担标准符合性证明责任，其理由在于以下几点。

其一，高危险性体育项目经营许可是授益行政行为，申请人通过行政许可程序获得经营资质，获得相应的利益，同时具有按照规定条件和国家标准进行经营的法定义务，理应承担证明自己符合法定条件的责任。

其二，按照行政效率原则，我国行政许可法对行政部门实施行政许可有很高的时限要求，再结合体育行政执法人员编制精简的限制，由体育行政部门承担标准符合性检查的具体事务以及由此带来的巨大行政风险，势必力不从心，极大地影响行政效率。这种状况目前已经体现得较为明显。

其三，如果由体育行政部门承担证明责任，势必需要配置相应的设备、聘请专业技术机构，增加行政执法的成本。执法经费要由财政进行保障，使用财政经费来证明申请人是否符合法定条件，为许可决定提供技术依据，显然是不合理的。

其四，由于对规定理解不一致，如果有的申请人承担起了标准符合性的证明责任，而有的申请人又没有承担起这个责任，这一方面对于承担了标准符合性的证明责任的申请人而言是不公平的，另一方面也会引起行政管理上的混乱。

《全民健身条例》规定，县级以上人民政府体育主管部门应当自收到申请之日起30日内进行实地核查，做出批准或者不予批准的决定。实地核查是体育主管部门在受理申请后必须履行的审查职责，但并不意味着应由体育主管部门承担标准符合性的证明责任。《行政许可法》要求“申请人申请行政许可，应当如实向行政机关提交有关材料和反映真实情况，并对其申请材料实质内容的真实性负责；根据法定条件和程序，需要对申请材料的实质内容进行核实的，行政机关应当指派两名以上工作人员进行核查。可见，这种核实是出于公共安全和利益考虑，是基于一般行政执法人员的常识和能力，通过实地核查对申请材料真实性进行判断，主要目的是避免出具虚假材料和虚假证明，审查深度有限。反之，如果行政执法人员基于自身认识不足以判断申请人提供的《体育设施符合相关国家标准的说明性材料》能够证明真实情况，说明该材料是不充分的，应当要求申请人继续补充材料。因此，应明确该责任由申请人承担，体育主管部门在实地核查工作中不必委托专业技术机构。

在授予行政许可后，体育主管部门要根据行政许可的事项和强制性国家标准对高危险性体育项目经营活动进行监督检查。许可的审查批准和监督检查是体育主管部门依职权做出的行政行为，这两个阶段对于标准符合性的证明责任也是有区别的。监督检查的结果将作为是否实施行政处罚的依据，此时标准符合性的证明责任应由体育主管部门承担。

三、关于体育设施符合国家标准的证明方式

在标准化活动中，合格评定是对标准实施情况进行监督和检查的重要手段，是市场经济运行的基础性制度安排。高危险性体育项目的制度设计虽然没有强制要求对体育场所和体育设施进行第三方的合格评定，但将委托检验机构、认证机构出具证明材料作为申请人的可选行为，体现了对采用第三方合格评定的引导，是值得肯定的。由第三方专业技术机构出具体育场所和体育设施符合国家标准情况的材料，对申请人提交的申请材料的真实性负责，可以提高许可的公信力，减轻行政部门的负担。

从技术角度而言，检验机构和认证机构是否都适合出具《体育设施符合相关国家标准的说明性材料》呢？该说明性材料中既有定性指标，也有定量指标，依据该材料对体育场所的服务能力进行评定，其实质是对体育服务现场组织支撑质量的综合评定，属于典型的检验机构的检验活动。以攀岩为例，攀岩场所国家标准中有关顶端保护系统、保护挂片等的承载力及其试验方法、试验装置、试验程序，主要参考自欧洲EN12572系列标准。该标准明确规定，执行试验的必须是符合ISO17020《检验机构能力认可准则》的检验机构。因此，出具《体育设施符合相关国家标准的说明性材料》应该适用检验机构的检验程序，包括一些认证机构内设的检验机构，而不适用于不含检验机构的认证机构。

综上所述，申请人提出许可申请时，应当承担证明符合法定审批条件的责任，并提供相应的证明材料。证明材料应该有合理的根据，足以使体育行政部门做出许可的决定。相应地，证明产生的成本应当由申请人承担。在申请人获得许可后，体育行政部门依职权对经营者进行后续监督管理，应对经营者是否仍然符

合和维持审批条件进行重点监督，但后续监督的内容并不局限于此。在经营高危险性体育项目管理中引入第三方合格评定机制，是解决标准符合性、专业技术性问题的有效措施，其主要适用于检验机构的检验活动。

七个国家体育政策进展分析

北京体育大学　李圣鑫

一、英国的体育政策规划

英国体育政策经历了从“合理娱乐”到“体育运动为全民所有”的过程[1]。英国体育发展起源的特点是地方早于中央。英国体育经历了由大众体育普惠转变为竞技体育、学校体育优先发展再到大众体育、竞技体育、学校体育均衡协调发展的过程。总体来说，英国体育政策规划的核心内容，基本是围绕着人民福利来进行的，十分重视体育对于人的功能。

2000年英国出台了《未来的全民体育》，体现了英国体育发展规划的核心思想，为后续的体育事业发展指明了方向。

英国体育政策规划的目标可以分为内部目标和外部目标两个层次。内部目标主要是以全民体育为中心思想，外部目标则是关注发展国家的体育竞技[2]。《未来的全民体育》的核心目标是全民体育，即体育是所有人享有的权利与资源，是公共服务的一个重要部分，也是社会福利的一部分。体育规划的目标就应该是提高民众的体育参与率与运动演示率，提升民众身体素质，使民众享受体育运动的

---

[1] HILL J. From “Rational Recreation” to “Sport for All” : The Place of the Municipality in Sport and Leisure. Sport, Leisure and Culture in Twentieth-Century Britain [M]. Palgrave Macmillan,2002:165-178.

[2] BERGSGARD N A, HOULIHAN B, MANGSET P. Policy Objectives and Priorities Chapter 5 Sport Policy: Structures and Values.Sport Policy: A Comparative Analysis of Stability and Change[M].Butterworth-Heinemann, 2007:152-193.

乐趣，获得身心双重满足，提高全民族生活质量。《未来的全民体育》将政府发展体育的目标明确分为三个方面：第一，提高青少年的参与率；第二，延长生命周期中的参与期；第三，培养人才。全民体育的内涵得到了扩展。

《未来的全民体育》中涉及的政策主体为政府、市场、社会组成的多元化主体。1997年，文化、传媒和体育部（DCMS）（取代国家文物部）与英国体育理事会（DCMS直属机构）成立，紧接着4个地区性的体育理事会以及49个地方体育合作组织（CSPs, County Sports Partnerships）成立，形成了政府宏观调控、社会主导、多方合作的体育管理模式。

《未来的全民体育》强调大众体育、竞技体育、学校体育协调发展，使人民普遍享受到体育带来的好处。

《未来的全民体育》强调体育是公民的一项重要权利，英国政府通过从政策层面明确体育的功能与重要地位，制订体育发展系列计划，保障体育事业发展的衔接性与顺畅性，实现体育长远发展以及民众长久受益。

二、法国的体育政策规划

不同于欧洲其他国家，法国的体育政策规划遵循两个原则：一是国家将体育活动组织与管理职能下放给相关主要体育社团组织；二是通过各个体育联合会组织将业余体育与职业体育关联起来。政府的投资虽然不多，但政府却通过制定宏观政策对体育事业的发展产生着强大的干预。1958—1966年，法国青年与体育局提出，将体育列入公共服务。明确限定政府承担体育相关的资金投入，例如体育场地设施、体育竞赛组织、体育医疗、体育培训等。1966年国家体育部成立，标志着法国将正式把体育纳入政府把控重点。综观法国体育政策的发展，政府的宏观调控与干预作用显著，引导市场与社会发挥作用，鼓励体育产业化与职业化发展。

2011年，经过长达9个月的研究讨论，《2010—2013体育可持续发展战略》通过，要求法国政府、体育界、地方机构、经济和环境组织共同努力，解决体育部门中的九大挑战，法国体育界内部开始了持续的变革。

政策规划目标方面，《2010—2013体育可持续发展战略》主要体现国家需求，政府通过宏观调控来解决矛盾、实现国家利益，提升国民归属感和民族凝聚力。

从《2010—2013体育可持续发展战略》可以看出，法国体育的管理体制属于国家—社会混合管理的模式，但政策规划主体主要是政府，政府的干预能力很强，体现出政府宏观调控，引导市场与社会发展的形态。在体育公共服务、职业体育发展、体育活动组织等领域，政府保留政策调控职能而将管理职能下放或转移给市场与社会，主要由社会体育组织和市场来进行操作，政府则有更多精力关注体育的整体发展，制订长远发展计划。例如，政府鼓励和提倡体育协会独立，并确保其独立性和民间性的特征。各体育协会又通过承办公共体育事务获得政府的鼓励和指导，各体育协会向政府申请补助，但具体工作不受干预。

《2010—2013体育可持续发展战略》将业余体育和职业体育并重，既注重大众体育发展，也不忽视竞技体育能力的提升。大众体育直接关乎人民生活幸福水平，是人民的重要权利，竞技体育则能够反映国家综合实力和民族竞争力，二者不可或缺，协调发展。

法国政府对体育领域的强大干预起到了两大保障作用：一是能够精准调控体育发展的结构，将体育事业各个领域的发展控制在一个均衡的比例，避免出现过度与不足的问题；二是中央集中的特点使得体育发展的相关组织体系向心力强，具有良好的沟通机制，保证体育事业发展的活力。

三、俄罗斯的体育政策规划

同世界其他国家相比，俄罗斯的体育发展与我国的体育发展有着相对较多的共同点，因为俄罗斯经历了同我国相似的发展道路，有过同样的意识形态，同我国先后走上市场化道路，因此俄罗斯的体育政策规划具有比较重要的研究意义。

俄罗斯体育政策规划在经历了摸索改革之后，实现了由缺乏国家宏观调控到恢复国家集权管理，由竞技体育优先发展到大众体育、竞技体育协调发展的形态。随着普京对内对外政策的全面调整，开始形成了一种综合了举国体制和社会自治的市场机制的发展模式，在价值取向上既希望充分发挥政府的主导作用，又积极寻求社会和市场的自我调节，形成政府主导、社会自治、市场自主三者协调运转和有机结合的体育规划发展模式。

2006年，俄罗斯出台了《2006—2015年俄联邦体育运动发展计划纲要》，标志着俄罗斯体育进入了一个全面协调、科学发展的新阶段。

2006年，俄罗斯成为世界经济强国，政府更加关注民生，认为应该使年轻一代意识到健康的生活方式和从事体育运动的相关性，关注新一代公民的身体健康，俄罗斯各界均对体育表现出了高度的关注，要求制定符合时代发展的体育发展计划。在此背景下，《2006—2015年俄联邦体育运动发展计划纲要》应运而生，总目标是富国强民，体现了政策规划目标的转变，由最初的国家集中力量优先发展竞技体育到关注和普及大众体育、提升人民生活品质再到竞技体育和大众体育全面协调发展，稳步推进俄罗斯体育水平与人民体质，提高国家人均寿命。

《2006—2015年俄联邦体育运动发展计划纲要》的主体是政府及相关部门，体现了政策规划主体由最初的中央政府集中到多部门、多组织、多元主体转变的模式。自《体育运动法》颁布之后，俄罗斯政府体育管理机关集中了体育管理权力，与教育部、劳动部、国防部、健康部等相关部门积极建立平等的合作关系，形成跨部门工作小组，共同参与体育事务管理与方案规划制定。这样的组织主体模式使得其体育政策规划效率大大提高，成效显著。

《2006—2015年俄联邦体育运动发展计划纲要》的内容广泛，从宏观到微观涉及体育事业发展的方方面面，包括建设体育场地设施、发展青少年体育、部门协调合作、增强竞技水平等。它详细规划了大众体育、竞技体育和体育教育的发展方向，制定了详细的实施方案，是俄罗斯制定的内容最丰富、投资规模最大、配套实施最完整的一套方案。

四、美国的体育政策规划

美国是传统的体育强国，同时对于公民的健康十分重视。1979年，美国开创了“健康公民计划”时代，指出预防疾病、促进健康是未来几十年的重要公共卫生目标。因此每隔十年美国政府都会颁布健康促进和疾病预防计划，即“健康公民计划”，计划提出在未来十年美国人要努力实现的目标，并在实施后期做出总结评价。

进入21世纪以后，美国民众的肥胖现状愈演愈烈，肥胖人群患慢性病影响了身体质量，增加了医疗负担，使美国政府更加重视体育锻炼对健康的影响，美国颁布了新的健康公民战略——《健康公民2020战略》，希望民众进行体育锻炼，促进健康，提升国民寿命。

《健康公民2020战略》的目标主要分为四点：①获得高质量、更长寿的生命，避免遭受可预防的疾病、残疾等。②实现卫生公平，消除健康差距，改善全民健康水平。③建立并维持能促进身体健康的物质和社会环境，促进国民健康。④在各个年龄段推广健康行为，提高生活质量。战略的最终目标是建立一个所有人都长寿、健康的社会。

领导组织方面，美国政府于1979年专门成立了美国卫生与公众服务部，专门负责保护国民身体健康，提供更基本的医疗卫生服务，“健康公民计划”都是由该部分发布的。

为实现政策目标，《健康公民2020战略》中指出了42个健康领域、近600个健康目标、1300多个措施途径以及12个主要健康指标，并确立了通过体力锻炼建立良好的生活方式来实现健康促进的目标。42个主题领域涵盖：获得健康服务、青少年健康、关节炎、健康传播、睡眠、暴力预防等。12个主要健康指标包括：卫生服务可及性、医疗卫生服务、环境质量、伤害和暴力、母婴及儿童的健康、心理健康、营养体育活动和肥胖、口腔健康、生殖和性健康、社会因素、酗酒及药物滥用、烟草。

为确保政策顺利实施进行，政府制定了一个统一的实施框架，把以社区为中心开展的公共卫生干预措施标准化，框架被称为MAP-IT，由动员（Mobilize）、评估（Assess）、计划（Plan）、实施（Implement）、追踪（Track）5个步骤组成，MAP-IT可以用于规划和评价公共卫生干预措施，以更好地实现《健康公民2020战略》的目标。

五、澳大利亚的体育政策规划

澳大利亚虽然人口少，但其体育的国际成绩却举世瞩目，是一个体育大国。与其他国家不同，澳大利亚通过发展全面而有效的国家体育制度，来鼓励全民性的体育参与。澳大利亚体育制度的独特之处在于竞技体育与群众体育优势互补，在高度重视群众体育工作的同时，也提升了竞技体育的竞争优势。

进入21世纪后，澳大利亚进行了体育体制改革，2001年颁布了《澳大利亚竞技能力的回归：一个更有活力的澳大利亚》，政策指出，广泛的体育参与是本国体育可持续发展的关键，因此决定加大对农村、城市、社区体育参与的投入，并通过发展群众体育来保持竞技体育的活力。随后，澳大利亚联邦政府在2008年和2010年分别颁布了《澳大利亚体育：出现的挑战和新的方向》和《澳大利亚体育：成功的通道》，进一步巩固之前的体育发展战略，强调部门间的协同合作，通过提高体育系统的效率来推动体育发展。

《澳大利亚体育：成功的通道》于2010年颁布，澳大利亚政府强调体育对于国民和国家的重要性；提升国民体育参与度，包括促进儿童、体育组织、残疾人的参与，打破妇女和女童以及原住居民的体育参与壁垒，增加体育参与渠道，以及促进高水平体育的发展。

《澳大利亚体育：成功的通道》政策内容包括：展望国家体育未来、改革调整体育学院、培养国家体育组织的能力、将运动和体育活动回归到教育、解决社区体育基础设施、确保澳大利亚体育部门向所有人开放、维持体育资金基础。《澳大利亚体育：成功的通道》对以上几个方面的内容进行了详细说明，并提出了具体的政策措施。

《澳大利亚体育：成功的通道》每一阶段的工作实施过程，都有专门的机构对政策实施进行监控，及时发现问题、解决问题，保证规划的顺利实施。在每一阶段结束后，相关政策执行部门会进行自评和他评，这种健康的评价机制能够客观、全面地评价政策实施的效果，及时总结经验教训，为下一阶段的工作开展打下基础。健全的执行、监管、评价体系为政策执行提供了有力保障。

六、日本的体育政策规划

日本很早就开始进入老龄化社会，目前已经成为老龄化最严重的国家之一，在劳动力严重不足的社会背景下，体育运动改善身体健康、延长工作年限的积极作用不断凸显。申办1960年奥运会失利后，日本体育协会向文部科学省提交《关于体育振兴的意见书》，为1961年《体育振兴法》的出台奠定了基础。《体育振兴法》对于体育事业各方面的问题都进行了具体规定，此法颁布40年后，日本文部科学省依据此法颁布了《体育振兴基本计划》，对2000—2010年日本体育事业的发展进行了具体规划，明确提出了三大政策方针及其量化指标，是21世纪前10年日本体育事业发展的行动总纲领。2006年，日本文部科学省根据社会现实和政策执行情况的发展，对其进行了一次修订，出于遏制青少年身体素质下滑趋势的目的，将“提高青少年体质”上升至三大政策方针之首。2010年末，《体育振兴基本计划》实施完毕，政策目标基本完成，例如成功遏制了青少年体质下滑趋势，成年人每周一次体育运动比例达到45.3%[1]，此后参加的两届奥运会均成绩不俗。

2010年8月，为了延续《体育振兴基本计划》，起到承前启后的作用，日本文部科学省制定了《体育立国战略》[2]，基于21世纪以来体育政策的快速发展所暴露出来的矛盾与问题，提出系统的政策目标和一系列政策措施，以提高运动竞技水平、扩大体育基础，实现“体育立国”目标。《体育立国战略》提及要加快《体育振兴法》的修订工作，2011年，新的《体育基本法》颁布实施，这是《体育振兴法》颁布五十年来的首次全面修订[3]，明确保障了日本公民的体育权利[4]。全新修订的法案紧紧围绕新时期下体育事业面临的新问题，加强了对体育事业发展透明度和公平公正的要求，加强了对残疾人体育的发展，并且明确提出《体育基本计划》应由教育、文化、体育、科技部门联合制定。

2012年，为继续完成《体育振兴基本计划》中尚未完成的目标，支持青年健康发展，激发社会和经济活力，发挥体育运动的社会功能，《体育基本计划》问世，规划了日本体育事业发展的又一个十年，旨在创造一个广泛参与的体育环境，使人们能够依照个人兴趣和态度来选择和参与体育运动，而不论其年龄、性别或身体是否残疾。

[1] 景俊杰，黑田勇. 日本2012《体育基本计划》解析[J]. 西安体育学院学报，2013（4）：419-423.

[2] 曲国洋. 详解《日本体育立国战略》[J]. 山东体育学院学报，2014，30（1）：11-16.

[3] 倪灵子，于可红. 美国、日本学生体质测试的演进与发展[J]. 浙江体育科学，2015，37（1）：56-60.

[4] 程华，戴健，赵蕊. 发达国家大众体育政策评估的特点及启示：以美国、法国和日本为例[J]. 沈阳体育学院学报，2016，35（3）：36-41.

《体育基本计划》提出了7个层面的基本方针：①增加学校和当地社区儿童的体育运动机会。②按照不同年龄段推动体育活动。③改善居民积极参与的社区体育环境。④开发人力资源、发展体育环境以提升国际竞争力，提高运动竞技水平。⑤促进国际交流和贡献。⑥提高体育界的透明度与公平性、公正性。⑦扩大体育参与，形成良性循环。这7个方面的基本方针及其相互关系构成了一个整体结构，指明了此后10年日本体育事业的发展方向。为了提高群众接受程度，更好地保障政策实施效果，《体育基本计划》还提出了4条政策推广建议：①促进公众的理解和参与。②通过参与体育运动的协调合作，进行系统、综合推广。③确保财政资源的有效利用。④确定评估指标，不断验证、评估与监督《体育基本计划》的进展情况，并在下一个计划制订时反映改进。

对日本的体育政策规划发展历史进行归纳，可以总结出以下几个特征：①政策结构清晰，连续性强。②政策内容明确，可执行性强。③多部门协同合作。④政策目标量化，有利于开展评估，提高政策效率。我国逐渐步入老龄化社会，体育事业所面临的问题与日本历史发展过程中所遇到的问题有相似之处，因而，日本的体育政策规划发展过程及其遇到的问题和解决途径，对于我国现阶段体育政策规划的发展具有一定的借鉴意义。

七、新加坡的体育政策规划

新加坡一直特别重视体育事业发展，新加坡政府将体育发展置于国家战略地位，认为体育运动能够增强民族自信、增强社会凝聚力，并且可以形成带动经济增长的规模性产业。新加坡于2010年举办了首届夏季青年奥林匹克运动会，透过这届“改写奥林匹克历史”的青奥会，向世界展示了他们的国际体育城市形象。2014年，新加坡建成了亚洲首个集体育、休闲和娱乐等不同生活方式于一体的综合性中心——新加坡体育城。其体育主管部门是文化、社会与青年发展部，是2012年由社区、青年与体育发展部改组而来，下属新加坡体育委员会是主要执行部门[1]。

---

[1] 刘会平，程传银. 新加坡大众体育政策及其启示[J]. 山东体育科技，2015（1）：110-114.

新加坡政府近年实施了一系列战略和政策，以期使新加坡人通过体育运动来提升健康水平、获得更美好的生活。例如，2008年发布《运动文化委员会报告》，清楚明确地提出了新加坡体育事业的指导原则、发展目标和实施计划。2013年，发布《体育设施总体规划》，旨在通过增加体育设施供给来提高体育参与度，它将新加坡岛内体育设施网组织为四层体育设施，以满足国家、地区、城镇和邻里四个不同层面的体育需求。

在一系列体育政策中，《2030愿景》（以下简称《愿景》）至关重要，它是新加坡体育委员会运用体育战略改善新加坡人民身体健康和生活质量的20年战略路线图，是后续众多体育政策出台的立足点。《愿景》的出台始于对“未来数十年，体育运动如何更好地服务于新加坡”这一问题的思考。体育运动在新加坡一直被视为团结社区、保持核心价值观、建设一个充满活力的社会与经济的战略手段，为了解答这个问题，《愿景》团队通过面对面讨论、在线分享等形式收集人们在体育参与中的角色和看法，思考和审视体育在国家塑造中的角色，并将这些思考划分为四个主要目标，并提出了20项措施。

《愿景》的四项主要目标是：①通过运动为未来做好准备。养成体育运动习惯，除了健康和健身益处之外，还可以培养人们吃苦耐劳的精神以及自我约束能力，以应对处于快速发展中的世界。②体育无边界。为每一位新加坡公民提供体育节目、运动空间等资源支持，不论其年龄、能力、性别以及社会地位。③将体育作为国家语言。通过体育运动激发新加坡精神，促进社会团结。④为成功实施而进行组织协调。为了充分发挥和优化体育的战略功能，需要协调整合所有机构的力量，包括私营部门的参与。

《愿景》从三个角度出发，提出了20项政策措施：①机遇。包括发展超级体育俱乐部；建立体育发展路径委员会；鼓励将体育运动作为新形式的娱乐活动；组建公司联盟；发展老年健身生态系统；推进统一体育。②路径。包括加强体育赛事战略；增加体育观众和提高收视率；增强新加坡队伍的亲和力；制定和实施新的《体育设施总体规划》；建立“体育关怀运动”慈善基金会；增强技术对体育意识和生活方式的促进作用。③功能。包括建构体育志愿者框架；扩大新加坡体育学院的影响力；建设教练员学院；开设“利用体育运动发展领导力与性格”

课程；整合学术与体育课程；创办体育专业学院；发展体育产业专业服务；探索新加坡体育运动的可持续发展模式。

从整体分析，新加坡体育政策规划具有三个明显的特点：①清晰明确，可执行性强。新加坡政府对于体育事业发展不仅有着清晰明确的目标，而且制订了明确的工作计划以保障实施效果，政策具有极强的可执行性。②全民导向，覆盖面广。虽然新加坡对于奥运金牌的渴望也十分强烈，但政府体育政策的出发点依旧是全民健身与国民健康，是要通过体育运动的普及带给新加坡人民更健康的身体素质和更美好的生活。政策的覆盖面广，不仅涉及的体育项目全面，而且对于特殊人群都做了特殊的政策考量。③部门协同，政社合作。新加坡体育政策规划的制定和实施均体现了高度的部门协同性，不仅是体育部门的参与，教育、卫生、交通等各政府部门均积极推动体育事业发展，政府也积极听取民众意见，推动与私营部门的深层合作，以确保政策目标高效完成。

八、七个国家体育政策规划经验总结

（1）体育作为一个政治功能、社会功能等作用广泛的重要资本，必须纳入国家战略规划，融入人民日常生活，这将有利于国家建设发展与经济社会长期稳定。

（2）体育发展规划应该形成政府多部门合作，政府、市场、社会多元参与的政策规划组织架构。

（3）国家政府工作重心放在法律政策、规划的制定上，专注体育发展的宏观调控，市场与社会组织、协会负责具体的实施、操作性事务。

（4）体育政策规划关注青少年、儿童的教育与培养，体育发展的核心动力是源源不断的后备人才供给，青少年、儿童体育的科学发展至关重要，有利于培养健康的生活方式，提升国家民众的身体素质。

（5）体育政策规划应该坚持科学发展原则，以人为本，保证政策规划的规范性、普适性、普惠性，形成本国特色，推动体育事业长久可持续发展。

我国体育信息研究工作的现状与对策

国家体育总局体育信息中心　袁俊杰

在体育事业发展的新形势下，体育信息需求不断向精细化纵深方向发展，传统的体育信息研究思维方式与工作模式已远远不能满足各个层次的需求。

本文对我国体育信息研究工作的现状进行分析，找出目前存在的问题，并提出对策，希望全面提升体育信息研究水平和服务质量，为体育信息的持续发展发挥更大作用。

一、我国体育信息研究工作的现状

我国体育信息研究与服务工作始于20世纪50年代，经历了60多年的发展历程，在借鉴国外先进经验的同时，密切联系中国体育的实际情况，不断探索中国体育信息的理论与实践，取得了较大的发展。

（一）研究领域不断扩大

体育信息研究与服务工作最初仅限于竞技体育领域，自1984年夏奥会、1998年冬奥会以来，主要承担奥运会信息研究与服务奥运攻关任务，为中国体育代表团在奥运会上取得优异成绩做出了贡献，也在多年的奥运信息研究与服务中积累了丰富的经验。随着体育事业的发展，业务面日渐拓宽，逐步从竞技体育扩展到群众体育、体育产业、运动员保障、体育信用建设等多个领域，对体育发展战略的搜集与研究也日益加强，成为我国体育事业发展的助推器。

（二）信息技术应用能力不断提升

随着信息技术应用能力的提升，信息采集手段日益多样化，传统报刊、互联网搜索引擎、网络数据库、电子期刊以及社交媒体等各类信息源相互补充、相互印证，体育视频信息的搜集途径也从单纯的传统电视收录改变为与互联网采集并重。同时，信息传递手段也与时俱进，利用传统印刷、网络数据库、网站、移动客户端等多种方式提供立体化服务，刊、库、网一体化服务模式日益完善。

（三）信息资源建设初具规模

近年来，各类体育信息数据库在质和量上都取得了较大的飞跃，以满足不同的需求。例如，目前体育信息中心自建了竞技体育信息数据库、群众体育信息数据库、运动训练信息数据库、国外体育管理信息数据库、体育产业信息数据库、体育专业声像资料库等多个大型数据库，全部于网上向公众提供检索服务。近两年着手建设比赛视频剪辑库，按场次剪辑，在线播放，帮助用户分析对手的技战术特点，提高备战训练的针对性和科学性。

（四）信息队伍素质稳步提升

近年来，通过新聘人员、以访问学者身份赴世界体育发达国家研修以及在国内参加体育学、管理学、经济学、外语、计算机等方面的在职学习和培训等方式，信息工作人员的学历和知识结构有了很大变化，队伍整体素质稳步提升。

二、我国信息研究工作存在的问题

随着新一代信息技术快速普及应用，目前体育信息的采集、加工和传递技术已无法胜任，信息队伍的技能素质与信息需求的矛盾也日益突出。

（一）战略信息研究占比不高

信息研究工作中动态信息研究比重偏大，战略信息研究占比有待提高。随着互联网的迅猛发展，网络信息更新速度加快，虽然动态信息研究更加注重反映最新的发展状况，对信息搜索的频率和信息研究的时效性都提出了更高的要求，但管理部门更需要综合性、预测性和建议性的战略信息。目前高职称信息研究人员的大部分时间用于日常的国外资料收集、翻译和整理，只有少部分时间用于深度研究，积累的大量原始资料有待进一步挖掘利用。

（二）研究与服务效率仍需提高

部分环节的工作方式有待完善，工作效率仍有提升空间。例如，网络体育信息的来源主要是相关国家或体育组织的官方网站、较权威的体育网络媒体和数据库，获取信息的最常用的方式依然是人工浏览、下载和累积，缺少高效的数据采集、处理、分析工具，信息采集效率有待大幅提高。与此同时，移动端已经成为网民获取新闻的最主要渠道，中央和各地方媒体都在积极利用“两微一端”（微信、微博和新闻客户端）向新媒体转型，目前我国手机网络新闻用户接近6亿，其中近4亿网民使用微信公众号获取最新资讯。目前的体育信息一体化传播方式有待进一步完善。

（三）信息队伍建设有待加强

目前信息研究队伍知识结构不尽合理，多以外语或信息技术见长，体育专业知识不足，人员水平与大数据时代的要求相差甚远，善于利用外语工具、精通体育业务、掌握信息技术、综合研究分析能力强、具有创新意识的专业人才明显不足。同时，工作中仍存在着“等、靠、要”的思想，市场开拓不足，服务意识有待提高。

三、国际体育信息工作的发展趋势

世界各国越来越认识到体育的影响力，体育信息的作用也日益受到重视，主要有如下几个发展趋势：体育信息研究领域不断拓宽，涉及运动医学、运动训练学、生物力学、体育社会学、体育教育学、体育信息学等多门学科；大数据所主导的体育信息收集和分析技术应用的比重逐渐加大，与科技企业之间的合作和融合日益广泛；国际交流合作日益频繁，借鉴别国的先进经验、共享信息已经成为大多数国家的愿望。

四、我国体育信息研究工作的对策

为了更好地为体育事业服务，中国的体育信息工作应与时俱进，重点加强以下几项工作。

（一）以需求为导向，拓展信息研究领域，丰富信息服务内容

未来一段时期，我国体育信息工作的主要任务是紧密围绕深化体育事业改革、推进“健康中国”建设、加快发展健康休闲产业等，重点提供体育发达国家在全民健身、健身休闲产业、体育社会组织改革、公共体育设施建设、群众冬季运动推广普及等方面的相关政策、成功经验和最新动态，结合我国实际，为领导决策提供建议和信息支撑。

东京奥运会，中国将面临来自日本的巨大挑战和冲击，有必要尽快建立精细化备战信息服务体系，以举办2022年北京冬奥会为契机，加强体育视频的搜集和剪辑，跟踪分析每个竞争对手新的技战术特点，以便有针对性地调整作战方针和应对策略，稳步推进2020年东京奥运会的信息研究与服务工作，特别是加强冬季项目的信息研究，为2022年北京冬奥会提供全方位信息服务。

体育信息工作要以需求为导向，既要紧紧围绕体育中心任务、围绕国际体育总局重点工作，又要面向社会、面向市场，稳步拓展研究领域，使信息服务与信息需求相协调。

（二）以信息技术为支撑，优化信息研究流程，提高信息服务效率

伴随着“互联网+”上升为国家战略，体育信息工作要尽快推进生产方式和传播方式的改革，强化互联网思维，适应分众化、差异化传播趋势。

积极利用大数据、云计算等技术，打造集网络信息自动采集、智能筛选、人工细选、翻译任务分配、校对、审核、发布一体化的外文体育信息采编平台，优化采编流程，提高信息处理效率。

创新体育信息服务方式，开通微信订阅号和微网站，构建包括纸质印刷、网站、移动客户端、微信订阅号和微网站等发布渠道在内的立体化的传播模式。

大数据资源协作共享、跨界融合已是大势所趋。以减轻工作量、提升工作效率为目标，将部分信息采集以及视频剪辑等专业性事务交由社会专业公司集中处理，大幅提高信息处理效率。同时，合理地整合利用各种国内组织的大数据资源，通过共建引进有价值的国外体育信息数字化资源，积极探索运用大数据技术改进信息分析流程，提高分析结果的精度和价值。

（三）以人为本，加强信息队伍建设，提升信息服务质量

当今高水平体育信息研究的发展态势是多学科综合实施。新形势下，体育信息需求日益专业化、多样化和个性化，对从业者的要求更高，必须全面提高信息研究人员的综合素质，构建科学合理的信息研究队伍。

采取有效措施，加强对外合作交流，引进先进理念，学习成功经验；优化人才队伍结构，有计划地安排人员进修和培训，包括专业培训和信息技术应用培训，多提供参加大赛调研和学术交流的机会，开阔思路和视野，使信息研究与运动实践结合更密切，培育更多的体育、外语、信息技术兼备的复合型人才。

同时引进网络“众包”模式，与体育科研机构、体育院校、运动项目管理部门及运动队进行全面、深入的合作，融合各界力量，不断扩大信息采编队伍，逐步建立高效实用的“中心+社会”研究队伍，通过多学科知识的有效集成，形成综合竞争优势，为体育信息的发展提供有力的人才保障。

传统文化、地域文化与现代设计的融合创新

——中国体育文化、体育旅游博览会展示设计浅析

国家体育总局体育文化中心　禹晓静

博览会是指规模大、内容广、展出者和参观者众多的展览会。博览会也是通过展示搭建平台、拓展渠道来促进交易、传播品牌的一种宣传活动。

博览会的雏形可以追溯到欧洲中世纪的集市交易会。到文艺复兴鼎盛时期，随着城镇不断地扩充，普通交易集市也变得越来越专业化，在这种不断变化中，逐渐演变成以展示、传播为主要目的的展览会。现今，举办各类国际、国内博览会已成为一个城市的社会文明和国际地位的重要标志。

由国家体育总局、中国奥委会主办的中国体育文化博览会和由中华全国体育总会、中国奥委会、中国旅游协会主办的中国体育旅游博览会（以下简称“两博会”）。从2013年起，由地方政府、国家体育总局体育文化发展中心、地方体育局共同承办的“两博会”同时同地一并举办，已经成功举办了5年。“两博会”从地域特色、展示内容、民族风情、观展人数、宣传效果、积极影响等诸多方面，给所有见证者留下了深刻印象。“两博会”作为体育文化、旅游宣传、展示、推介的交易平台，已经成为国内体育文化、体育旅游的龙头展会，取得了社会效益和经济效益双丰收。在近几年的博览会组织工作中，我对博览会中的展示设计进行了一些研究与思考，现与大家分享和探讨。

对于主办方而言，一个成功的博览会首先要吸引参展商参展，因此独特、新颖的展示内容和主题特别重要。对于参展商而言，要想在一个几万平方米的展馆中成功吸引住广大参观者的眼球，其展位的展示内容和布置形式，只有别具一格、引人入胜、出其不意，才能在众多参展商中脱颖而出。在展示设计的形式中，展示设计的视觉传达，展览空间布局，观展的交互体验以及传统文化、地域文化等元素应用对延伸的展览意象具有重要意义。

一、展示设计的视觉传达

视觉传达主要是以标志、标准字、标准色等为核心展开的完整的、系统的视觉表达体系，并应用于商品、办公用品、环境、交通工具、广告宣传、服装服饰、包装系统、礼品、陈列展示以及印刷出版物等。

作为视觉传达的核心，标识是展位设计形式因素的来源和统领，它的形状和色彩，不仅可成为展位设计中画龙点睛的装饰，其构成元素也足以表现整体展示形象。延伸标志形象，执行标准色，是被广泛采用的展示设计手段，具有突出品牌、传递文化和商业信息、快速有效地传播信息的作用。同时，视觉作为人类最为重要的知觉，在展会信息传播与认知过程中起着主导作用。

“两博会”的视觉传达系统主要以会标、标准色等为核心展开。体育文化博览会会标以篆书表现形似运动的“人”字，通过阳光、蓝天、绿地的色彩表达了体育带给人的快乐。体育旅游博览会会标以走进自然、享受阳光、拥有健康为主题，以山峦、人物、跑道为设计元素表现人与大自然的和谐。两个会标一动一静相组合，色彩统一、清新。VI设计图以泼墨的五彩图形贯穿，色彩丰富，但整体不失简洁，与会标色彩呼应，应用于各个方面，能快速有效地传播展会信息。

2017中国体育文化 体育旅游博览会
2017 CHINA SPORTS CULTURE & SPORTS TOURISM EXPO

“两博会”会标

二、展示设计的空间布局

合理地安排空间是展示设计中最重要的部分，正确认识空间与展示设计的关系是做设计的前提和基础，较好地运用“空间”语言则可以赋予一个设计以实质的意义和生命力。

整合而统一，是展示艺术的首要标准。形态统一、色彩统一、工艺统一、格调统一。任何艺术活动的最终目的都在于创造，展示设计的创造性主要表现在创意的新颖和艺术形象的独创性。这个独特的形象给人以冲击、给人以震撼、给人以刺激，令人过目不忘，发挥最有效的市场作用，实现最有效的形象传播，这种创造涉及形式的定位、空间的想象、材料的选择、构造的奇特、色彩的处理、方式的新颖等方面。

（1）空间环境的开放性。通透流动性、可塑性和有机性，给人以自由，给人以亲切，让人可感、可知、可以自由出入、参观和交流。如新疆展区以热情的维吾尔族、塔塔尔族民族特色歌舞，与观众互动，用鲜明动听的节奏，吸引着观众。

（2）实现展品信息的经典性原则，落实少而精的要求。“两博会”文化主题展区的内容都是经过精心挑选、有特色、有代表的主题与实物，如带有“中国第一”“世界纪录”标签的有深厚历史文化内涵的珍藏品。

（3）采用新产品、新材料、新构造、新技术和新工艺。积极运用现代光电传输技术、现代屏幕映像技术、现代人工智能技术等高科技手段。如国家体育总局信息中心展区通过采用先进的电子展板、虚拟现实、数字视频、Wi-Fi探针等信息技术，实现无纸化环保动态展示方式，突出展现多年来体育信息服务业绩和国家旅游产业管理与应急指挥平台的建设成果。

（4）重视对软体材料的自由曲线、自由曲面的运用，追求展示环境的有机化效果。如2017年“两博会”主展区入口是一排挺拔高大、苍劲古朴的仿真胡杨林，在灯光照射下，金色的树叶亮丽辉煌，树影婆娑，壮观而凝重，给观众带来空间的震撼。

2017年“两博会”展厅入口

在展厅内部，如何营造让观者感到轻松、愉悦的氛围是十分必要的。对于每个展区来讲，除了展示外，还可以设计一个构思巧妙、氛围轻松的洽谈区或小型论坛、沙龙区。

2017年“两博会”体育文化主题展区从入口奥运火炬展示，到蹴鞠与足球、捶丸与高尔夫、角力与摔跤等，让观众感受中华民族传统体育与世界体育的交融与发展。十几座体育博物馆的120多件古今体育文物精品，150多件体育文化艺术作品，200多段体育电影、动漫与视频，让观众参与其中，犹如沐浴在中外体育文化的海洋。从世界中感受中国，从文化中理解体育。“追梦运动员”的故事展演、奥运冠军亲临现场示范、体育收藏交换拍卖及丰富的体育文化活动在舞台交替举办。

“两博会”整个环境以自然环境为场景来划分烘托展示区域，入口是金黄的胡杨林，围中有透，进入展区，一边是沙漠，一边是草原，中心是现代元素主舞台，旁边一个简洁的蒙古包亭子点缀融合，透中有围的分割，将这些区域有序分隔开来。场景的对比，空间反差，各场景的特点一览无余，观众带着兴奋和期待享受这个参观的过程，避免了视觉上的疲劳感。在参观的过程中，观众沿既定的路线不断前进，从不同的角度看到几个层次的空间，加强了空间的流畅感和节奏感，有利于观众对整个展示空间的理解和信息获取。

三、展示设计的传统文化、地域文化元素应用

中国传统文化多彩绚丽，有取之不尽的文字、图形、色彩、符号和用之不竭的思想和智慧，在现代的设计中，它是创作灵感的源泉。

秀丽灵巧、檐角飞翘、雕工精致的江南风格；简洁大方、屋身低平的北方风格；粗犷奔放、朴实无华的西北风格；飞檐斗拱、雕梁画栋的宫殿风格，这些建筑风格无一不体现着浓郁的传统文化、地域文化和精神文化。在展会中，对这些建筑和装饰进行剖析与研究，吸取具有代表意义的元素并运用于设计当中，经过提炼和再生，表达意境，使观者获得普遍的心理认同感和归属感。

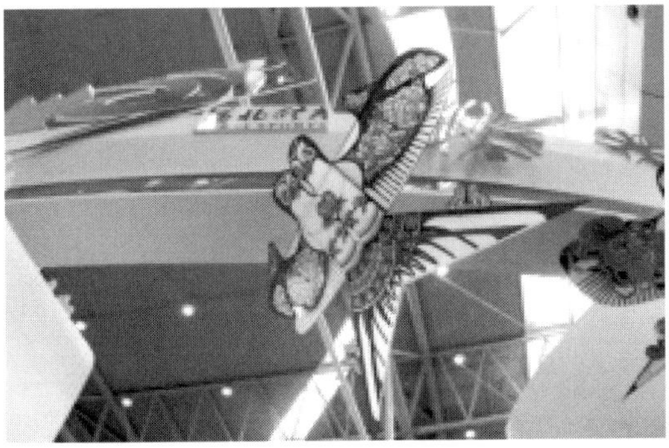

“两博会”展示设计中的传统文化元素

2015年“两博会”体育文化主题展区运用了山西古代院落文化元素，在空间、视觉、色彩造型以及“两博会”VI设计上，呈现了山西地方文化与中国和奥林匹克文化在虚与实的历史空间对话与穿越，传递了体育文化、体育旅游主题思想。整体展览空间古朴凝重，简约现代的展柜放置着精美的现代体育展品、奖杯、奖牌等。展馆入口古色古香的山西特色牌楼、红灯笼衬托出鲜亮夺目的会标和标题。

2016年新疆“两博会”的体育文化主题展区，以具有浓郁西域民族特色和地域文化的大巴扎建筑元素为主要场景，展示我国源远流长的古代体育文化、现代奥林匹克运动的发展、中国体育美术书画、中国体育收藏与拍卖等系列体育文化主题。其中，中心舞台的天山天池场景，令人赏心悦目。此外，安徽、山西、贵

州、广东、广西、海南等展区也挖掘了传统元素和地域特色进行展示。

2016年“两博会”体育文化主题馆

四、展示设计的体验性

展示空间体验性设计是对多元化会展展示的丰富和补充，从人性化的角度出发，以观众的心理需求和知觉特性为设计依据，制造“物我两忘、身临其境”的感受。合理恰当地将体验应用在展示空间中，将抽象的文化元素和主题所蕴含的精神更好地融合在整个展示过程中，使其更好地融入观者体验。

展示活动是动态的，体验的整个过程也是动态的，包括意识、认知、情感、行动。

认知体验是通过视觉、听觉、触觉、味觉、嗅觉的感官刺激共同完成的，展示环境中的展示造型、展品摆放、灯光配置等因素都可以调动人的情绪，使人们能够完整地感受空间环境。

“触景生情”是人对客观事物所触发的情感体验。情感影响和调节人的认知过程，参与人在感知、记忆和思维时对信息的选择和加工。展示空间的构成要素不同，会产生不同的情感效应。因此，从人的情感角度出发，研究出能激发和感染人的情绪的展示方式十分必要。

行动体验就是人们通过对展示方式和展示内容的感受，引发对生活方式的新思索，从而使人们在新的生活方式里获得意外的体验。每一个专业的会展都会给人带来新发现、新技术、新理念。

“两博会”期间，各展区丰富的体验活动使得观众流连忘返。比如：电子竞技俱乐部战队挑战赛，体育旅游虚拟现实（VR），体育电影，体育健康沙龙以及冰雪、射箭、曲棍球等各种运动项目的互动体验等。

博览会作为媒介的属性决定了展会展示设计必须具备前沿性、创新性的特点。在现代设计发展日益呈现多元化的今天，中国的传统文化、民族文化、地域文化，仍然是当代设计不可或缺的智慧源泉。如何对文化、对美学更加深入地探究，细节部分如何更加人性化，材料如何更有效利用、更环保和节约，都值得我们去深入思考和挖掘。中国的民族体育、民间体育、民俗体育具有悠久的历史，深厚的底蕴，内容十分丰富，是取之不尽、用之不竭的宝库和源泉。结合大众的需求，结合时代的特点，“两博会”将传统与现代结合，全方位、多层次地展示和推广，打造出具有丰富本土文化风格的体育文化和体育旅游品牌。

基于主办城市居民认知视角的奥运遗产量表开发

上海体育学院　刘东锋

一、研究背景

众所周知，奥运会的举办成本非常高昂，而2008年北京奥运会由于是在我国仍处于发展中国家阶段、基础设施与体育场馆的建设基础相对薄弱的情况下举办的，资金投入巨大更是在所难免。那么巨大的成本带来的收益如何，在继北京奥运会之后，大型体育赛事继续接二连三落户中国的背景下，对北京奥运会的遗产展开实证研究，总结经验教训，为以后的赛事申办与举办提供参考依据，不断提高大型体育赛事的举办效益显得极为重要。

二、目的与意义

本研究在梳理大型赛事遗产研究的相关文献基础上，拟从居民认知的视角，探讨北京奥运会的遗产问题。研究首先将开发出从居民认知视角反映的奥运会遗产的量表，然后用该量表衡量北京市民对北京奥运会的遗产认知。

对于居民对赛事遗产的认知与态度的研究仍然处于初期阶段，而要有效地衡量居民对赛事遗产的认知与态度，量表的设计与开发非常关键，本研究结果将有效丰富赛事遗产的相关理论。

三、文献综述

近20年来，尤其是进入21世纪以来，大型赛事遗产的研究引起了越来越多学者的关注，学者们从遗产的定义、内涵、外延等各个方面对大型赛事尤其是奥运会的遗产进行了理论探讨，以至于知名体育史学期刊《国际体育史杂志》于2008年还出了一期大型赛事遗产研究的专刊。许多学者围绕遗产的内涵展开了定性的论述，一般认为遗产是一个多维度的概念，但是在具体的维度上学者们提出了不同的见解。有专家将遗产分为六大类别：经济，设施，信息与教育，公共生活、政治与文化，体育以及象征，回忆与历史；也有专家将遗产划分为五个方面：体育、经济、设施、城市以及社会。

相对而言，我国学者对于赛事遗产的研究起步较晚，主要集中在北京奥运会举办年的前后几年内，研究对象也主要是围绕北京奥运会遗产规划与开发。而且，通过在中国知网上进行搜索发现，以赛事、奥运与遗产等为关键词搜索析出的文献中以北京奥运会举办年2008年为最多，随后几年迅速递减。这意味着我国学者对大型赛事遗产的关注热情随着奥运会的结束也迅速消减了，这不能不说是件令人遗憾的事情，因为这也同时意味着对于北京奥运会遗产的研究更多地停留在了理论的梳理与思辨的层面。

实际上，大型赛事尤其是奥运会的遗产可能要到赛事结束多年以后才能充分体现出来。这就意味着对于北京奥运会遗产的研究包括评价等的时机可能才刚刚出现，需要更多的研究来深入分析北京奥运会为北京乃至中国带来了什么遗产，这些遗产是如何产生的，在未来大型赛事的申办与举办中应该如何汲取北京奥运会的经验教训等重要问题。

四、研究方法

本研究主要通过问卷调查法收集一手资料。

（一）问卷的设计与测量

居民认知的奥运会遗产的初步量表的开发主要基于文献综述的分析，经过专家小组的修改与完善最终形成。初步量表共包含44个条目，均采用李克特

（Likert）5级量表。

（二）问卷的发放与回收

由于本研究首先是量表开发的探索性研究，并非要获得北京市人口的代表性样本，同时也由于人力以及预算方面的限制，问卷发放没有采取随机抽样的方式，而是采用了方便抽样。在北京人口相对密集的场所发放问卷，调查员在口头确认对方为北京市民后，由受访者自行填写完成并当场回收。为了提高答复率，完成问卷的市民会获得一份小纪念品。总计发放并回收415份问卷，经确认有10份问卷由于填写不完整等原因判为废卷，剩下的405份问卷用于本研究的数据分析。

（三）数据分析方法

本研究主要运用SPSS以及AMOS等统计软件对原始数据进行分析。首先利用SPSS13.0对数据进行了拆半，随机选取了198份（49%）问卷数据进行探索性因子分析（EFA），然后对析出的公因子建立测量模型，利用AMOS7.0软件对余下的数据通过确认性因子分析（CFA）展开模型检验与修正。

五、分析过程与结果

在原始问卷中，对北京奥运会遗产的描述包含了44个条目的描述。为了进一步分析居民感知的奥运遗产及其对未来赛事申办的影响，首先对数据进行了拆办，随机抽取198份（49%）问卷数据进行了探索性因子分析，余下207份用于确认性因子分析及结构方程模型。

在做探索性因子分析前，首先进行了描述性统计分析以及量表内部一致性检测。在探索性因子分析中，首先应用SPSS软件对数据进行KMO检验和Bartlett球体检验。结果表明，KMO 值为0.891，Bartlett球体检验值为6045，df= 946，p<0.001，共同度最低值为0.528，说明调查所得的数据适合进行因子分析。

采用主成分分析方法，按照因子特征值大于1的原则，提取公共因子，当出现因子载荷小于0.5或双重负载时相应的条目则被剔除，剩下的条目重新再做因子分析。分析过程中，共计有11个条目先后被删除。最后对剩下的33个条目再次进行因子分析，提取出7个公因子。对提取的7个公因子建立原始因子载荷矩阵，并按照方差最大进行旋转。旋转后的公因子累计贡献率达到67.08%。将7个公因子分别命名为“体育与旅游”（7项）、“国际交流与合作”（6项）、“城市公共设施”（5项）、“文化遗产”（4项）、“国家形象提升”（4项）、“知识与技术”（4项）、“社会资本”（3项）。

接下来将上述7个公因子作为测量模型的基础，利用余下的207份问卷数据展开确认性因子分析。结果显示模型的拟合不够理想（x^2=1148.965，$p < 0.001$，x^2/df =2.424，*RMSEA*=0.083，*CFI* =0.812，*ECVI* =3.335），其中*CFI*值偏小不符合要求，同时多个因子载荷低于0.7。接下来对模型进行修正，修正要考虑多方面的因素，其中包括剔除因子载荷偏低的条目，以及因子构成的理论意义等。经过反复修正，最后的模型条目数削减至21个，因子数目仍旧为7个。结果显示该模型的拟合效果有了明显提高（x^2=286.204，$p < 0.001$，x^2/df =1.704，*RMSEA*=0.058，*CFI* =0.948，*ECVI* =2.205）。最后的模型结构及因子载荷如表1所示。其中，因子1名称修正为“体育与健康遗产”。另外，“展示了中国的经济发展实力”“奥运会的举办促进了信息技术的发展”“奥运会促进了民族团结”三个条目虽然低于0.7的临界值，但考虑到模型结构因子构成的理论合理性将其保留。

表1　最终模型因子结构与载荷

因子结构		载荷
因子1——体育与健康遗产	奥运会提高了居民健康意识	0.769
	奥运会促进了居民体育健身的参与	0.879
	奥运会推动了体育健身设施建设	0.813
因子2——国际交流与合作	奥运会推动了国际交流	0.791
	奥运会增进了国际友谊	0.857
	奥运会推动了国际合作	0.826

续表

因子结构		载荷
因子3——城市公共设施	奥运会促进了城市基础设施建设	0.709
	奥运会催生了新的旅游景点	0.764
	奥运会促进了北京交通设施升级与改善	0.785
因子4——文化遗产	奥运会向中国传播了奥运精神	0.719
	奥运会展示了中国悠久的历史	0.784
	奥运会展示了中国传统文化	0.787
因子5——国家形象提升	奥运会提升了中国的国际形象	0.818
	奥运会提升了中国的国际地位	0.879
	奥运会展示了中国的经济发展实力	0.678
因子6——知识与技术	奥运会促进了我国人力资源发展	0.786
	奥运会提升了全民素质	0.816
	奥运会的举办促进了信息技术的发展	0.629
因子7——社会资本	奥运会促进了民族团结	0.649
	奥运会提高了中华民族的认同感	0.875
	奥运会增加了民族自豪感	0.788

六、结果讨论

本研究通过EFA与CFA相结合的研究分析，开发了测量基于主办地居民视角的奥运会遗产量表。从遗产的构成内容看，包含了7个方面：体育与健康遗产、国际交流与合作、城市公共设施、文化遗产、国家形象提升、知识与技术以及社会资本，每个维度分别含有3个条目。该结果与已有文献中多位学者的理论框架比较接近，而与卡什曼所建议的框架则存在一定差异。其中最为明显的差异在于本研究的量表结果显示，在经济发展（尤其是旅游）以及环境遗产方面，基于北京市民的认知没有构成相对独立的遗产维度。环境遗产是国际奥委会宣称的三大支柱奥运遗产之一（另两个支柱为经济和社会遗产），同时也是北京奥组委的规划目标，并借“绿色奥运”的宣传口号成为北京奥运会的办赛理念并广为人知。

调查结果没有符合预期，可能与北京奥运会后雾霾污染有关。

从北京奥运遗产的内容看，更多的属于无形遗产的范畴，显示出从长远来看，奥运会给主办城市带来的效益更多的是无形的，包括国家形象、文化、社会与心理方面等，也提醒赛事主办方与城市政府要重视这方面的遗产的开发与利用。

“夯实基础　追赶超越”
陕西省体育产业发展之举措

西安体育学院　杨涛

体育产业是指为社会公众提供体育服务和产品的活动，以及与这些活动有关联的活动的集合。体育产业作为绿色产业、朝阳产业，与旅游、健康、养老、文化、教育、医疗等生活性服务业具有较强的关联性，经济带动作用明显，发展潜力巨大。加快发展体育产业，是增强人民体质、实现全民健身和全民健康深度融合的必然要求，是建设健康中国的重要内容，对挖掘和释放体育消费潜力、保障和改善民生、培育新的经济增长点、增强经济增长新动能具有重要意义。基于健康中国的战略背景，陕西省应抢抓丝绸之路经济带、西部大开发和承办第十四届全国运动会的战略机遇，推动体育产业成为其经济社会发展的新形象、新动能、新业态、新强点。

一、陕西省体育产业发展的新情况、新特点

2014年10月20日，国务院发布的《关于加快发展体育产业促进体育消费的若干意见》（国发〔2014〕46号）提出，全民健身上升为国家战略，体育产业成为绿色产业、朝阳产业。在国家宏观政策的引导和指引下，近三年来陕西省体育产业蓬勃发展，呈现出一系列的新情况、新特点，主要表现如下。

（一）初步形成较为完整、系统的体育产业结构体系

2017年3月20日，陕西省体育局、陕西省统计局联合发布《2015年陕西省体

育产业规模及增加值数据的公告》。经核算，2015年陕西省体育产业总产出（总规模）为81.3亿元，增加值为51.1亿元，占同期陕西省国内生产总值的比重为0.28%，远低于全国平均水平0.8%。从国家体育产业11个大类看，体育服务业中的体育场馆服务总产出和增加值最大，分别为29.9亿元和24亿元，占陕西省体育产业总产出和增加值的比重分别为36.8%和47%。体育服务业（除体育用品和相关产品制造业、体育场地设施建设外的其他9大类）总产出和增加值分别为72.4亿元和48.8亿元，占陕西省体育产业总产出和增加值的比重分别为89.05%和95.5%。总体而言，陕西省体育产业发展处于成长培育期，尽管取得了一些成绩，但与陕西省丰富的体育、文化、历史、人文资源相比，与“三个陕西”的建设要求相比，以及与民众不断增长的体育服务和产品需求相比，还有较大的差距。

（二）一批龙头企业开始显现，尚未形成规模效应

“十二五”时期和“十三五”初期，随着全省经济社会快速发展和居民健身休闲消费的不断活跃，陕西省体育产业得到了快速发展。一批龙头企业开始显现，如健身企业中的陕西亚特体育俱乐部有限公司、美格菲健身中心、西部云谷健身中心、蓝积木健身俱乐部、新概念体育运动中心等；体育培训与教育企业中的陕西旭日篮球俱乐部、陕西大秦足球俱乐部、白鹿原国际马术中心、黄龙山国家森林公园树顶漫步自然教育营地、秦直道旅游公司等；户外健身休闲企业中的商洛牧护关滑雪场、铜川照金滑雪场、延安滑雪场、中国·鳌山度假区、秦麓印象渔村、长安码头、白鹿仓、黄陵国家森林公园户外营地、榆林射击场、陕西云集文化旅游发展有限公司、华山旅游集团公司等；职业体育中的陕西信达篮球俱乐部、长安竞技足球俱乐部等；体育装备用品企业中的陕西康大体育集团、奥瑞特运动器材有限公司、陕西同辉体育用品制造公司、迪卡侬运动超市、西安绿蚂蚁户外用品有限公司、西安多力隆运动草坪有限公司、陕西华蔚建设工程有限公司等；体育咨询、策划及赛事经纪类企业有西安滚石体育文化传播有限公司、西安曲江马拉松文化体育发展有限公司、陕西长运体育文化有限公司、威赢体育等。

（三）体育竞赛表演市场持续升温，品牌赛事亟须培育打造

第六次全国体育场地普查，陕西省共有体育场地数量40 103个（室外38 527个，室内1576个），平均每万人拥有体育场地10.66个，人均体育场地面积1.07平方米；陕西省体育系统2015年体育场地面积数为52 615 367.88平方米，2016年为52 808 515.79平方米，较上年增加193 147.91平方米。渭河、汉江、丹江流域建设了9000多个基层体育健身工程、61个全民健身示范区示范带工程，经常参加体育锻炼的人数占全省总人口数的34.65%，以游泳、球类运动、徒步、路跑、骑行、登山为代表的大众健身消费日益火爆。体育赛事活动日渐活跃，形成了一些精品赛事，如“环中国国际公路自行车赛”“中国环秦岭公路自行车赛”“陕西省首届‘美丽渭河动起来’自行车联赛”“2017中国·黄河（沿黄观光路）自行车联赛”“宝鸡太白登山节”“翠华山登山节”“西安城墙国际马拉松赛”“杨凌农科城国际马拉松赛”“陕西大荔国际马拉松赛”“安康汉江龙舟节”“2017中国黄陵‘轩辕养生谷杯’桥山山地户外公开赛”“黄河大峡谷国际漂流公开赛”“2017‘清爽榆林’沙地避暑旅游月铁人两项挑战赛”等精品赛事。

（四）省市各级部门高度重视，政策法规有序跟进

2015年5月13日，《陕西省人民政府关于加快发展体育产业促进体育消费的实施意见》提出，到2025年，体育产业总规模超过1500亿元，成为推动经济社会持续发展的重要力量。

2016年7月8日，《陕西省全民健身实施计划（2016—2020年）》提出，到2020年，经常参加体育锻炼的人数达到1500万以上，每周参加1次及以上体育锻炼的人数比例达到50%以上；人均体育场地面积达到1.8平方米以上，城市普遍建有“15分钟健身圈”，农村公共体育设施覆盖率超过70%，实现县级公共体育场全覆盖；入网注册社会体育指导员突破8万人；国民体质监测工作经常化，测试群众突破100万人次。

2016年7月19日，《陕西省“十三五”体育事业发展规划》提出，到2020年，体育产业总规模超过750亿元，占国内生产总值（GDP）比重超过1%，体育产业从业人数超过20万人，体育服务业增加值占体育产业比重超过30%。

2016年9月，陕西省体育局委托国家体育总局体育科学研究所研究员鲍明晓教授为组长的专业团队，为陕西省制定完成《陕西省体育产业发展规划（2016—2025年）》，并于2017年6月陕西省体育博览会期间向社会发布。

2017年3月，陕西省体育产业研发中心设计完成《陕西省体育产业引导管理办法（试行）》，经省财政厅、省体育局审议、修改完善。2017年8月31日，陕西省财政厅、陕西省体育局关于印发《省级彩票公益金支持体育产业发展项目资金管理办法》的通知，自2017年9月15日起施行。设立3000万元体育产业专项扶持资金，健身休闲产业是重点扶持领域。

2017年5月4日，《陕西省人民政府办公厅关于加快发展健身休闲产业的实施意见》提出，到2025年，培育一批具有示范引领作用的健身休闲场所、企业、赛事，打造具有陕西人文特色的健身休闲产业。群众体育健身消费意识显著增强，人均消费支出明显增长，健身休闲产业总规模突破1000亿元。

2017年7月，陕西省体育产业研发中心撰写完成《陕西省省级体育产业基地管理办法（试行）》，旨在加强对陕西省体育产业基地的规划与管理，发挥体育产业基地的聚集效应、规模效应和示范作用，引导社会力量参与体育产业发展，推动体育产业发展模式创新，促进体育与相关行业融合互动，培育打造龙头体育企业，不断提升区域产业竞争力，做大做强我省体育产业。

2017年8月，陕西省体育局委托华体集团、陕西省体育产业研发中心设计的《陕西省冰雪运动发展规划（2017—2025年）》《陕西省水上运动产业发展规划（2017—2025年）》《陕西省山地户外运动产业发展规划（2017—2025年）》《陕西省航空运动产业发展规划（2017—2025年）》初稿完成，目前处于修改完善阶段。

（五）协会、产学研机构成为联系政府、市场的桥梁和纽带

2017年2月26日，陕西省登山协会正式揭牌。将充分发挥第十四届全运会在陕西举办的引领辐射作用，通过政府推动、政策拉动、规划策动、宣传鼓动、社会齐动的方式，提升陕西山地户外运动以及产业发展的水平，推动全民健身的开展。做好国家层面相关规划的落地，加快陕西体育休闲产业的布局和“体育＋旅

游”战略的实施。

2017年3月13日，陕西省体育产业研发中心揭牌成立。由陕西省体育局牵头，依托西安体育学院联合共建，是一家致力于服务陕西省乃至西部地区体育产业发展的产学研一体化专业机构。目前致力于体育产业发展规划、体育产业统计、体育产业名录库建设及完善、体育场地试点调查等工作的推进和落实。

（六）政府相关部门协同配置、互惠共享、持续发展

2016年12月19日，陕西省体育局与陕西省旅游局在西安举行战略合作框架协议签字仪式，陕西省旅游局副局长郝占延和陕西省体育局副局长董利签署了《战略合作框架协议》。框架协议内容从合作目标及机制、建设体育旅游示范区、打造精品赛事活动、加强体育旅游人才培训等七个方面进行合作。

2017年4月10日，国家发改委调研组召开《“健康中国2030”规划纲要》实施情况座谈会。陕西省发改委、卫健委、人社厅、财政厅、教育厅、工信厅、民政厅、环保厅、省政府法制办、食品药品监督管理局、省体育局参会，其中省体育局做了《陕西省健身休闲产业工作进展及后期举措》的汇报。

2017年4月14日，陕西省体育局、陕西省教育厅签订《体教融合发展战略合作协议》，促进陕西体育和教育融合发展和综合改革，努力实现陕西体育和教育事业的追赶超越。

2017年8月23日，为贯彻落实《陕西省人民政府办公厅关于加快发展健身休闲产业的实施意见》的要求，建立体育局、发展改革委、财政厅、旅游局等多部门参与的联席会议制度，健身休闲产业联席会议制度第一次会议召开，省体育局、省发展改革委、省教育厅、工信厅、民政厅、财政厅等23个单位参加。会议重点讨论落实了联席会议的主要职能、成员单位组成、工作规则和工作要求等内容。

（七）初步形成一批标志性成果，后期推进、落实任务艰巨

“国家体育产业示范项目”创建单位1家（陕西渭南卤阳湖航空运动体验项目）；“国家体育旅游示范基地”创建单位1家（渭南大荔县同州湖景区）；“国家体育旅游精品赛事”1项（西安城墙国际马拉松赛）；“国家级运动休闲

特色小镇”3个（宝鸡市金台区运动休闲特色小镇、商洛市柞水县营盘运动休闲特色小镇、渭南市大荔县沙苑运动休闲特色小镇）；国家1号步道（2019年建成，落户陕西黄陵县）。

二、陕西省体育产业发展面临的突出问题

自《关于加快发展体育产业促进体育消费的若干意见》文件发布以来，陕西省体育产业领域民间资本进入热情高涨的发展时期，但一些制约和瓶颈在很大程度上限制了体育产业领域的发展，主要体现在以下五点。

（一）企业运营成本居高不下，行业竞争日趋白热化

体育产业企业运营中，水费、电费、员工工资、场地租赁费等成为企业最大支出，尤其是体育健身休闲类企业。企业负担加重，导致企业软硬件环境差距明显，行业恶性竞争加剧。健身企业中的陕西亚特体育俱乐部有限公司、美格菲健身中心、西部云谷健身中心、蓝积木健身俱乐部、新概念体育运动中心等，都在实地访谈、座谈中都提到水费、电费支出问题。

（二）土地的性质、审批、扭转等限制了企业的扩大再生产

体育产业企业，如冰雪运动企业、户外运动企业、航空运动企业等，场地是其最大的支撑。实地考察、访谈白鹿原国际马术中心、中国·鳌山度假区、竹林畔滑雪场、白鹿仓等企业，皆涉及企业运营过程中高级雪道建设、赛马场扩建等土地方面的政策扶持。

（三）国家、省市体育产业政策及专项扶持资金力度不足

陕西省是我国西部地区的龙头省份，体育产业目前尚处于培育发展阶段，一是需要国家、省市的体育产业发展政策；二是需要国家、地方专项资金的扶持和引导。目前，陕西省部分企业负债、亏损严重，企业运营主要依靠民间资本投资商的巨大财力和对体育的热情支撑。

（四）体育产业与文化、旅游、教育等相关部门协同推进的机制不健全

陕西省体育产业处于培育发展初级阶段，亟须夯实基础，需要省政府各部门的协同合作，共同推进体育产业的发展。虽然目前体育与旅游、教育、人社、文化等部门建立了初级合作平台，但仍需进一步深入推进。

（五）体育产业人才队伍尤其是体育专业统计队伍和体育市场监管执法队伍人才匮乏

目前，陕西省尚未建立专门的体育产业执法队伍和专业统计队伍，导致市场监督检查、产业统计等工作无法进一步深入。如体育产业名录库的建设和完善工作；全国体育场地试点陕西调查工作；体育市场的监督与检查工作。

三、陕西省体育产业发展举措

陕西省体育产业追赶超越发展，围绕贯彻落实相关政策文件展开，后期重要举措如下。

（一）优化体育产业发展政策环境

把体育产业纳入全省支持现代服务业发展的政策框架，逐步完善政策支持体系。综合利用产业政策及规划、财政、信贷、土地等手段，对重点区域、重大项目以及重点发展的体育产业领域、大型产业集团和体育产业品牌进行扶持，促进体育产业结构调整和优化，引导体育产业各业态按照统一规划实现集聚发展。研究制定促进居民健身消费的政策，安排财政资金和一定比例的体育彩票公益金，通过政府购买服务等多种方式，积极支持群众健身消费，培育体育消费市场。建立健全金融促进体育产业发展的工作机制和平台，探索建立体育产业股权投资基金，通过提供融资担保、贷款贴息、风险补贴等多种方式，完善多渠道、多层次的融资服务体系。指导建立体育企业与商业银行的沟通合作机制，积极争取信贷支持。积极创造条件，支持优势体育企业进入资本市场，通过股票上市、发行企业债券、股权置换等方式融资。省发展改革委应联合体育局、国税局、地税局、

物价局等部门，实地调查、座谈，制定合理、合规的水、电费标准。

（二）加强组织协调和宏观指导

建立由发展改革委和体育局牵头的省级体育产业发展联席会议制度，加强部门之间的沟通协调，研究制定全省体育产业发展中的重大战略和政策，统筹解决产业发展中的重大问题，协调推进重大项目建设。建立体育产业发展目标考核机制，将体育产业发展作为地市和部门考核的重要内容。建立陕西省体育产业协会及各业态分会，发挥行业协会在制定服务规范、引导产业布局和拓展业务领域等方面的指导作用，促进行业自律。

（三）积极培养和引进体育产业人才

探索“产学研”一体化的人才培养模式，鼓励有关高等院校开展体育新兴学科建设，设立体育产业类专业，加强与体育企业的合作，重点培养运动医学、体育研发设计、赛事策划、场馆运营、体育营销人才，大力培养高端复合型体育经营管理人才和各种操作型、技能型人才。推动体育产业人才交流平台的建立，完善人才评估体系，研究制定体育人才资格准入标准、职业操作规范和技能鉴定制度。积极引进高层次体育产业管理人才，拓宽人才引进绿色通道，注重海外体育经营、研发、管理等高端人才的引进，为体育服务业发展提供强有力的保障。

（四）完善体育产业统计和监测体系

建立体育产业统计制度，省统计局和体育局合作研制体育产业统计实施方案，发布年度体育产业发展统计报告。建立体育产业发展评价与监测指标体系，全面跟踪掌握体育产业发展的总体规模、行业结构、经济效益等基础数据，客观反映体育产业对社会经济发展水平的贡献度。建立各相关部门和各地市的体育产业信息共享和交流机制，做好体育产业发展形势分析和预测预警工作，为科学决策提供依据。

辽宁省体育产业区域统筹发展的战略原则及策略选择

沈阳体育学院 李军岩

全民健身和全民健康上升为国家战略及北京冬奥会的申办成功，给辽宁体育产业的发展带来了难得的机遇。近年来，尽管辽宁体育产业发展取得了一定的成绩，增长速度已居全国前列，但从整体上来看，辽宁体育产业起步晚、规模小，总规模在全国还处于中等偏下的水平。因此，亟须明晰辽宁体育产业发展原则，提出全方位区域统筹发展策略，进而促进辽宁体育产业的健康持续发展。

一、辽宁省体育产业区域统筹发展的战略原则

辽宁体育产业区域统筹发展应当遵循一定的原则，这些原则是指导辽宁体育产业区域统筹发展的重要依据。

（一）战略主体产业与相关产业相协调原则

辽宁省幅员辽阔，既有内陆又有海滨，经济发展程度不同，产业基础不同，各个地区的文化背景也存在差异，导致省内各地区体育产业资源禀赋不同。每个地区发展体育产业必须发挥本地区体育产业资源禀赋的比较优势，打造自身战略主体产业。主体产业要求与本地区的基础产业和环境因素紧密结合，形成关联配套组合，嵌入本地区的产业链中。主体产业形成聚集经济和乘数效应，带动体育产业内部其他部门和外部其他相关产业的协调发展。根据项目特点，充分利用辽宁省自身的比较优势和发展条件，实施“竞赛表演业、足球产业、冰雪运动产

业、体育旅游业、体育用品装备制造业、水上运动产业、职业体育产业和体育服务业”等差异化的发展定位，打造产业特色；充分利用各市各自的特点和优势，开发具有地区特色、民族特色的体育产业，形成“一市一品”的产业竞争力，打造区位特色；科学规划运动产业、水上运动产业、山地户外运动、城镇运动休闲、滨海湿地运动、生态运动健康六类体育产业功能区的发展，打造功能特色。根据城市特点，辽宁的沈阳和大连两个城市的体育资源和各自相关产业不同，应根据二者的特色确定不同的体育主体产业。

（二）非均衡发展与区域协调化相兼容原则

不平衡增长论指出，区域统筹发展要兼顾非均衡发展与区域协调化相兼容的原则。辽宁体育产业的发展根据地区间经济、政治、社会、文化的不平衡特点，有重点、有选择地适度倾斜，使发达地区的体育产业能够又好又快地发展起来，同时照顾到后进地区，给予政策支持。在体育产业发达地区，产业基础较好，体系发展较为完备，形成体育产业发展的核心区域，核心区域对周围落后地区产生扩散作用和带动作用，可以在短时间内提升地区体育产业效率，实现整体效益最大化。沈阳作为辽宁省省会，是地区经济、政治、社会和文化的中心，与周边城市相比，体育产业基础好、部门体系完备，以其作为区域体育产业的中心，能带动周边不发达地区体育产业的协调化发展。

（三）空间布局优化与产业结构调整相匹配原则

体育产业作为地区经济新的增长点，要与地区产业结构调整相结合，体育产业空间布局与区域产业布局、区域经济的发展形成互动匹配机制。体育产业的空间布局根据区域的人口、经济、资源和环境确定，按照结构优化、协调统筹的原则将体育产业布局嵌入区域的产业结构中。体育产业布局可以打造产业发展板块，可以依据地区自然资源的优势，也可以依据地区交通资源或者资金、技术和知识资源的优势。辽宁是东北老工业基地振兴的桥头堡，产业结构面临着调整升级，老工业正在加快改造，新产业正逐步兴起。作为新兴产业之一的体育产业应充分吸收原有资源，利用老工业和新产业两个优势，优化空间布局，形成体育产业集群，促进辽宁地区产业的结构调整。充分发挥辽宁沿海城市带和沈阳经济区城市群体育产业发展的互补优势，构筑以特色聚集效应为支撑的空间发展格局，促进辽宁省体育产业协调发展；梯次推进优势产业园区、体育产业基地、体育产业带建设，提高辽宁体育产业整体竞争力。

二、辽宁省体育产业区域统筹发展的策略选择

辽宁省体育产业区域统筹发展仅仅有指导性原则是不够的，更为重要的是应根据辽宁省体育产业发展的实际情况，提出有针对性的策略。

（一）发挥政府协调作用

政府在辽宁省体育产业区域统筹发展中起到了统一部署和协调作用，区域政策的实施和资源的合理配置都有赖于政府作用的发挥。省级政府从全省区域做出统筹部署，从外面充分吸收发达省份体育产业的资源，争取国家发展体育产业的优惠政策，提高体育产业的发展水平，打造核心竞争力。在内统筹辽宁省14个城市发挥各自的优势资源，构建区域体育产业布局，逐步形成以沈阳和大连为增长极的两大区域特色体育产业城市群。各市级政府根据省级政府体育产业总体部署，发挥各自的资源和人才优势，形成具有本地区优势的体育产业。市级政府可以分为两个层级，第一层级是沈阳和大连，第二层级是其他城市。沈阳和大连作为地区中心城市，根据资源禀赋的比较优势，依托其他城市分别打造内陆型体育产业总部经济区和东北亚沿海型体育产业发展带。第二层级的其他城市一方面要与沈阳和大连两大中心城市形成集群效应，形成一体化体育产业带；另一方面又要体现本地区的体育特色，服务地区产业发展。各市级政府要深刻理解和认真贯彻省级政府关于体育产业区域统筹发展的政策，各市级政府之间要加强沟通协调，实现协调统一的区域体育产业发展布局。

（二）制定协调发展机制

辽宁体育产业统筹发展需要机制创新，构建区域统筹发展的机制体系。区域统筹发展的机制体系包括市场机制、空间组织机制、合作机制和援助机制。体育产业区域统筹发展要使市场在资源配置方面发挥决定性作用，形成省内统一的市场体系，发挥价格调节的作用，引导生产要素在区域内自由流动，促进省内

各区域之间的分工合作，提升体育产业的总体效率。体育产业空间组织机制运用空间规划、空间开发和空间管制等空间组织方式，打造辽宁区域体育产业的合理布局。空间规划即合理规划体育产业的布局设计，空间开发调整体育产业结构和空间结构，空间管制加强体育产业的区域定位和网络治理，优化体育产业空间布局，提高区域体育产业的空间经济效率。辽宁省体育产业的空间组织是要把相互关联的地区产业资源和要素统筹起来，形成集群优势，形成规模经济效益。根据空间组织机制，辽宁省体育产业要逐渐形成沈阳和大连为中心的两大主体产业区。合作机制是辽宁省14个城市之间要形成优势互补、共同发展的协调机制。在上面提到了政府之间的协作，这只是合作机制的一个重要方面。合作机制还包括企业之间的合作，体育社团之间的合作，甚至包括社会个体之间的合作。合作机制是要实现省内区域之间信息共享、资金融通、技术支持等互惠互利、多方共赢。援助机制通过体育产业的非均衡发展而实现区域协调化。区域体育产业可以根据地区资源禀赋差异使部分地区优先发展，但差距要控制在合理的范围内，否则无法实现区域的共同发展。在省内，体育产业发达地区通过向不发达地区输入资金、技术和人才等资源，提升其发展能力，实现体育产业的均衡、协调发展。

（三）构建区域体育产业链

体育产业链是由一系列相互联系的体育企业或子产业通过自发或有效的组织形成的相互耦合、相互依存的产业链条。体育产业链中体育企业、体育社团、地方政府，通过正式和非正式的制度和规范，对体育产业集群网络进行治理，形成区域体育产业链的网络治理模式。产业链节省了交易费用，通过专业化的分工提高了市场效率。辽宁省各个城市内部形成独立区域的产业链条，城市之间又形成跨城市的区域体育产业链条。辽宁省14个城市体育产业逐渐形成一条或多条功能齐全、特色鲜明的产业链，每个城市的体育产业牢牢地嵌入链条中，形成集群产业链。辽宁省可以打造体育旅游产业链条、体育装备制造产业链条、体育健身娱乐产业链条、体育创意产业链条等，进一步形成产业链条之间的整合和延伸。体育产业链发展中的骨干企业为核心，骨干企业通过溢出效应和正的外部性，将周边企业吸引到周围，形成产业链条；中心城市的体育主体产业区形成子产业集群，带动周边城市产业的发展，形成集群产业链。辽宁省要逐步完善体育产业链条，提升产业链整体价值，实现区域体育产业经济的统筹发展。

（四）完善基础设施建设

区域基础设施建设包括交通、信息和能源等方面。交通是区域体育产业活动的联系纽带，有利于各种生产要素在区域之间的快速流动，促进体育产业一体化的出现。目前辽宁省交通设施获得了全面的升级，但与经济发展速度相比，运输能力仍显不足、运输装备水平不高、运输组织结构落后。应从三个方面完善交通设施：一是优化整体交通运输体系，二是改良交通设施设备，三是降低运输成本。信息服务是构建现代体育产业的体育产业信息共享平台，将企业、社团、政府和个人等主体都纳入其中，通过网络、媒体和展会等多种手段，构建完善的信息服务体系。能源是发展体育产业的动力，政府应降低体育企业使用能源的成本，加强新能源与能源技术的研发和推广，提供能源的使用效率。基础设施的完善提高了区域体育产业发展的效率，体育旅游产业依赖于地区交通设施的完善，体育产品制造业发展应优化电、水、油等基础能源的使用效率，体育健身娱乐产业则需要体育产业信息平台的支持。可见，基础设施对区域体育产业协调发展会产生正的外部效应，其完善意义重大。

（五）完善、规范体育产业市场

区域统筹的发展要求省内统一市场的建立，按照统一的价格机制进行体育产业及服务的交换。辽宁省开发具有优势的职业体育市场，可以先办好职业足球联赛和职业篮球联赛，培育球迷市场。政府可以通过优惠政策鼓励企业资助职业足球和职业篮球，并建立针对职业足球市场和职业篮球市场的机制，不能仅仅关注短期利益，而要把眼光放到长期利益上，逐渐形成竞赛表演的产业化、社会化和法制化。辽宁省为了发展区域产业，还要注重大众体育的发展，提高群众的健身意识，为大众参与健身提供方便，政府和协会可以组织一些赛事，鼓励大众和业余选手参加。政府制定一些政策鼓励企业兴办一些商业性体育赛事，一方面让大众有更多参与体育运动的机会，另一方面企业可以通过办体育赛事宣传企业并实现盈利。体育赛事的承办可以跨市，实现区域联动，调动各市和各地区的体育资源。企业在开展体育赛事过程中，要充分利用网络进行宣传，将办赛和创新创业有机结合，体育赛事的举办，既满足了人们观赏体育和健身的需求，又促进了辽宁省体育产业的发展，实现了社会效益和经济效益双丰收。

我国青少年体育活动促进对策研究

天津体育学院　肖林鹏

青少年身心健康、体魄强健，是实现中华民族伟大复兴“中国梦”的重要基础，是国家繁荣富强、民族兴旺发达、社会文明进步、家庭和睦幸福的重要标志。然而遗憾的是，当前我国青少年体质状况令人担忧，青少年体育活动不足成为阻碍青少年体质健康的重要因素。因此，探寻梳理我国青少年体育活动开展面临的问题，继而提出有针对性的应对之策成为一项亟待研究的重要课题。

一、我国青少年体育活动开展面临的问题

我国青少年体育活动开展所面临的问题有：第一，青少年体育活动的良好社会氛围尚待形成，相关社会主体普遍缺乏青少年体育活动促进的积极性与主动性。第二，青少年体育活动开展的政府统筹机制亟待完善。“政府主导、部门协同、全社会参与”的青少年体育工作的统筹格局还不健全，政府的主导作用没有充分发挥，没有建立相关会议制度和长效工作机制，仅靠各级体育行政部门单抓体育工作的局面尚未真正改善。由于缺乏各级政府主导下的统筹部署机制，一些地区、系统、行业及单位对青少年体育活动重视不够，极易导致青少年体育活动开展没规划、缺机构、少经费、无抓手、不评价等问题出现。第三，青少年体育工作的部门协同机制亟待加强。目前，与青少年体育工作相关的教育、文化、卫生、民政、妇联、共青团等部门，普遍缺乏在体育部门统筹下的沟通与协同配合机制，尚未形成促进青少年体育活动开展的统筹协同的良好体制、机制。第四，青少年体育活动的家庭教育亟待加强。受多重因素影响，我国多数家庭的体育意

识薄弱，以家庭为单位开展的青少年体育活动甚为少见，青少年体育活动的家庭教育亟待加强。第五，体育课锻炼效果与课外锻炼落实亟待加强。以应试教育为核心的现行教育体制严重制约着青少年体育工作的开展。各级学校普遍重智育、轻体育，广大青少年学生在校期间难以享受有保障、高质量的体育教育，体育课的锻炼效果含金量严重不足。第六，青少年体育活动的保障条件亟待完善。当前青少年体育活动保障政策不完善、体育师资数量不足、指导人员缺乏、场地设施缺乏、体育组织网络不健全等问题普遍存在。第七，青少年对体育活动价值的认知有待提升。我国青少年对体育活动价值的认知普遍不足。

二、青少年体育活动促进的目标任务

（一）发展目标

针对当前青少年体育活动开展面临的问题，结合当前国内外青少年体育发展态势，提出我国青少年体育活动促进的目标。到2020年，广大青少年参与体育活动的意识普遍增强，体育锻炼习惯基本养成，参加体育活动的形式更为多样、内容更为丰富，开展体育活动的保障条件更为完善，家庭、学校、社区的联动效应持续增强，体育活动对促进青少年身心健康、体魄强健的作用更加显著，青少年体质健康状况明显改善，形成政府主导、部门协作、社会参与的青少年体育工作新局面。

（二）发展任务

1. 以体制机制创新为动力，夯实青少年体育活动的组织基础

引导、鼓励和培育青少年体育活动组织的建设，充分发挥各级各类青少年体育组织对青少年体育活动的推动和促进作用。大力建设青少年体育俱乐部、国家示范性青少年体育俱乐部、体育传统项目学校、体育运动学校、业余体校和体育学校、青少年体育户外营地、校外青少年体育中心；鼓励体育服务类企业参与青少年体育活动的运营与推广；倡导各级各类事业单位、社会组织为青少年体育活动的开展创造条件，提供便利；引导青少年体育草根组织的创建，提高其开展体育活动的规范性；扶持建立国家级、省（自治区、直辖市）级、市级青少年体育

俱乐部联合会等枢纽型青少年体育社会组织的建设。

2. 以特色品牌活动为引导，促进青少年体育活动全面开展

充分调动校内外资源，整合家庭、学校、社区资源，打造青少年体育活动品牌，以品牌性体育活动促进青少年体育活动的全面开展。以“全国青少年阳光体育大会”为龙头，带动和促进地区性运动会、户外教育、各类青少年运动会、学生运动会、青少年体育俱乐部和体育传统项目学校的各类赛事与体育活动的发展，促进体育活动的多元化；大力推动“青少年体育活动周”建设，在全国范围内每年举行一次为期一周的青少年体育活动周；鼓励民族地区、特色地区创办具有地域性、民族性的青少年体育项目及其活动与赛事；鼓励发展冬季运动项目，提倡开设与冬奥会接轨的冰雪运动项目；不断创新青少年体育活动与赛事，大力开展广受青少年欢迎的体育运动项目及其活动与赛事的推广工作；通过举办青少年体育创新创业比赛等活动，进一步带动、激发青少年体育活动的开展。

3. 利用与建设并举，促进青少年体育场地设施不断丰富

充分利用现有体育场地设施，保障青少年体育活动开展的场地需求。在落实国家体育设施建设人均2平方米要求的基础上，盘活存量资源，改造旧厂房、仓库、老旧商业设施等用于青少年体育活动的开展。建设专门用于青少年体育活动开展的校外体育活动中心、青少年户外活动营地等场地设施；持续推动学校体育场地设施对青少年免费开放，鼓励各类体育场地设施免费或低收费向青少年开放，提高体育场地设施的利用率；充分利用公共绿地、公园等改建、扩建、新建小型、便利多样的青少年体育场地设施，各地根据自身情况，兴建与改造体育场地设施用于青少年体育活动的开展；鼓励社会力量建设小型化、多样化的活动场馆和健身设施，开展面向青少年的体育服务；以运动项目为切入点，探索青少年体育场地设施建设标准的开发与使用。

4. 加强规范引导，完善青少年体育活动的政策保障

以国家治理体系和治理能力现代化建设为目标，不断完善青少年体育活动组织、实施、指导等方面的政策法规，进一步完善青少年体育活动的配套改革措施；不断推进运动项目协会实体化改革进程，充分发挥全国及各地体育单项协会在青少年体育活动开展、运动项目普及、技能培训、竞赛等方面的重要作用，培育青少年

体育枢纽型组织。推进政府加大青少年体育公共服务的制度化建设与实施上的资金支持。

5. 强化运动技能培训，完善青少年体育活动指导体系

强化青少年体育活动的技能培训，倡导体育教师、教练员、裁判员、优秀运动员、社会体育指导员、体育管理人员以及各类志愿者参与“青少年体育活动促进”的培训、指导与管理工作；鼓励优秀退役运动员创建青少年体育俱乐部，充当青少年体育活动开展的引领者与示范者；鼓励各运动项目管理中心和运动项目协会利用技术优势在专业人才培养、资格与等级认定、赛事推广等方面发挥积极作用。

6. 借助“互联网+”模式，构建青少年体育活动促进服务平台

研究制订“互联网+”青少年体育活动促进行动计划，提高青少年体育活动开展的智能化水平。构建以互联网为载体的青少年体育活动促进服务平台。建立青少年体育服务需求与供给的信息畅通渠道，促进青少年体育活动信息与资源共享互助。

7. 完善安全保障机制，推进建立青少年体育活动伤害险计划

重视青少年体育活动开展过程中的风险监控，做好青少年体育活动运动场所的治安、交通、消防等专项行动与应急预案。建立防范重大突发事件的预案，破除青少年体育活动参与的风险障碍。实施青少年意外运动伤害与运动损伤的保险计划，探索青少年体育活动伤害险的险种和运行模式。

三、青少年体育活动促进的保障措施

(一) 完善组织机制，明确职责分工

将《青少年体育活动促进计划》纳入2016—2020年“全民健身计划”，在全民健身部级联席会议制度框架体系内开展工作。建立完善《青少年体育活动促进计划》的政府领导和部门协调机制。各级政府和有关部门要按照《全民健身条例》规定及相关政策要求，切实履行责任，形成工作合力，确保工作落到实处。各级政府和各部门要切实提高认识，依法履行职责，积极探索促进青少年体育活

动的新思路、新办法，加强组织领导，落实政策保障、人员配备、资金投入、监督奖励等措施，并建立目标责任制，签订责任书，实行目标考核。

（二）保障经费投入，拓展经费来源

中央和地方各级人民政府要不断加强对青少年体育活动开展的财政投入，确保经费能够及时、科学、有效地用于青少年体育活动开展，要不断提高体育彩票公益金投入青少年体育的经费比例。地方各级人民政府要根据本地的实际情况，为《青少年体育活动促进计划》建立配套经费，并不断拓宽经费来源渠道。鼓励和引导企事业单位、社会组织、公民个人捐资、出资或以其他形式支持青少年体育活动的开展。

（三）加强绩效评估，强调目标导向

县级以上体育主管部门要会同有关部门对《青少年体育活动促进计划》实施情况进行检查指导，并将评估报告报送本级人民政府。地方各级人民政府要把青少年体育活动促进工作列入议事日程，定期听取汇报，及时研究解决工作中的困难和问题。各级政府要加强对于青少年体育活动开展的督查工作，对于青少年工作开展好的，要给予表彰并推广经验；对于工作开展不利的，要给予通报与问责。

（四）加强宣传教育，营造社会氛围

充分利用广播、电视、平面媒体以及互联网等新兴媒体，通过开办专栏，举办讲座，播放公益广告、宣传片，张贴宣传画，出版科普图书、音像制品等活动宣传青少年体育活动，积极推动优秀运动员进学校、进社区，普及知识，提高广大青少年的科学健身素养。借助“全民健身日”“青少年体育活动周”等宣传青少年体育活动。加大青少年体育活动的科学健身指导力度，不断推广科学的、青少年喜闻乐见的运动与健身项目。在广大青少年群体中开展健康生活方式和“终身体育”教育，在全社会形成支持青少年体育活动开展的良好社会氛围。

深化我国学校武术教育改革的若干思考

河北体育学院　韩红雨

武术是中国人的身体文化，曾是中国人的生活方式。如今，尚武已成为一种自强不息、激励青少年“少年强则国强”民族精神的文化符号，成为各届领导人的政治践行与教育方针。2013年，教育部深化改革，成立了学校武术联盟，体育卫生与艺术教育司司长王登峰表达了联盟成立的初衷，即“增强青少年体质，提高学生运动技能，健全学生人格”。现如今，学校武术教育削足适履，误入他者之境，过程标准化、对象同质化、身体可度量化等，割裂了传统，使学校武术教育被边缘化为体育教育的“文化孤岛”。如何通过学校教育既弘扬武术文化又促进学生健全人格发展，推进“少年强则国强”、健康中国等命题，成为深化学校武术教育的关键所在。

一、学校武术教育的现实困境

2014年，教育部印发《完善中华优秀传统文化教育指导纲要》，并适时颁布了《武术进各级学校的可行性方案》。国家体育总局武术运动管理中心更是将学校武术工作列为年度重点计划。同时，国人将其提升到关乎民族健康的高度。然而，从当前发展情况来看，全国近三分之二的学校没有开设武术课，究其缘由，主要有认知和实践两个方面的问题。

（一）认知上的问题

第一，套路等于武术，技击存在风险。20世纪50年代制定的《中小学体育教学大纲》规定武术为必修内容。其后，进一步完善了武术课程，如1961年规定了学时数。1978年在高中阶段增加了适当的技击动作。但总体而言，在内容设置上以武术套路为主，学生兴趣较浓的武术散打未在开设范围之列。散打被边缘化的一个重要因素是学校、家长均担心的技击教学安全问题，认为既然是“打”，受伤不可避免。这样一来，在不少学生、家长甚至是社会人群的概念中，套路即等于武术。

第二，教学与训练的误区。从当前武术师资情况来看，以转型的竞技武术专业运动员或有竞技体育训练经历的师资为主，这就决定了他们在教学过程中，以竞技训练模式替代教学思维，过于追求标准化、度量化，挫败了学生学习武术的热情，甚至将对武术仅有的一份热情，让给了跆拳道，造成了学生“喜欢武术，不喜欢武术课”的复杂心理。

第三，技击是末技。20世纪80年代，掀起了武术文化研究热潮，受此影响，武术的文化价值日益提升，形成了“言武术不离阴阳、八卦、天人合一”等认知常态，造成了武术技击是末技的偏差，使得武术技术教学一再被边缘化。

（二）实践上的问题

第一，内容的泛化。中国武术有120多个拳种，每个拳种均有各自的手、眼、身法、步等身体姿态要求，有着不同的踢、打、摔、拿等技击法则。加之于较固定的套路传习模式，千变万化的武术动作、路线等，无形中增加了学生学习和记忆的难度。[1]

第二，学阶的固化。以近年来武术职能部门推出的学校武术段位制为例，从一段到六段，均对应着不同的教学内容和不同的考评思路，这无疑会形成青少年对武术学习的“蜻蜓点水”之状以及“多而不精”之果。对此，邱丕相教授曾明确指出：在学习某一拳种时，万万不可满足于学会几个套路或动作势式，应当在扎实练习基本技术的基础上，逐步摸清其劲力、技法等规律，才是严肃认真的学习态度。[2]

[1] 蔡仲林，翟少红.体育教育专业武术必修课程现状对策研究[J].武术科学,2004(5):5-7.

[2] 邱丕相.体用兼备的劈挂拳[J].武林，1982（9）：20.

第三，形式的空化。按照运动技能形成的“泛化—分化—巩固提高—自动化”四个阶段划分，当前学校武术教学基本上停留在“照葫芦画瓢”的泛化或分化阶段。对学生的跟踪调查亦显示，课后忘光是常态。学生的普遍反映是学过武术，记不住武术，未曾继续复习武术。更何况从逻辑上来看，学过不等于学会，学会不等于学懂、学精。实践的形式化还表现在课堂上的“三无”现象，即无运动量、无强度、无竞赛。

二、深化学校武术教育改革的文化逻辑

德国社会学家哈贝马斯强调，传统只有通过变革以适应新的形势方能取得发展。[1]也就是说，传统的变革是基于新形势这一命题。民族复兴和健康中国无疑是党和国家基于当前社会发展而提出的崭新命题。

（一）民族复兴，赓续文明

体育是社会的缩影和聚焦，这不仅是一个历史命题，而且也是一个现实时代命题。[2]中国现阶段的发展命题可从党的十八届三中全会颁布的《中共中央关于全面深化改革若干重大问题的决定》（以下简称《决定》）来把握。《决定》站在“民族复兴”的高度，不断强化和深化文化自信、道路自信、制度自信，促进中国梦的实现，形成了民族复兴的时代命题。

冯友兰先生对文化传统的赓续提出了“照着讲、接着讲”的思路。陈平原教授对其进一步解读为，只谈“与国际接轨”，而不努力发掘传统中国的教育资源，这样的改革，是有局限性的。大量事实证明，离开文化传统这一母体而进行的学校武术教育改革，其结果必将是无源之水、无本之木；一味照搬西方模式而进行的学校武术教育改革，其结果必将是削足适履、水土不服。中华武术深受中国传统文化滋养，形成了天、地、人和谐共生的空间生态认知，刚健有为、自强不息的探索进取意识，厚德载物、贵和尚中、以人为本、格物致知的文化传统。

[1]　哈贝马斯.现代性的地平线[M].上海：段怀清，李安乐，译.上海人民出版社，1997：17.

[2]　卢元镇.体育是社会的缩影和聚焦[J].中国体育科技，2001，37（5）：2.

对此，国内学者提出，高校武术教育改革缺的不是“国际视野”，而是对“传统中国”以及“现代中国”的理解与尊重。说明深化学校武术教育改革，是赓续中华文明的有效途径，有利于推进中华民族的伟大复兴。

（二）健康中国，身心一统

2016年，中共中央、国务院印发《“健康中国2030”规划纲要》，健康中国成为时代命题。学校教育对象是健康中国的重要组成部分，是未来健康中国的主体构成。2013年，《决定》从促进青少年身心健康、体魄强健出发，历史性地将“强化体育课和课外锻炼”写入中央决定，体现出国家对体育促进国家强盛和民族振兴的全局性认识，成为学校体育教育改革的战略部署。同年，教育部成立“中国学校武术联盟”。2016年，国务院办公厅印发《关于强化学校体育，促进学生身心健康全面发展的意见》，首次将学校体育与健康中国结合起来，使其在提高学生健康素质方面具有不可替代的作用。在具体实施过程中，强调以运动项目为载体，其中武术被列为优势项目之一，鼓励在学校体育中广泛开展。

中国武术具有内外兼修的传统，能够有效促进社会身体、生理身体、心理身体的协调统一，在完善学生健全人格、促进学生体质健康、推动学生社会交往方面，体现着中国范式，是落实健康中国的重要抓手。

三、深化学校武术教育改革的路径选择

（一）从“离身”到“具身”的认知转型

从现实情况来看，学校武术教育处于传统的离身认知阶段，造成了四个方面的危害：一是课题教学对生命的漠视，集中表现为教师中心情境中对学生成长的忽视。二是教与学的分离，主要表现为忽视学生的经验、体验和参与。三是导致学生主体的虚无，将学生视为知识的容器，由传播知识变成了平行转移知识。四是陷入了计算表征的桎梏，表现为教学的程式化、技术化、工具化和去情境化。

具身认知作为一种重要的认知范式，能够从具身性、生成性、动力性三个方面促进武术教育发展。具身性要求教师尊重学生，因材施教，充分释放学生的情感，做到知、情、意、行的统一。生成性强调人的开放现实，课程的非预

设理念，讲究“人为”和“为人”的协同，由重视“教”转变为重视“学”。动力性明确学校武术教育是一个复杂的巨系统，要求以复杂性思维指导课堂教学活动，使课堂教学实践真正地合目的性与合规律性，以促进师生健康、主动、整合地发展。

（二）从“独舞”到“捉对”的构建

长期以来，套路等于武术的刻板印象，在一定程度上边缘化了散打。学生上课以记住几个套路为主，考试则是根据学生记住的熟练程度评价，不仅给人留下了“群魔乱舞”的印象，而且整个教学过程不出汗或出汗很少的现象充斥着课堂教学，如此情景，学生体质改善无异于空谈。

自古以来，中国武术就讲究“既得艺，必试敌”。散打是一种两两比试的“试敌”模式，一方面，可以相互借鉴，促进彼此技艺的提升，另一方面，具有一定的运动量和强度，能够有效促进学生体质健康。基于此，竞赛比试模式成为推进学校武术教育改革的重要抓手。在具体实践中，可从套路之秀选和格斗之比试入手。前者展示身体的灵敏、速度、平衡等；后者展示的是方法之巧、体力之强、战术之妙等。两者均以做到有运动负荷、有体能练习和有运动技能为目标。

（三）从立德到树人的统一

党的十八大提出把立德树人作为教育的根本任务。2014年，教育部印发《关于全面深化课程改革落实立德树人根本任务的意见》，根据教育重智轻德，过于追求分数、升学率的弊病，以及学生社会责任感、创新精神和实践能力较为薄弱等现状，从多个层面指明学校立德树人的工作开展或落实。

自古武术就有“非信廉仁勇，不能传兵论剑”的传统，以及“未曾习艺先习礼，未曾习武先习德”的习俗。典型的礼，如赛场上的抱拳礼、生活中“站如松”“坐如钟”“行如风”等仪态养成等。武术中的德育资源丰富，要实现德育一体化的学校武术教育，达到立德树人的目标，需要教师以身为范，贯穿课上、课下，以内化为习惯。

总之，从民族复兴和健康中国的时代命题出发，武术作为中华文化符号，凝聚着中华儿女对天地人的体会和认知方式，构成了学校武术教育改革的抓手，在教育领域起着弘扬中国传统文化、促进青少年身心健康、养成学生健全人格的作用，为实现中国梦提供人才保障。

我国竞技体育与社会体育协同发展研究：现状、问题与前瞻

吉林体育学院　邵桂华

一、我国竞技体育与社会体育协同发展研究综述

从20世纪80年代初期开始，学界就展开了对竞技体育与社会体育之间协同发展问题的研究，并且一直未有中断。梳理该领域30余年的学术史不难发现，从时间特征上来看，人们对这一问题的研究经历了三个高峰期。第一个高峰期是20世纪80年代末期到90年代末期。当时，中国竞技体育刚刚经历了1984年洛杉矶奥运会的惊艳和1988年汉城奥运会的黯淡，巨大的反差促使学界开始反思体育的本质和价值，开始探究竞技体育与社会体育的定位，从而掀起了第一轮的研究热潮。第二个高峰期是2008年北京奥运会之后，“百年奥运”梦想的实现和中国代表团的辉煌成绩，使竞技体育的作用与价值被发挥到极致，在竞技体育领域得到最大限度满足的国人，自然开始转移关注重心，我国体育事业的转型问题也由此再次成为研究的焦点。特别是2009年胡锦涛同志在第十一届全国运动会前夕接见体育界先进代表时提出“努力推动我国从体育大国向体育强国迈进”的指导意见之后，以竞技体育与社会体育协调发展来促进体育强国建设的研究如雨后春笋般再现，从而形成了又一轮的研究高潮。第三个高峰期起始于2013年，习近平总书记在第十二届全国运动会开幕前接见体育领域先进代表时提出：体育强国的根本在于开展广泛的群众性体育活动，让人民群众都参与进来，让人民群众都享有体

育运动的权益，让人民群众在群众性体育活动中达到对幸福生活的追求，不仅从体育视角对“中国梦”做出了最科学的诠释，也指出了“竞技体育与社会体育协同发展”这一我国体育事业的明确发展方向，竞技体育与社会体育的协同发展问题由此再次成为热点并必将历久弥新。从内容特征上来看，与时间特征相对应，学者们对这一问题的研究也经历了“关系定位—对策探寻—机制构建”三个发展阶段。

竞技体育与社会体育的关系定位研究主要出现在第一个研究高峰期，重点反映了这一时期学界对两者关系的集中思考。这一阶段虽然出发点各不相同，观点描述也存有差别，但将竞技体育与社会体育定位为两个相互联系、相互促进的子系统，必须采取协同发展的方式才能取得共赢局面的观点基本上得到公认，从而也为此后的研究奠定了基调。

竞技体育与社会体育协同发展的对策探寻研究主要出现在第二个高峰期，研究的核心也从对竞技体育与社会体育关系的识别转移到两者协同发展的对策探寻。协同发展对策的探寻显然比单纯的关系定位更进一步，反映了学界对该领域研究的进一步深入。虽然这一阶段的研究没能给出公认成熟的研究结论，也没能在实践中形成可供操作的模式，但却为后续深入研究奠定了基础。

竞技体育与社会体育协同发展的机制构建研究主要开始于2010年之后，虽然目前的文献量还不多，但却代表着正确和深入的方向。

仔细分析不难发现，传统研究虽然众多，且研究范围广泛，从竞技体育与社会体育的关系定位，到二者系统发展的对策探寻，再到机制构建，都对二者今后的协同发展提供了宝贵的理论与实践方向指导。但进一步仔细分析后发现，传统研究却存在着明显的不足与缺陷，其中最为关键的，一是方法论的缺失。要立足于“复杂性思维”方法论，深入系统的内部，在认真梳理系统内部要素之间的关联与联结的基础上，认识系统的本质结构，并通过创设情境去搭建科学联结，引导有利结构的实现，以激发两者协同发展的动力。二是研究方法的单一。传统研究最常用的有文献资料、逻辑分析、专家访谈等研究方法，虽然在已有成果的产出中发挥了各自的作用，但这些方法仍以描述与分析为主，浮于系统外部，显然并不符合前述“复杂性思维”方法论的需要。从目前国际上复杂系统协同发展机制的成功研究案例来看，以系统分析方法来完成对系统关键变量与变量作用方式的识别，以非线性分析方法建立起协同发展的机制，最后以系统动力学方法来对协同机制的长期结果进行仿真模拟并实现反馈调整，是最为成熟的技术路线。而仅用传统的文献资料和逻辑分析方法，显然无法实现这样的研究过程。

二、我国竞技体育与社会体育协同发展的新范式前瞻

理论研究是实践操作的先行者。要想找出我国竞技体育与社会体育正确的协同发展机制与模式，唯有以复杂性思维方法论为中心；注意微观上的系统分解与宏观上的要素整合两个维度的有机结合；依据系统界定、机制构建、前景仿真这一层层深入的逻辑探索（一个中心、两个维度、三层逻辑）的思路展开研究。此研究思路与传统研究相比，更能体现出竞技体育与社会体育的系统本质，也更能真正找到两者之间的协同发展机制。

（一）坚持复杂性思维方法论为中心

始终坚持以复杂性思维方法论为中心，坚持深入系统内部，在系统要素关联关系之上去探索协同发展机制。方法论是我们认识世界、改造世界的一般方法。不同的方法论，意味着我们看待事物和处理事物的不同角度、不同方式和不同方法，也决定着问题解决的效果。正如前所述，应立足于复杂性思维的方法论，首先，将竞技体育系统与社会体育系统看成复杂的非线性系统，将两者协同机制的构建奠基在两者要素之间相互作用、相互推动的内部作用之上，实现认知上的转变。其次，遵循“复杂性系统需要复杂性方法解决”的宗旨，深入系统内部，认识与厘清要素之间的相互关系、相互联结方式，在此基础上去探索两者协同发展的条件机制、动力机制、路径选择机制和组织结构机制等。这样的方法论，与传统研究将两者看成静态系统，将协同机制的建立寄托于外部推动力的思路截然不同，唯有此才能实现新的突破。

（二）坚持微观上的系统分解与宏观上的要素整合

系统分解的目的在于探明要素的特性，找出关键性的核心变量，而要素的整合则是围绕关键变量与关键联结，重新整合要素，建立起新的协同结构，体现出

系统的整体合力。微观与宏观两个维度要相互呼应、相互支撑。竞技体育系统的微观分解有运动员人数、教练员人数、资金等；社会体育系统的微观分解有全民健身投资状况、社会健身总人口、学校在校学生等。对于竞技体育和社会体育系统而言，经费以及人力资源均是各自系统的核心。竞技体育系统对社会体育系统有激励、凝聚和支持保障作用，能实现体育人口的增加；社会体育系统会给竞技体育系统会带来更多的经费，以间接支持竞技体育的发展。因此要围绕两个系统的关键变量，重新整合其要素，形成竞技体育与社会体育的协同结构。

（三）坚持系统界定、机制构建、前景仿真的逻辑路线

1. 系统界定的思维视角、方法与诊断

由于竞技体育和社会体育都是复杂的大系统，涉及因素众多且因素间关联关系复杂，为了能够建立起详尽的、层次清晰的系统结构，应立足于复杂性思维角度，利用特尔斐法、问卷调查法和比较分析等系统分析方法，集成专家意见，聆听体育管理部门、相关机构和研究人员的建议，深入分析两个系统内部要素之间的关联关系，建立起反映系统结构的层次结构模式，完成对每个系统关键变量的识别。在此基础上，对两个系统的共同变量以及两者联结的核心方式进行诊断与界定，建立起整合化的层次结构模型。

2. 竞技体育与社会体育协同发展机制的构建

基于关键要素与关键联结方式辨识，建立起包括条件机制、动力机制、路径机制以及组织机制在内的协同机制。正如前所述，非线性是复杂大系统的本质特征，对竞技体育与社会体育两大复杂系统协同机制的分析，就必须依赖于非线性分析方法。首先，利用耗散结构理论，从开放性、远离平衡态、非线性机制和涨落机制等四个判据出发，建立布鲁塞尔器模型来分析竞技体育与社会体育协同发展的条件机制；其次，利用协同学理论，围绕序参量分析，以“竞争与协同”的双重动力为核心，构建起两者协同发展的动力机制；再次，以突变论为基础，探索在动力机制的作用下，竞技体育与社会体育协同发展的路径选择机制；最后，以超循环理论为指导，构建起两者协同可持续发展的超循环体系，探索竞技体育与社会体育协同发展的耦合组织机制。其中，动力机制是核心，是整个协同机制

的推动者，它决定与影响着其他机制。

3. 协同发展机制前景的系统动力学仿真

系统动力学是一门认识系统问题和解决系统问题交叉的综合性学科，最早由美国麻省理工学院教授福雷斯特于1956年创立。以结构—功能模拟为突出特点，以计算实验方法为工具，从系统微观结构开始建模，构造系统的基本结构，进而模拟与分析系统的动态行为，非常适合复杂系统随时间变化的问题。利用系统动力学对系统长期行为进行仿真研究，能够根据系统内外要素的关联关系，在实验室中找到系统实际演化过程中可能的发展规律、发展路径和发展方向。协同发展机制的科学与否取决于其长期的效用如何。因此，利用被称为“战略实验室”的系统动力学工具，绘制竞技体育与社会体育相互作用的因果关系图，找出能体现系统“内在自我活力”的核心因果反馈联系，以动力学的Vensim软件为工具，将因果关系图转换成流程图，通过建立状态方程、速率方程和辅助方程，在计算机上对两者协同发展的前景、规律和可能出现的问题进行模拟和仿真，并通过仿真结果的对比来分析所构建的协同机制，特别是动力机制是否合理，从而进行合理的反馈调整，以进一步完善与丰富这一协同机制。笔者在这一领域所进行的前期工作，已经充分证明了这一技术路线的科学性。

三、结束语

竞技体育和社会体育都是复杂的巨系统，对两者的协同发展机制研究，必须按照复杂巨系统的研究方法和研究技术路线进行。立足于复杂性思维的视角，在深入分析系统内部要素相互关联关系的基础上，综合运用系统分析方法、非线性分析方法群（耗散结构、协同学、突变模型和超循环模型等）和系统动力学方法，其中对竞技体育与社会体育的关键变量与联结方式识别是基础，利用多个非线性理论构建起两者协同发展的机制是核心，而利用系统动力学对这一机制进行前景模拟则是保障和判据标准。坚持这样的思维模式和技术路线，更能体现出竞技体育与社会体育的系统本质，才能真正找出竞技体育与社会体育协同发展的最优模式。

体育产业引导资金运行现状及绩效分析

山东体育学院　刘远祥

本人近年来一直致力于体育产业的相关研究，结合在研项目“体育产业引导资金运行现状及绩效分析”，将研究总结如下。

初步调研全国11个省市体育产业引导资金的运行现状。截至2016年12月底，全国共11个省市设立体育产业发展引导基金，规模累计51.9745亿元人民币。本研究以体育产业引导资金因何设立作为研究起点，建立健全运行机制作为研究重点，落脚在如何充分发挥体育产业引导资金的作用上，采用文献资料法、调查法、专家访谈等研究方法，调研体育产业引导资金的运行现状，剖析资金运行中资金投入不足等问题的原因，建立健全体育产业引导资金运行机制，为更多省市设立体育产业发展引导资金提供理论依据，为科学管理引导资金提供决策服务，为提高体育产业引导资金运作绩效提供科学方法。

一、体育产业引导资金的作用

（一）落实国家政策，坚定发展信心

体育产业发展引导资金及注入，既是对体育产业的直接扶持，也是发展体育产业的重要导向，坚定了各地方政府、各类企业大力发展体育产业的信心，催生了大量公司上市。截至目前，全国59家体育上市公司中的42家、54家体育新三板公司中的43家都集中设立在引导资金的省市。这11个省市确定的2025年体育产业总产值目标累计为45 605亿元，占全国目标50 000亿元的91.21%。

（二）引导发展方向，优化产业结构

体育产业发展引导资金既作为政府培育扶持体育产业发展的重要举措，又代表着政府引导体育产业发展的方向，具有投资引领和产业发展导向的作用。体育产业发展引导资金的设立影响社会资本投入的取向。如山东省近3年的体育产业发展引导资金共1亿元全部用于扶持体育服务业的发展，江苏省近5年资金的79.3%投向了体育服务业，体育用品制造业仅占20.7%。资金重点投向了体育赛事、健身休闲服务、产业平台基地建设，引导了体育产业的发展方向，对于优化体育产业结构具有重要意义。

（三）发挥撬动作用，缓解资金缺口

体育产业发展引导资金能够发挥政府资金的示范效应和乘数效应，尤其以贴息方式资助，可以撬动社会资本投资体育产业领域，缓解发展初期资金供给不足的矛盾。北京市2007—2009年累计投入体育产业引导资金15亿元，扶持41个项目，带动社会投资近30亿元。江苏省2011—2014年累计投入3亿元，扶持453个项目，有效拉动了各类社会资金的跟进，带动社会投资近200亿元，发挥了引导资金“四两拨千斤”的示范作用。

（四）支持基地建设，形成集群效应

截至2016年底，国家打造的32个国家级体育产业基地，其中17个坐落在北京、山东、江苏、浙江、福建，此外，还有192个省级体育产业基地（园区）。引导资金的设立，尤其是对于体育产业基地的投入，促进了体育产业基地建设，形成了集群效应。

（五）扶持企业发展，提升企业信誉

能够得到体育产业发展引导资金扶持的项目，说明该项目或企业得到了政府的认可，具有较好的发展前景或是示范效应，产生效益的可能性较大。除可获得引导资金的扶持外，更能提升企业的信誉，树立较好的形象，增加企业无形资产，得到社会各界的肯定。一方面，融资时可以得到银行等金融机构的支持和帮助，有效推动银企合作，解决资本不足、融资困难的问题；另一方面，因为企业信誉的提升，更容易得到消费者的青睐，促进发展。

二、体育产业引导资金运行中的问题

（一）制度设计不够科学

制度“先天不足”是制约体育产业发展引导资金绩效发挥的重要原因。有的省份制定的管理办法可操作性不强，导致引导资金无法拨付资助项目，最终只能以“切块”方式划拨给了各地市体育局；也有省市在设立体育产业发展引导资金时，过度追求资金的安全性，将项目申报主体限定为具有独立法人资格、从事体育产业活动的地方政府及下属事业单位、体育社团及民办非企业单位，而将发展体育产业的主体体育企业排除在外，违背了政策宗旨，使得政策的有效性打了折扣。

（二）重复申报现象严重，项目监管不到位

同一个项目重复申报现象严重，既向体育部门申报，又向旅游部门申报；既申请体育产业发展引导资金资助，又申请全民健身精品项目奖励；既可以向县本级申报，还可以向市、省级申报，收缩了引导资金的扶持范围。从申报内容审查到资金使用，体育主管部门监管不到位。对申报单位所提供的项目背景资料、筹资能力与渠道、投资效益预测等内容，无法掌握真实数据。

（三）资金投向政府类项目比例较高

体育产业发展引导资金用于政府投资项目的现象比较严重。如一些体育场馆中心作为申报主体申请引导资金用于场馆的修缮，成为弥补财政投资不足的手段，而未惠及企业，影响了引导资金对社会资金的引导和拉动效应。山东省2014年扶持的47个项目中，17个拨给了运动项目协会、俱乐部等民办非企业，30项划拨给了省市县区体育局、体育中心，占到项目总数的63.8%；2011—2014年，江苏扶持的453个项目，政府类项目也占到了30%的比例。可以说，政府项目的参与，使得一些企业项目没有了竞争性，挫伤了企业参与的积极性。

（四）资助方式单一

尽管在管理办法中明确了多种资助方式，但在实际操作中，资助方式单一，多数项目主要以直接资助的形式拨付。其优点是手续简单、一目了然，但其缺陷也十分明显，被资助的项目业主可以无偿使用该笔资金，且无须归还，意味着即使资金绩效低下也无须支付任何成本。根据已经公示引导资金投向的江苏、山东两省数据统计，山东省2014年的引导资金全部以项目资助方式划拨，江苏省自2011年以来，也仅是2014年采用了贷款贴息、奖励等多种资助方式，但资助类项目占到了总扶持项目的74%，资助金额更是占到80.5%。

（五）信息公开力度不够

多数省份存在信息发布不及时、资助结果不公示等现象。除江苏省、山东省、北京市外，大多数引导资金在分配前没有通过公开渠道进行引导资金扶持项目的评审结果、资助额度、验收评估等内容的信息披露，公示信息的缺失增加了暗箱操作的可能性和空间，不利于体育产业发展引导资金的管理。也有部分体育局网站关于引导资金服务的界面不利于信息的查找与查询，且发布消息的时效性较低。

三、完善体育产业引导资金运行的对策建议

体育产业发展引导资金从资金设立到资金退出，其运行是一个包括体育产业引导资金的组织模式、筹措机制、抉择机制、管理机制、评价机制的完整体系。应按照“筹—投—管—评”的顺序，建立健全体育产业引导资金的运行机制。

（一）拓宽筹资渠道

有效开拓更多的资金来源，政府积极统筹协调各部门的资金投向，力争在资金性质不变的情况下，有效整合包括财政厅、发展改革委、旅游局、文化局等多部门产业发展的专项资金，形成促进体育产业发展的资金合力。设立省级体育产业股权投资引导基金，吸引社会资金注入，发挥政府财政资金“四两拨千斤”的作用。

（二）创新扶持方式

引导资金设立的目的决定了引导资金的功能绝不是简单地“输血”，而是“造血”。应进一步优化引导资金扶持方式，充分发挥引导资金的杠杆效应和引导作用，由直接资助项目向以引导资金作为融资杠杆转变，多以“配套投入”“转移支付”“贷款贴息”等方式扶持项目，以撬动更多社会资本流入体育产业。

（三）完善评审程序

除严格执行逐级推荐申报、形式审查、实地考察外，增加论证答辩程序，由项目负责人陈述内容，并对专家提问进行回答。对评审专家建立专家信用管理机制，加大各环节的公示力度，防止资金申请与资助过程中出现弄虚作假现象，加强社会监督。完善引导资金项目推荐、评审和监督制度，保证引导资金项目评审的公平、公正、权威、导向性。

（四）实施动态监督

建立省级体育产业主体名录库，夯实源头数据。实施“先入库、后资助”的制度，以提高专项资金资助的系统性和效率，保证引导资金总体目的的实现，防止资助的随意性和盲目性。为保障引导资金的“专款专用”，对于引导资金实行跟踪管理，严格将引导资金的拨付、使用、监督等都置于制度的监督约束之下，构建事前威慑、事中监控、事后查处相结合的动态监督体系，提升体育产业发展引导资金的绩效水平。

（五）建立健全引导资金扶持项目评审、绩效评价体系

项目评审时，应该按照相关管理办法中确定的扶持对象的类别，分门别类地设计项目遴选的评价指标。严格审核项目申报资料，细化评审标准，规范评审程序，严把项目评审关。对项目的工作进度、自筹经费、项目造价、资金配套、信贷资金等方面进行全面的管理，同时建立问责机制，对重点投资项目起到项目监督的作用。以突出引导资金的引导、示范、培育、扶持作用为导向，增强评价指标的科学性和可操作性。项目验收时，应对引导资金的绩效情况进行评价，主要

围绕项目的投入、使用过程、产出和效果等内容进行客观评价。开展包括事前绩效审核、事中绩效跟踪、事后绩效检查在内的全过程绩效考评。

下阶段将重点构建体育产业引导资金绩效评价模型，按照资助的不同类别，选取代表性案例进行实证分析。对体育产业引导资金所产生的实际绩效进行客观评价，为优化体育产业引导资金的制度设计提供科学决策参考。

运动员人力资本投资风险的形成与规避研究

南通大学　刘建

本研究通过对辽宁、江苏、广东、四川、河北和吉林6省的4个项群20个项目的1048名运动员的人力资本投资风险问题进行实证研究，系统揭示了我国运动员人力资本投资风险的形成机制，并提出了针对性的规避策略。

一、人力资本投资风险导致绝大多数运动员无法实现可持续生计

运动员从业过程是职业教育投资和职业劳动投资相统一的人力资本投资过程。由于运动员职业的短暂性、极强的竞争性、竞争的不完全性、伤残的高发性、人力资本极强的专用性、通用性文化知识资本的缺失性等导致运动员在职业选择、成长过程和退役再就业环节存在巨大风险，这些风险制约了可持续生计资本（人力资本、社会资本、物质资本、技能资本）的获取和利用，最终制约了运动员“可行能力”的获得，运动员退役后无法实现可持续生计。

二、运动员人力资本投资风险的形成机制

（一）运动员人力资本特征与人力资本投资风险

运动员人力资本具有内在依附性、外在依赖性、结构稀缺性、极强的专用性、可变性与累积性、价值度量标准的单一性等特征。运动员人力资本投资具有

长期性、收益的不确定性、收益的间接性与多样性及投资的绝对性和相对性等特征。按照运动员人力资本投资过程和职业过程的特点，将投资风险划分为职业选择阶段的风险、成长阶段的风险和再就业阶段的风险。其中成长阶段的风险又包括竞技资本获得的不确定性、伤残风险和委托代理风险。

（二）运动员职业选择阶段风险的形成机制

运动员理性的投资决策是降低风险事件发生概率的有效屏障。由于信息不完全现象的存在导致了运动员投资决策的有限性。运动员自身信息储备不足和辨别能力有限、信息获取的途径单一和传导机制不畅、教练员等关键群体故意隐藏或歪曲信息等因素，导致运动员在职业选择阶段必然存在决策风险。

（三）运动员成长阶段风险的形成机制

1. 竞技能力资本获得不确定性

运动员人力资本投资目的是获得竞技能力资本，并通过竞技能力资本换取社会收益和经济收益。相关研究结果（运动员成材率仅为14.1%，淘汰率高达85.9%）证明运动员竞技能力资本的获得具有极高的不确定性，致使运动员成长阶段面临巨大风险。主要原因包括竞技能力构成要素的复杂性、竞技体育领域“裁判故意错判和偏袒”“运动员服用兴奋剂”等不良竞争现象。

2. 伤残风险形成机制

运动员的伤残现状表现出损伤的高发性和普遍性、损伤类型多样性、不同项目损伤类型的差异性、损伤程度的严重性。造成运动员伤残风险的因素主要包括训练和比赛过程中运动员与教练员之间的信息传导不畅，比赛过程中运动员与对手之间的信息不对等，训练和比赛过程中运动员的竞技能力要素之间的信息不对称，运动训练规律与安排之间的信息不对称，伤残现状与保障制度供给之间的信息不对称。

3. 委托代理风险的形成机制

竞技体育领域中围绕着运动员培养产生了四层委托代理关系，由于委托人和代理人利益的不一致就会产生委托代理问题，“早衰和拔苗助长”“运动员集体服用兴奋剂”“运动员与教练员的经济纠纷”和“运动员让赛”就是不同层次的委托代理问题的典型代表，这些委托代理问题将直接导致委托代理风险的发生，最终影响运动员竞技能力资本的获得与收益。

4. 再就业风险的形成机制

运动员人力资本经济价值的变化和生命周期的消费需求决定着运动员退役后必须再就业，然而运动员群体再就业却表现出就业的比例低、就业的行业单调、以自谋为主和就业质量低下等特点。运动员的再就业资本包括专用性人力资本、通用性人力资本、职业技能资本、社会关系资本以及运动员的群体形象。由于上述就业资本的缺乏和部分资本的功能低下导致了运动员再就业风险的形成。主要表现在：绝大多数运动员的专用性人力资本的品级不高，直接导致不能就业或就业质量不高；基础性文化知识欠缺，影响就业的效果和专业性文化知识资本的获取质量。对于直接就业的群体而言，运动员的基础性文化知识不具备资本的功能；运动员通过专业教育获取的文凭只能作为证明“曾经有过大学深造机会”的象征性符号，对于绝大多数运动员来说这种象征性的符号同样不具备资本的功能；运动员的职业技能资本获得困难导致资本存量不足；通过社会关系资源获取的稀缺资源有限；群体形象对再就业具有消极作用。

5. 保障风险的形成机制

由于运动员人力资本投资的特殊性和社会保障制度缺陷，使运动员社会保障面临社会保障制度整体设计不完善、社会保障制度变迁成本责任不清、社会保障制度的需求意愿不强、社会保障法制建设滞后等风险；“退役失业”“伤残难医”“年老难保”等运动员权益保障难题影响了竞技体育资源的优化与和谐社会的构建。

6. 产权风险的形成机制

由于长期以来我国运动员人力资本产权界定不够明确，运动员人力资本产权操作过程的契约化和法制化水平低，导致运动员人力资本产权纠纷越来越普遍，给运动员人力资本投资带来了风险。

三、运动员人力资本投资风险的规避策略

（1）党的十六届三中全会强调：“要坚持以人为本，树立全面、协调、可

持续的发展观，促进经济社会和人的全面发展”。竞技体育作为国家事业的有机组成部分，其建设与发展必须以党和国家的行动纲领为指导。当务之急就是要转变“以金牌为本”的传统观念，树立“以运动员为本”的可持续发展观，并采取有效的激励与约束机制促使地方各级政府传统观念的转变和新观念的形成。

（2）进一步深化运动员培养体制和管理体制的改革，继续探索体育与教育的最佳结合方式，不断完善“体教结合”的培养模式，从而丰富新形势下“举国体制”的内涵，拓宽“举国体制”的实现途径；同时采取积极措施，不断加强对运动员文化教育的保障和监管，保证运动员的基础性教育、专业性教育和职业技能教育的连续性和实效性。

（3）进一步完善运动员社会保障制度设计。建立与我国社会主义市场经济和竞技体育发展相适应的、与国家社会保障制度相衔接的、权利与义务相对应的运动员社会保障制度；整合社会资源，构建起伤残互助保险、退役再就业保障、社会福利等多层次、相互联系的保障体系；发展运动员补充社会保险制度，提高运动员权益保护意识，实施积极的再就业政策，解决运动员社会保障历史遗留问题，为保障运动员基本生活、维护社会发展提供安全网。

（4）加强法制建设和运动队的文化建设，进一步规范运动训练和竞赛市场，营造科学民主的训练氛围与公平公正的竞赛环境，为运动员健康成长和全面发展提供保障。

（5）进一步加强体育法制建设，尤其是运动员人力资本产权制度建设，建立一套与我国竞技体育发展相配套的运动员人力资本产权保护制度，加强我国运动员人力资本产权的法制化、契约化建设，促进运动员资源合理配置与有效使用，提高竞技体育人才开发管理绩效，扩大我国运动员人力资本存量。

四、未来该领域的创新设想

（1）研究问题：运动员培养与保障的科学化问题。

（2）创新思路：顺应国家体育体制改革，针对现行运动员培养模式的不足，重点围绕运动员培养的体教结合新模式及实现机制、退役运动员职业转换与社会融入机制创新和竞技体育后备人才培养的经验等重点问题，探索竞技体育运动员培养与保障工作的科学化路径和体系。

（3）创新目标：构建符合我国国情的新型运动员培养模式，设计科学系统的保障体系，为国家运动员文化教育与保障工作提供理论依据和决策参考。